U0113731

2023年主题出版
重点出版物

思想的丰碑

方寸天地 一代伟人

李近朱 著

人民邮电出版社
北　京

图书在版编目（CIP）数据

思想的丰碑：方寸天地 一代伟人 / 李近朱著. --
北京：人民邮电出版社，2024.3（2024.5 重印）
ISBN 978-7-115-63706-2

Ⅰ. ①思… Ⅱ. ①李… Ⅲ. ①毛泽东（1893-1976）
－生平事迹－画册②邮票－中国－图集 Ⅳ. ①A756
②G262.2-64

中国国家版本馆CIP数据核字(2024)第020139号

内 容 提 要

　　本书以有"国家名片"之称的邮票为载体，通过十个篇章的内容和几百枚邮票丰富的画面，图文并茂地叙说了毛泽东同志的革命实践和光辉业绩，表现了毛泽东思想是被实践证明了的关于中国革命和建设的正确的理论原则和经验总结，展示了毛泽东同志为中华民族伟大复兴留下的这座伟大的思想丰碑。

　◆　著　　　　　李近朱
　　　责任编辑　　赵晨阳　苏　萌
　　　责任印制　　马振武

　◆　人民邮电出版社出版发行　　　北京市丰台区成寿寺路 11 号
　　　邮编　100164　　电子邮件　315@ptpress.com.cn
　　　网址　https://www.ptpress.com.cn
　　　北京盛通印刷股份有限公司印刷

　◆　开本：720×960　1/16
　　　印张：19.5　　　　　　　　　2024 年 3 月第 1 版
　　　字数：336 千字　　　　　　　2024 年 5 月北京第 2 次印刷

定价：118.00 元
读者服务热线：(010)81055493　印装质量热线：(010)81055316
反盗版热线：(010)81055315
广告经营许可证：京东市监广登字 20170147 号

　　《中共中央关于党的百年奋斗重大成就和历史经验的决议》指出，"在革命斗争中，以毛泽东同志为主要代表的中国共产党人，把马克思列宁主义基本原理同中国具体实际相结合，对经过艰苦探索、付出巨大牺牲积累的一系列独创性经验作了理论概括，开辟了农村包围城市、武装夺取政权的正确革命道路，创立了毛泽东思想，为夺取新民主主义革命胜利指明了正确方向。"在完成社会主义革命和推进社会主义建设时期，"毛泽东同志提出把马克思列宁主义基本原理同中国具体实际进行'第二次结合'，以毛泽东同志为主要代表的中国共产党人，结合新的实际丰富和发展毛泽东思想，提出关于社会主义建设的一系列重要思想……这些独创性理论成果至今仍有重要指导意义。""毛泽东思想是马克思列宁主义在中国的创造性运用和发展，是被实践证明了的关于中国革命和建设的正确的理论原则和经验总结，是马克思主义中国化的第一次历史性飞跃。"纪念伟大领袖毛泽东同志，缅怀毛泽东同志的丰功伟绩，是中国人民和世界人民的共同心愿。

　　1999 年 12 月 31 日，中国邮政发行了《世纪交替 千年更始——20 世纪回顾》纪念邮票一套 8 枚，表现了 20 世纪中国具有深远影响的历史事件和伟大人物，其中就有一代伟人——毛泽东。

　　邮票是国家形象的宣示载体，被誉为"国家名片"。一代伟人毛泽东作为中国历史和现实的、民族和国家的伟大形象，像纪念碑一般镌刻于邮票中，铭记于人们心中。因此，通过邮票的方寸天地，人们可以领略一代伟人的历史足迹和丰功伟绩。

　　在毛泽东同志诞辰 130 周年之际，作为集邮者，我翻检了一摞摞邮册，观瞻着方寸天地中一代伟人的形象，这是一份庄严的记录，也是一份永恒的纪念。

中国及世界上许多国家均发行过为数众多纪念毛泽东同志的邮票，对他在中国不同历史时期的形象和业绩进行了真实生动的概括和表达。这些"国家名片"无异于一部记录伟人生平业绩的微型图册。在今天及以后更长的日子里，方寸天地中的一代伟人，将是对毛泽东同志的一份特殊的纪念和怀念。

1937年11月1日，黎明书局出版了美国记者埃德加·斯诺根据毛泽东口述记录整理的《毛泽东自传》。自此至今，关于毛泽东同志生平和业绩的书籍数不胜数。每逢纪念和缅怀毛泽东之刻，人们总盼再有新作问世。因为"毛泽东"是一个叙说不尽的永恒话题。

现在的叙说采用了一个新的视角，那就是以有"国家名片"之誉的邮票，来"邮说"这位中国人民的伟大领袖和人类历史上的20世纪伟人。

"毛泽东"是一部宏大的书，本书只呈现出一个"速写"式的毛泽东形象，而不是又一部关于毛泽东同志的全面"传记"。本书力求在缤纷的邮花中，让读者轻松愉悦地尽览毛泽东思想的无限风光。

在今天我们昂首踏上新征程的时刻，本书展现的是：方寸天地，一代伟人。

1999-20（8-5）J　开国大典

目录

3

J97（4-4）
毛泽东同志一九六一年在江西（1983）

T108（6-1）
"乐声环宇"：东方红一号卫星（1986）

东方红九州

在浩渺的苍穹，奏鸣着一阕发自中国人肺腑的、也为全世界所熟识的乐曲，它就是从中国第一颗人造地球卫星上发出的响彻太空的歌声。

有人说，他是东方之旭；有人说，他是历史巨擘；有人说，他是一代伟人；有人说，他是旷世奇才；有人说，他是导师、舵手而且冠以伟大。而拥戴他的几代普通中国百姓，只是以质朴的语言叙说着他，只是以深情的歌喉咏唱着他。

而他自己，在烽火岁月里，曾写下"为人民服务"的鸿篇；在和平年代中，在他身居的中南海的新华门影壁上，刻镂下他手书的五个大字——"为人民服务"。

他曾经明确地说过，他最喜欢的一个称呼就是"导师"，英文为"teacher"，也就是"教师"。早在"风华正茂"的学生年代，他就真诚崇尚"教师"这个既平凡又伟大的职业，所就读的学校也是师范学校。毛泽东是中国人民和全世界爱好和平的人民的伟大领袖和导师。

那首响彻寰宇的、在中国人造地球卫星上播放的《东方红》乐曲，其原歌曲中有歌词为："中国出了个毛泽东，他为人民谋幸福，他是人民大救星。"毛泽东，这是在 20 世纪风雷激荡、改变东方的一个令人振聋发聩的名字，这是彪炳于世界史册上的一个时代符号。

J143 中国共产党第十三次
全国代表大会（1987）

1893 年 12 月 26 日，他在疮痍满目的旧中国诞生，在创造了 20 世纪的一个新世界之后，1976 年 9 月 9 日，他留下了政治的、思想的、经济的、文化的物质和精神遗产，告别了神州大地。历史已经科学、准确地评价了他的业绩、价值、影响和功过。

一个为人民开创了新纪元、缔造了新中国的历史伟人，在任何时刻都不会被淹没在时光的洪流中。人民会永远怀念他、纪念他。

毛泽东是中国近现代历史上的一位巨人，是引领 20 世纪世界潮流的一代伟人。毛泽东的思想和精神犹如不落的朝旭，照耀着中国，以及人类的历史和未来。为人民作出杰出贡献的伟大人物，将永远被铭刻在人民的脑海和历史的荣光之中。

毛泽东留给全人类的遗产，就是马克思主义与中国革命和建设实践相结合的毛泽东思想。党的二十大报告指出："十年来，我们坚持马克思列宁主义、毛泽东思想、邓小平理论、'三个代表'重要思想、科学发展观，全面贯彻新时代中国特色社会主义思想，全面贯彻党的基本路线、基本方略，采取一系列战略性举措，推进一系列变革性实践，实现一系列突破性进展，取得一系列标志性成果，经受住了来自政治、经济、意识形态、自然界等方面的风险挑战考验，党和国家事业取得历史性成就、发生历史性变革，推动我国迈上全面建设社会主义现代化国家新征程。"

在新时代，我们仰望九州东方红，迈上全面建设社会主义现代化国家新征程。

作为"国家名片"的方寸邮票，坚持为留在人民心里、载入历史史册的一代伟人造像。

在中国，毛泽东形象第一次出现在邮票上，是在烽火弥天的抗日战争年代。

山东战邮毛泽东肖像（1944）

纪2（4-3） 毛泽东像及
政协会场（1950）

那是 1944 年 3 月，山东抗日根据地的"山东战
时邮政"发行了世界上第一套印有毛泽东肖像的邮票。
这套邮票采用单色印刷，图案简单，纸质糙陋，在设计
和印制上留下了战争年代真实的历史印迹。

在新中国成立后，1950 年 2 月 1 日，中华人民共
和国发行了《中国人民政治协商会议纪念》邮票一套 4
版。设计者以隆重的会场衬托毛泽东挥手讲话的形象，
仿佛他那"中国人从此站立起来了"的洪亮之声仍在回
荡着。

毛泽东肖像
（德意志民主共和国，1951）

国外第一次出现毛泽东形象的邮票是在新中国成立之初。那是 1951 年 6 月 27 日，
德意志民主共和国发行《德中友好》纪念邮票一套 3 枚，其中 2 枚采用了中国版画艺术家
古元创作的毛泽东肖像作为图案。画面中，毛泽东瞻望远方，目光深邃，尽显威武神采。
这套邮票以精致细腻的雕刻版印制，发行量仅 100 万套。

自 1944 年春天开始，近 80 年来，一代伟人不断登上方寸天地。这些作为"国家名片"
的邮票，在选题、设计和印制上，经过了严谨、科学、准确的论证和实施。因此，纪念毛泽东
的邮票与毛泽东的人生轨迹和丰功伟绩紧密关联，成为概括毛泽东一生业绩和历史贡献的
经典"镜头"，也不啻为一部特殊的微型"毛泽东画传"。

纪念毛泽东同志诞辰130周年
1893—1976

中国邮政 CHINA 1.20 元

2023-26 (4-4) J 重上井冈山

在伟大领袖毛泽东同志诞辰 130 周年之际，习近平总书记指出：

毛泽东同志是伟大的马克思主义者，伟大的无产阶级革命家、战略家、理论家，是马克思主义中国化的伟大开拓者、中国社会主义现代化建设事业的伟大奠基者，是近代以来中国伟大的爱国者和民族英雄，是党的第一代中央领导集体的核心，是领导中国人民彻底改变自己命运和国家面貌的一代伟人，是为世界被压迫民族的解放和人类进步事业作出伟大贡献的伟大国际主义者。

"东方红九州。"

毛泽东的革命精神和伟大思想，在深远的历史和广阔的现实中，与人民一起，与时俱进，走向未来。

文7（14-1） 毛泽东在工作（1967）

第一篇

湘江朝旭

中国的湖南，那是一块红土地。

毛泽东曾诗意地将这块故土描绘为"芙蓉国里尽朝晖"。而北宋范仲淹亦早有名句："朝晖夕阴，气象万千。"

这里，有大湖、大河、大江之水滋润——八百里的洞庭湖、弯过了九道弯的浏阳河，以及"漫江碧透，百舸争流"的湘江。

这里，有毛泽东诞生的故土——韶山；有毛泽东求学求知的母校——湖南第一师范学校。这里，还是中国革命的重要策源地。

从这里出发，他到上海参与了中国共产党的成立；又回到这里，他开始了革命生涯。

在湖南的岁月恰是毛泽东"风华正茂"的青少年时代。而见证了这段璀璨年华的，正是毛泽东那阕气势非凡、直抒青春壮怀的诗词——《沁园春·长沙》，以及奔腾不息的北去湘江……

一、韶山农家的童蒙年月

1893 年，是中国传统生肖属相中的"蛇"年。中国传统的十二生肖属相中的"蛇"，有一个响亮尊称，叫作"小龙"。因此，这也是一个有着"龙"的称谓的年代。那时，正是中国的晚清时期。

1878 年，清朝邮政发行了中国第一枚邮票，也就是著名的"大龙"邮票。接着，1885 年又发行了后来被称为"小龙"的邮票，1894 年又发行了带有"龙"图案的纪念慈禧六十寿辰的邮票。

1893—1911 年，正是清朝在神州留下最后身影的时间。那是一个腐朽的封建社会行将就木的时日，也是一个新生政治力量正在中华大地蕴聚的时刻。天地在沉默，也在等待；民众在忍耐，也在祈望……

大龙邮票（1878）

那个不凡的 1893 年，是一个"蛇年"，也就是吉祥的"小龙"之年。中国历来就有"金蛇献瑞"的美丽说法。

小龙邮票（1885）

1893 年，在即将跨到马年之际，一位日后改变了中国命运和历史的人物，来到了 19 世纪末那个疮痍满目的世界。

1893 年 12 月 26 日，在中国湖南省湘潭县韶山冲的一座临水依山的普通农宅里，毛泽东诞生了。

说到韶山，这里曾经有一个美丽的传说。4000 多年前，舜帝南下巡察，来到了湘江流域。在一座山上，人们迎驾演奏了悦耳的"韶乐"，竟引来了凤凰起舞。《论语·述而》也

慈禧六十寿辰纪念（1894）

TP7　毛泽东诞生的地方（邮资明信片）（1996）

曾曰："子在齐闻《韶》，三月不知肉味。"是不是有人就取"韶乐"之"韶"字，将这座山命名为韶山，没有更多考证。这山所环抱的一块狭长的谷地，就是韶山冲。

　　1893 年 12 月 26 日，这一天是清光绪十九年十一月十九日，这个在韶山冲农民毛贻昌家里诞生的男孩，名泽东，字润之。他的乡人历来以从事农业生产为主，毛氏宗族在韶山垦荒务农，到毛泽东这一代，已传 20 代，大约 500 年了。

　　对照毛泽东撰写的《中国社会各阶级的分析》一文所论及的阶级划分，这应当是一家中农或富农。

普 14（11-4）
红太阳升起的地方——韶山（1971）

　　这个出身的定位，在毛泽东向美国著名记者埃德加·斯诺口述的生涯中，能够得到印证。他说："这时我家有十五亩田地，成了中农，靠此每年可以收六十担谷。一家五口一年共吃三十五担——即每人七担左右——这样每年还有二十五担剩余。我的父亲利用这些剩余，又积蓄了一点资本，后来又买了七亩地，这样我家就有'富'农的地位了。"

　　毛泽东故居由多个房间和功能齐备的生活设施构成。而在房屋之外，则远有山峦，近有池潭，在绿荫的簇拥之中，潇湘山水与庐舍充盈着祥和温馨的氛围。

　　在这个家庭中，毛泽东度过了衣食无忧的童年。

　　对于父母，毛泽东终生怀有感恩之情。在母亲去世之时，他从长沙赶回韶山守灵，含

毛泽东（右一）和母亲（明信片）（2021）

泪写下情深感人的《祭母文》："吾母高风，首推博爱。远近亲疏，一皆覆载。恺恻慈祥，感动庶汇。爱力所及，原本真诚。不作诳言，不存欺心……洁净之风，传遍戚里。"

在一枚明信片上，人们可以看到毛泽东与家人的照片。他恭敬地站立在母亲身后。

但殷实富足的生活并没有改变他身上固有的中国农民勤劳俭朴的生活习惯，也没有磨灭他诚实善良、正直豪爽的优秀品格。那富于正义感的坚韧耐苦、勇敢仗义的基因，又成为他求知向上、堂正做人的天然动力。在毛泽东的青少年时代，就有许多为人称道的故事流传至今。

毛泽东曾经讲过："我八岁那年开始在本地一个小学堂读书，一直读到十三岁。早晚我到地里干活。白天我读孔夫子的《论语》和《四书》。我的国文教员是主张严格对待学生的。他态度粗暴严厉，常常打学生。因为这个缘故，我十岁的时候曾经逃过学。但我又不敢回家，怕挨打，便朝县城的方向走去，以为县城就在一个山谷里。乱跑了三天之后，家里的人才找到我。我这才知道我只是来回兜了几个圈子，走了那么久，离家才八里路。可是，我回到家里以后，想不到情形有点改善。我父亲比以前稍微体谅一些了，老师态度也比较温和一些。我的抗议行动的效果，给了我深刻的印象。这次'罢课'胜利了。"

TP7　毛泽东童年读书处（邮资明信片）（1996）

这个有趣的故事，彰显了毛泽东自幼就有了抗争的性格和坚韧的毅力。

韶山至今还留有毛泽东童年的读书处。在一枚邮资明信片上，人们可以看到这处幽静的所在。这里，蕴聚着这位不凡少年激荡的心潮和涌动的思绪。

这时，影响毛泽东一生的一件事发生了。在他读书的小学堂外面，毛泽东看到许多从长沙回来的豆商。他们说城里出了大乱子。那年湖南粮荒，长沙饥民到衙门请求救济，但抚台傲慢地回答："为什么你们没有饭吃？城里有的是。我就总是吃得饱饱的。"抚台的话令饥民十分愤怒，他们开会、游行、示威，继而攻进衙门，砍断旗杆，赶走抚台。后饥民暴动惨遭镇压，许多人被捕杀。

这次流血事件对年轻的毛泽东震动很大。学堂里的学生们讨论了许多天，毛泽东认为："大多数学生都同情'造反的'，但他们仅仅是从旁观者的立场出发。他们并不懂得这同他们自己的生活有什么关系。他们单纯地把它看作一件耸听的事而感兴趣。我却始终忘不掉这件事。我觉得造反的人也是些像我自己家里人那样的老百姓，对于他们受到冤屈，我深感不平。"

残酷的现实引发了年轻的毛泽东对黑暗社会和革命行动的深刻思考。

毛泽东还说道："这时还有一件事对我有影响，就是本地的一所小学来了一个'激进派'教师。说他是'激进派'，是因为他反对佛教，想要去除神佛。他劝人把庙宇改成学堂。大家对他议论纷纷。我钦佩他，赞成他的主张。这些事情接连发生，在我已有反抗意识的年轻心灵上，留下了磨灭不掉的印象。在这个时期，我也开始有了一定的政治觉悟，特别是在读了一本关于瓜分中国的小册子以后。我现在还记得这本小册子的开头一句：'呜呼，中国其将亡矣！'……我读了以后，对国家的前途感到沮丧，开始意识到，国家兴亡，匹夫有责。"

这件往事，表现出了少年毛泽东强烈的爱国意识，也体现了他的思维清晰度和思维深度。

毛泽东在8岁那年，进旧式私塾，开始童读启蒙。他从《三字经》《百家姓》《增广贤文》《幼学琼林》和后来的"四书""五经"等开始接触中国传统文化，并培养了"鉴古知今"的观念。他少时所读的《诗经》《论语》至今还保存在韶山毛泽东纪念馆中。

后来，毛泽东进入湘乡县城附近的东台山下的东山小学堂，这是一所新式学堂，设立了自然科学、地理、英语等新科目。这不啻为他打开了一个新的世界。那时，毛泽东接触较多的是维新派思想，康有为、梁启超成为他所尊崇的人物。在戊戌变法失败后，梁启超在日本刊印了《新民丛报》。虽然《新民丛报》已于1907年停刊，但表哥借给了他一套合订本。毛泽东读后，甚至可背诵其文。他在读了《新民说》第六节"论国家思想"后，写道："正式而成立者，立宪之国家，宪法为人民所制定，君主为人民所拥戴；不以正式而成立者，专制之国家，法令为君主所制定，君主非人民所心悦诚服者。前者，如现今之英、日诸国；后者，如中国数千年来盗窃得国之列朝也。"

T11（4-2）
韶山农民夜校旧址（1976）

韶山有一座兴建于清乾隆二十三年（1758年）的古老建筑——毛氏宗祠。它是韶山毛氏家族的最高权力中心，能决定这个家族所有的公共事务。少年毛泽东曾因为一个贫苦农民的悲惨遭遇，公然反对族长，显示出了这位毛氏后裔刚正不阿的正义铮骨。这座毛氏宗祠曾出现在邮票上。

不过，走向20世纪的这座宗祠，已经不再是毛氏族长逞威滥权之地了。少年毛泽东对封建族长的挑战，撼动了毛氏家族几百年根深蒂固的族权，韶山的毛氏家族由此开始了一个新的时代。

1921年秋日，毛泽东少年时代的两位私塾老师毛麓钟、毛简臣冲破重重阻力，在毛氏宗祠里办起了毛氏族校，引进新式教育。到了1925年2月，毛泽东从上海回到韶山，利用毛氏族校开办了韶山第一所农民夜校。在开办夜校的过程中，毛泽东组织农民协会活动。处

PP259　韶山毛泽东同志故居（邮资明信片）（2015）

T11（4-3）韶山农民协会旧址（1976）

T11（4-4）　韶山火车站（1976）

于秘密状态下的农民协会，随着夜校的扩大而发展起来。在另一枚邮票上，我们可以看到韶山农民协会旧址的风貌。

残酷的社会现实、正义之心，加上与西学东渐的学问融汇交合，学生时代的毛泽东开始萌生了拯救社会的远大志向。

孩儿立志出乡关，

学不成名誓不还。

埋骨何须桑梓地，

人生无处不青山。

少年毛泽东在离开韶山时，以一首《七绝·改诗赠父亲》袒露出了自己立志救国的胸怀。

在中国及世界其他国家发行的纪念毛泽东的邮票上，没有出现毛泽东童年和少年的形象。但是，他的故乡韶山冲已经成为人们瞩目的革命圣地。在许多邮票上，我们可以看到毛泽东韶山故居那简朴的农家风貌。由此，我们可以遥想一个聪颖质朴的少年，正是在这里开始了他的改变中国历史走向的人生历程。

当年，毛泽东走出韶山，靠的是徒步而行；如今，人们来到韶山，已经有了四通八达的铁路，可以乘坐火车了。在韶山，我们看到了一座在 1967 年修建的火车站，它为这个僻远的乡镇带来了现代气息。

1959 年，66 岁的毛泽东回到了离别 32 年的故乡韶山。6 月 26 日那天，在韶山学校，他同师生畅谈，满面欢颜；在父母墓前，他献上松枝，深鞠一躬；在招待所，他邀集老人，共同进餐。回故里，见乡亲，毛泽东回韶山，正是他在红土地上回望革命生涯的亲情时刻。

毛泽东与韶山儿童（朝鲜，1993）

韶山少先队员的签名（明信片）（2003）

归来之后，毛泽东在招待所对人们说："我今晚兴致勃勃，要写一首诗。"

那天深夜，他在灯下思绪万千，写下了《七律·到韶山》。诗的题引是："一九五九年六月二十五日到韶山。离别这个地方已有三十二周年了。"

别梦依稀咒逝川，故园三十二年前。

红旗卷起农奴戟，黑手高悬霸主鞭。

为有牺牲多壮志，敢教日月换新天。

喜看稻菽千重浪，遍地英雄下夕烟。

在一枚邮票上，我们看到了重回故乡的毛泽东与孩子们欢聚一堂。那欢欣喜悦的动人情景，感动了诗人臧克家。他赋诗一首，题为《毛主席戴上了红领巾》。

毛主席戴上了红领巾，少先队里高大的人，

笑的风要把人身撼动，纸面上仿佛听出声音。

"峥嵘岁月"成过去，故乡山河一片新，

斗争历史作背景，方才知道这笑意深。

在这张被称为"纸面上仿佛听出声音"的照片上，毛主席身边偎依着一男一女两个少先队员，女孩名为彭淑清，男孩名为蒋含宇。12 年后，他们喜结连理，被称为"中国第一幸运伉俪"。多年以后，在一枚邮资明信片上，这两位当年光荣的少先队员留下了自己的签名。

普 16（14-1）
韶山（毛主席旧居）（1974）

韶山毛主席故居（邮资明信片）（2011）

T11（4-1）
韶山毛主席旧居（1976）

韶山，作为革命圣地，人们在瞻仰它的那一刻，总是思绪翩跹。在毛泽东的人生起步之地，我们想到了一代伟人的一生，而且总能在这里感受到一种催人奋进、激励永远的精神。

一位年轻的旅人这样写道：

"人们到韶山旅游，既是出于对毛主席的深切缅怀，又是追求一种信念与精神。韶山成为人们向往的地方，每天都有那么多旅游者从天南地北齐聚韶山。韶山，是毛泽东精神的化身。

"韶山永远是人们向往的地方，韶山永远是精神的家园，韶山永远是一种精神力量的延伸。"

二、小龙年景的难明长夜

中国历史悠久，人民勤劳智慧，曾经创造出灿烂的古代文明，为人类发展作出了重大贡献。中华民族正以东方巨龙的恢宏象征，驰骋在九州沃土之上，闪耀着五千年岁月的辉彩。

"黑便士"邮票（1840）

J150M 中国大龙邮票发行
一百一十周年（小型张）（1988）

光绪皇帝画像（实寄明信片）（1908）

1840年，是中国非常屈辱的一年。鸦片战争炮声连天和硝烟弥漫之时，中国开始逐步成为半殖民地半封建社会。那是一段"长夜难明"的悲惨岁月。

恰恰是在1840年，以坚船利炮轰开中国大门的英国，发行了世界上第一枚邮票——"黑便士"邮票。邮票是被称为"国家名片"的邮资凭证，"黑便士"邮票以英国女王的肖像为图案，全球传播。

1878年7月，晚清的中国也发行了第一套邮票。不过，当时的中国掌权者慈禧太后并未登上方寸邮图，而是以中华民族图腾"龙"作为邮票图案。

当然，百余年前的这套"大龙"邮票，再现了"东方一条龙"的英姿，这是在"国家名片"上第一次出现了中国的象征。

在"大龙"邮票发行110周年之际，中国人民邮政发行了一枚纪念小型张，采用"票中票"形式，将3枚"大龙"邮票作为主图；边纸上绘有火焰簇拥的金色宝珠，底部饰以"海水江崖纹"。这枚运用古代装饰技法设计的小型张，庄重谐适，尽显中国气派。

1878年，中国"大龙"邮票发行。这虽是中国近代邮政的肇始，却也是数千年中国邮驿通信历史的结束。但这套邮票是由外国人执掌的海关邮政发行的。在小小方寸邮资凭证上，"海关邮政"显示出中国国家主权的丧失。因此，中国第一套邮票带有浓厚的半殖民地半封建社会的色彩。

直到1896年3月20日，光绪皇帝才批准正式开办大清邮政。从这一天开始，清朝才有了彰显自己国家主权的"国家邮政"。

在一枚明信片上印有光绪皇帝的画像，右上角是沙俄邮票，上面加盖了俄文"КИТАЙ（中国）"文字。

2016-4（4-1）J　信达天下

JP238　中国大龙邮票发行140周年
（邮资明信片）（2018）

1996-4M　中国邮政开办一百周年（小型张）

　　这枚邮品虽然记录了光绪皇帝批准设立"国家邮政"这一历史，但也显示出外国邮政在中国另设邮局、中国邮权旁落的事实。

　　但这毕竟是中国国家邮政开办肇兴之始。以邮彰邮，新中国的邮政机构曾为中国国家邮政的建立发行了纪念邮票。其中，就有以大清邮政津局旧址为图案的一枚邮票。

　　2018年，中国邮政发行纪念邮资明信片，将"大龙"邮票和大清邮政津局旧址作为图案，印制在明信片上。

　　另一枚纪念邮票小型张，则将光绪皇帝御批的开办"国家邮政"奏章手迹及国家邮政首批发行的"红印花"加盖邮票，以"票中票"的形式加以展现。这枚小型张成为中国国家邮政建立的历史性纪念，也让后人一睹"红印花"加盖邮票相关世界珍邮的容貌。

　　19世纪初，中国处在封建社会末期。西方资本主义的迅猛发展、向外扩张，外国资本—帝国主义列强相继入侵中国，中国逐步成为半殖民地半封建社会，中华民族面临着生死存亡的危机。沉重的压迫激起了强烈的反抗。从那一时刻起，中华民族反对外国资本—帝国主义列强，中国人民反对封建专制制度的近代中国革命开始了！

在北京天安门广场人民英雄纪念碑基座上，排在巨幅浮雕第一位的就是《虎门销烟》。这是中国人民向外国列强抗争的第一次"亮剑"，站在伟大斗争第一线的，就是晚清名臣林则徐。

在晚清的夕阳中，林则徐曾与龚自珍、黄爵滋、魏源等爱国仁人提倡经世之学，引领民族振兴。他在任期间，兴修水利、查禁鸦片。虎门销烟为林则徐流芳千古之壮举。在中国近代历史上，林则徐被尊为伟大的爱国者。

1985 年，正值林则徐诞辰 200 周年，中国人民邮政发行纪念邮票一套 2 枚。其中第 1 枚邮票采用了中国国家博物馆馆藏的林则徐画像，背景饰以林则徐《赴戍登程口占示家人》一诗中的名句："苟利国家生死以，岂因祸福避趋之。"第 2 枚邮票则将人民英雄纪念碑基座上的《虎门销烟》巨幅浮雕微缩于邮票画幅之中。

J115　林则徐诞生二百周年（1985）

从虎门销烟到黄海海战，以林则徐、邓世昌等为代表的一批近代民族英雄，在抗击外患、护国佑民的抗争中，彰显爱国主义，留下了悲壮事迹。

2018 年，中国邮政发行《近代民族英雄》纪念邮票一套 5 枚。在第 2 枚"林则徐"邮票上，虎门销烟依然是他那庄重形象的一个不可或缺的背景。同时，从虎门到黄海，从镇南关到台湾，关天培、邓世昌、冯子材、刘永福等近代名臣名将，也凭借不朽的功绩，在"国家名片"上留下了身影。

这些在中国近代史上留下英名和伟绩的人物，他们的结局在封建王朝时代大多是悲剧。

2018-19J　近代民族英雄

林则徐最终因鸦片战争失败等所谓因由，被清政府革职流放。关天培、邓世昌等大清名将也在战场上为国英勇捐躯。一代爱国英杰的悲惨际遇，反映了清政府的腐败与无能。

从鸦片战争到中国甲午战争及诸多抗击外国列强的战争，节节溃败已使清政府丧权辱国、割地赔款，陷入濒临亡国的境地。此刻，帝国主义列强在中国国土上设立租界、驻扎军队，控制了中国通商口岸、交通和海关，进而操纵中国的经济命脉，以支配中国政治。

当年，外国列强发行的一些明信片记录了他们侵略中国领土、屠戮中国人民的残酷情状。一枚明信片上留下了德国军舰攻打天津、横行于中国领海的强盗行径。

从 19 世纪末到 20 世纪初，在中国疆域，外国列强竟然发行了一系列的"国家名片"，也就是所谓的"客邮"。

1895 年，德国开始在其印制的明信片邮资图上加盖"China"字样。

和德国不同，法国在 1902 年明信片邮资图上印了"CHINE"字样，并加盖了中文面值"四仙"。

英国、俄国、日本等国也以加盖

德国军舰攻打天津（明信片）（1900）

德国客邮（邮资明信片）（1898）

法国客邮（邮资明信片）（1902）

杭州口岸（明信片）（1900）

美国"在华邮局邮票"（1919）

日本"在华邮局邮票"（1900）

"中国"等字样的邮票，通邮于中国的土地上。而早在晚清海关邮政发行"大龙"邮票的13年前，即从1865年开始，外国列强在中国租界和开埠地的行政管理机构"工部局"，就开始发行所谓"商埠邮票"。而后，从上海到汉口、烟台、重庆、九江、镇江、芜湖、宜昌、厦门、福州、南京、威海卫等地，陆续大量发行了"商埠邮票"。在陷入半殖民地半封建社会形态的晚清时期的中国，外国邮票俨然自诩主宰，畅通无阻，写下了丧权辱国的又一悲惨史实。

在一枚明信片上，出现了杭州保俶塔及外轮航行在杭州湾上的画面，标题为"杭州口岸"。

而美国加盖"CHINA SHANGHAI"英文字样和日本加盖"支那"文字的2枚"商埠邮票"，则体现了外国列强侵略中国和践踏中国邮政主权的事实。

这些加盖了"CHINA""支那"等字样的所谓"客邮""商埠邮票"，俨然以主权邮政的态势横行中国。

纪 12　太平天国金田起义百年纪念（1951）

这些烙印着屈辱的邮票留存下来，表明了那个半殖民地半封建社会的沉沉"长夜"，正重压在神州的广阔疆土上，也压在华夏子孙的心头上。

与林则徐同命运的晚清诗人龚自珍曾有诗云："万马齐喑究可哀。"这就是"长夜难明"的旧中国。

1950 年 10 月，毛泽东也写下了"长夜难明赤县天，百年魔怪舞翩跹，人民五亿不团圆。"的词句。

那时，封建制度的根基——封建地主的土地所有制和地主对农民的剥削，依然在中国社会占支配地位。在帝国主义和封建主义的双重压迫下，中国人民尤其是农民，饥寒交迫，苦难深重。因此，帝国主义和中华民族的矛盾，封建主义和人民大众的矛盾，激发了近代中国的革命浪潮。

1951 年，在太平天国金田起义 100 周年之际，中国人民邮政发行 4 枚纪念邮票，以群英聚义的宏大场面和农民政权《天朝田亩制度》文献及"太平天国"钱币为图案，在邮票的方寸画幅中讴歌了这场农民起义的重大历史意义。

由于小生产者的局限性，农民阶级并不代表新的生产力和生产关系，不可能单独找到中国实现独立和富强的正确道路，他们的斗争终以惨烈的失败告终。

晚清的国势衰颓，被当时学养深厚、思想激进的有识之士所诟病。他们不仅将救国之慨诉诸文辞，还以"光复会""同盟会"等革命组织形式及起义、暗杀等激烈手段，抗击卖国、殃国、误国、祸国，置百姓于水深火热之中的清政府。

J182（3-1）
徐锡麟（1991）

J182（3-2）
秋瑾（1991）

伦敦版"蟠龙"邮票（1898）

1907 年 7 月 6 日，徐锡麟在安庆刺杀清政府安徽巡抚恩铭，率领学生军起义，攻占军械所，激战 4 小时，终失败被捕，于次日慷慨就义。

秋瑾别号"鉴湖女侠"，发表《警告我同胞》等诸多文章，抨击封建制度，号召救国。当她得知徐锡麟起义失败后，拒绝逃离。她表示"革命要流血才会成功"，毅然留守，直到被捕。在狱中，她坚不吐供，书"秋风秋雨愁煞人"遗句，慷慨赴死。

1991 年，中国人民邮政为清末民主革命先驱徐锡麟、秋瑾等发行了纪念邮票。"国家名片"铭刻下这些反抗封建专制的英烈志士的不朽形象。

19 世纪 90 年代至 20 世纪初，晚清时期的中国还出现了一批主张进行资产阶级改良、革新的人物。1898 年（农历戊戌年），以康有为、梁启超、谭嗣同、严复等人为代表的资产阶级维新派，掀起了一场变法维新运动，史称"戊戌变法"。但因慈禧太后发动政变，光绪皇帝被囚，变法维新运动夭折。这表明，在半殖民地半封建的中国，依靠封建统治者自上而下进行资产阶级性质的改良，是行不通的。

就在这一年，也就是光绪二十四年，大清邮政发行了由英国印制的伦敦版"蟠龙"邮票。瀛台幽禁光绪，慈禧太后将"龙"的形象，又印在英国高质量、有水印的雕刻版邮票上，以再昭"龙"威。

回望百年之前旧中国的社会与历史，我们认识到：

中华民族是世界上古老而伟大的民族，创造了绵延五千多年的灿烂文明，为人类文明进步作出了不可磨灭的贡献。一八四〇年鸦片战争以后，由于西方列强入侵和封建统治腐败，中国逐步成为半殖民地半封建社会，国家蒙辱、人民蒙难、文明蒙尘，中华民族遭受了前所未有的劫难。为了拯救民族危亡，中国人民奋起反抗，仁人志士奔走呐喊，进行了可歌可泣的斗争。太平天国运动、洋务运动、戊戌变法、义和团运动接连而起，各种救国方案轮番出台，但都以失败告终。孙中山先生领导的辛亥革命推翻了统治中国几千年的君主专制制度，但未能改变中国半殖民地半封建的社会性质和中国人民的悲惨命运。中国迫切需要新的思想引领救亡运动，迫切需要新的组织凝聚革命力量。（中国共产党第十九届中央委员会第六次全体会议通过的《中共中央关于党的百年奋斗重大成就和历史经验的决议》）

三、求知求真的学子辰光

长沙城，湘江水逶迤而过。江中，长长的洲岛，浮于水中，宛若彩带。这就是"橘子洲头"。而今，这里矗立起了青年毛泽东的巍峨雕像。

凝望湘水，我们的思绪油然回到了 20 世纪初叶。

1911 年春，东山小学堂的教师贺岚冈带着他所教的优秀学生毛泽东，到了省城长沙。随后，毛泽东顺利考上湘乡驻省中学。

曾以康有为、梁启超为启蒙偶像的毛泽东，第一次看到革命派办的《民立报》，成为它的热心读者，接触到更多的革命言论。当他读到黄兴所领导的广州黄花岗起义及黄花岗七十二烈士殉难的新闻时，思想受到了巨大的冲击。

橘子洲头（邮资明信片邮资图、风景日戳）（2021）

J68（3-2）
黄花岗七十二烈士墓（1981）

他后来说："宣统三年三月十九日（即 1911 年 4 月 27 日）黄兴在广州起事，全国震动。消息到湘，学生界中之抱革命主义者，已跃跃欲试。""同时，我也知道了孙中山的名字和同盟会的会纲。"

当年，毛泽东就是一个"跃跃欲试"的热血青年。他在学校的墙壁上贴出文章，支持革命党推翻清朝、建立民国的纲领，并提出请孙中山当大总统。这是毛泽东第一次公开表达他的政见。那时，他还不满 18 岁。

面对半殖民地半封建阴云笼罩下的中华大地，看山河破碎，乱象丛生，毛泽东在革命

2013-30（4-1）J
问苍茫大地谁主沉浮

问苍茫大地，谁主沉浮（明信片）（2017）

先行者的思想和革命义举中，看到了民族和国家的希望。

潇湘所留传下来的忧国之士大义箴言"居庙堂之高则忧其民""先天下之忧而忧，后天下之乐而乐"更激起了毛泽东以天下为己任的志向。一代青年才俊，"独立寒秋，湘江北去，橘子洲头……"

在诗兴未尽的氛围之中，毛泽东的那阕宏大诗词《沁园春·长沙》，写下当年"风华正茂"学子的"书生意气""指点江山"的激扬文字。

今之橘子洲头有诗碑，由诗碑望到诗人雕像，高大潇洒的青年毛泽东，眺望湘水，神采飞扬，仿佛能听到他在民族危亡时刻振聋发聩的叩问："问苍茫大地，谁主沉浮？"

1911年10月，辛亥革命爆发了！

中国最后一个封建王朝的顶戴花翎被抛进了历史的垃圾堆。

在《辛亥革命五十周年》邮票首日封上，人们一眼瞥见左侧有个图案：一把军刀挑下一顶象征着清朝的顶戴花翎。这图案象征着中国最后一个封建王朝的灭亡。

2011-24（2-1）J
武昌起义

辛亥革命五十周年（邮票首日封）（1961）

这个腐朽王朝的坍塌，激起了当时许多有为的中国青年对光明未来的期冀。

此前，即在辛亥革命爆发前，为了表示和腐败的清政府决裂，毛泽东在湘乡驻省中学倡议并带头剪掉了发辫。武昌起义爆发了，新成立的湖北军政府派代表赶来长沙，二十多年后毛泽东回忆道："有一天，一个革命党人得到校长的许可，到中学来作了一次激动人心的演讲。当场有七八个学生站起来，支持他的主张，强烈抨击清廷，号召大家行动起来，建立民国。"

当年，在青年毛泽东的心目中，孙中山是他所尊崇的创造光明未来的革命先行者。45年后的1956年，毛泽东撰写了《纪念孙中山先生》一文，他说："我听过他多次讲演，感到他有一种宏伟的气魄。""他在这一场斗争中是中国革命民主派的旗帜。纪念他在辛亥革命时期，领导人民推翻帝制、建立共和国的丰功伟绩。"

无论是在民国时期的邮票上，还是在新中国邮票上，乃至在外国邮票上，伟大的革命先行者孙中山先生都是频频出现的一个光辉形象。因为，孙中山先生是结束中国几千年封建帝制统治的领袖人物，他的贡献改写了中国的历史。至今，每逢国庆之际，天安门广场的正中仍然矗立着他的巨幅画像。而在邮票的方寸天地中，更多次对他进行缅怀与纪念。

1912年12月15日，中国发行了第一套孙中山先生邮票——《中华民国光复纪念》，全套12枚，邮票图案均为孙中山肖像。

新中国发行的第一套孙中山先生邮票，为纪念

中华民国光复纪念（1912）

纪38　孙中山诞生九十周年（1956）

J133M　孙中山诞生一百二十周年（1986）

孙中山诞辰 90 周年，发行于 1956 年 11 月 12 日。图案是孙中山肖像与题词。这也是第一次在邮票上出现孙中山先生的题词手迹。题词为："今后之革命，非以俄为师，断无成就。"

此后，新中国共发行了 10 多套纪念孙中山的邮票。其中，唯一一套小型张是 1986 年 11 月 12 日为纪念孙中山诞辰 120 周年而发行的，图案为靳尚谊创作的孙中山先生油画肖像。

毛泽东预言道："事物总是发展的。一九一一年的革命，即辛亥革命，到今年，不过四十五年，中国的面目完全变了。再过四十五年，就是二千零一年，也就是进到二十一世纪的时候，中国的面目更要大变。中国将变为一个强大的社会主义工业国家。"

在进入 21 世纪的世纪之交，国家邮政局发行了《世纪交替 千年更始——20 世纪回顾》纪念邮票。其中，第 1 枚邮票展现的就是中国反封建帝制斗争历史上的里程碑——辛亥革命。孙中山先生肖像与武昌起义画面是邮票的主要图案。

1999-20（8-1）J　辛亥革命

20 世纪初叶，毛泽东以一腔热血在起义的新军中当了半年兵，亲历了这一颠覆封建帝制的旷世革命之举。他曾自述："听了这次演讲以后四五天，我决心参加黎元洪的革命军。我决定同其他几位朋友到汉口去……我的军饷是每月七元……我每月伙食用去两元……剩下的饷银，我都用在订报纸上，贪读不厌。当时鼓吹革命的报刊中有《湘江日报》，里面讨论到社会主义，我就是从那里第一次知道社会主义这个名词。我也同其他学生和士兵讨论社会主义，其实那只是社会改良主义。"（演讲指前文所述湖北军政府代表在湘乡驻省中学所发表演讲）

半年之后，毛泽东决定退出新军，继续就学。1914—1918 年，毛泽东在湖南第一师范学校求学。孙中山先生的战友、至交黄兴也曾在这所学校的前身——城南书院读书，是毛泽东的学长。

湖南第一师范学校历史悠久，最早可溯源到南宋著名理学家张栻讲学的城南书院，1903 年始立为湖南师范馆，1912 年和 1914 年相继改为湖南公立第一师范学校和湖南省

J132（3-2）
辛亥革命著名领导人物黄兴（1986）

湖南第一师范学校（明信片）（2017）

湖南第一师范学院建校 120 周年（纪念封）（2023）

立第一师范学校。

这所学校有"千年学府、百年师范"的美誉，且名人辈出。黄兴、陈天华、曾国藩、左宗棠，以及毛泽东、何叔衡、任弼时、蔡和森、李维汉、徐特立、杨昌济、谢觉哉、田汉、谭延闿等人，都曾在这所学校里学习或工作过。

在湖南第一师范学校度过的岁月，是毛泽东难以忘怀的美好时光。新中国成立后，他对自己的同学周世钊说，我没有正式进过大学，也没有到外国留过学，我的知识，我的学问，全是在长沙"一师"打下的基础，这是所好学校。

当时，学子求知大多喜谈立志，诸如要当政治家、军事家、教育家等。毛泽东认为，离开真理而谈立志，只是对前人中有成就者的简单模仿。真正的立志，首先是寻找真理，然后按它去做，若"十年未得真理，即十年无志；终身未得，即终身无志"。他提出"为人之学""为国人之学""为世界人之学"。这就是毛泽东心系社会的苦学励志之为。

在长沙这所师范学校里，毛泽东的学习生活有这样两个阶段。前期，他更多地关注中国传统典籍，即"国学"；后期，也就是在 1916 年之后，他则把学习重点放在哲学、伦理学上。此外，社会实践也更加广阔和丰富了。无论是前期还是后期，毛泽东学习都是为了寻求救济时危的真理。

实际上，毛泽东的学习不仅仅满足于在课堂上按部就班地学习，他在 1912—1913 年入湖南第一师范学校之前，就"自己订立了一个读书的计划，规定每天在湖南省立图书馆中阅书"。在回忆中，他细致地写出了当时用功读书的情景："我十分地有规律和专心，在这个方式下费去的半年，我以为对我是极端可宝贵的。早上图书馆一开门我就进去。在中午只花去买两个米饼来吃的时间，这就算是我每日的午餐。每天我留在图书馆中一直读到闭馆的时候……在那里我以极大的兴趣第一次阅读了世界的舆图。我读了亚当·斯密的《原富》（《国富论》）和达尔文的《物种原始》和约翰·斯图亚特·密尔所著的一本关于伦理学的书。我读了卢梭的著作，斯宾塞的《逻辑学》和孟德斯鸠所著的一本关于法学的书。我将古希腊的诗歌、罗曼史、神话和枯燥的俄、美、英、法等国的（历）史地（理）混合起来。"

在各国发行的邮票上，仍可见到屹立在人类历史长河中的这些智者的样貌神采。他们启迪了世界上一代代探索真理的人们。

达尔文（1959）

卢梭（1956）

孟德斯鸠（1949）

走出图书馆，毛泽东对社会实际的重要性有着深入的认识。他常对同学们讲，不仅要读"有字之书"，还要读"无字之书"。这个"无字之书"，就是实际的社会和社会的实际。

1917年暑期，毛泽东邀请了当时已从湖南第一师范学校毕业、在楚怡小学教书的萧子升，两人各带雨伞和挎包，包里装着简单的换洗衣服和必不可少的文房四宝，外出"游学"。

用湖南的俗话讲，"游学"就是"打秋风"。这指的是那些穷困潦倒的文人，靠作诗、写字，送给乡里的土财主，换取糊口钱。毛泽东和萧子升也是没带分文，历时一个多月，走了九百多里路，游历了长沙、宁乡、安化、益阳、沅江5个县的不少乡镇。路途中，他们结交了农民、船工、财主、县长、老翰林、劝学所所长、寺庙方丈各色人等，记下了许多笔记。

回到湖南第一师范学校，读过毛泽东游学笔记的同学，说他是"身无分文，心忧天下"。为了纪念他们的这次"打秋风"，毛泽东和萧子升还换上游学时的草鞋短褂，到照相馆里拍了一张照片。这样的"游学"，在校期间毛泽东还经历过几次。

毛泽东日后养成的"调查研究"作风，从他早年深入社会、接触实际的步履中，可见端倪。

这时，中国社会正处在剧烈的动荡之中。毛泽东强烈感受到时代之潮的冲击力量。在湖南第一师范学校就学期间，他总共花了160元左右，大约有1/3用在订阅报刊和买书上。每天，他读报的时间很长，还常带着地图、字典和笔记本。和同学们谈起时事，他总是有条有理，了如指掌，并往往在言谈中血脉偾张。于是，毛泽东就有了"时事通"的外号。此时，他更增强了社会责任感。

动荡年代中的学校课堂并不平静。

中华民国共和纪念（1912）

1911 年辛亥革命爆发之后，1912 年在中华民国当时发行的邮票上便印有"窃国大盗"袁世凯的肖像。当时，他的身份是中华民国临时大总统。

1915 年 1 月，日本以赞助袁世凯称帝为诱饵，提出了吞噬中国主权的"二十一条"，并于 5 月 7 日发出最后通牒。5 月 9 日，袁世凯政府表示基本接受。这个"卖国"消息一经传出，举国愤慨。湖南第一师范学校的学生们将反对"卖国条约"的言论编印成册，题名《明耻篇》。毛泽东读后，在封面上愤然写下了誓言："五月七日，民国奇耻；何以报仇？在我学子！"

在动荡的时代中，毛泽东也在安静的课堂上，尊崇师长授业，研读"有字之书""无字之书"。在湖南第一师范学校，毛泽东在从师深学中，对教员杨昌济先生印象最为深刻。这位后来成为他的岳丈的老师，从英国留学归来，教授伦理学，是一个品格高尚的人。当时，毛泽东写了一篇文章，题为《心之力》。他说："那时我是一个唯心主义者，杨昌济老师从他的唯心主义观点出发，高度赞赏我的那篇文章。他给了我一百分。"

这篇文章正是时年 24 岁的毛泽东在湖南第一师范学校写下的力透纸背、气势万钧的长篇文章《心之力》。

文中，他在精辟解析了 20 世纪初叶中国现状的基础上，以激扬文字慷慨陈词，一诉救世倡兴之道。文章写道："故当世青年之责任，在承前启后继古圣百家之所长，开放胸怀融东西文明之精粹，精研奇巧技器胜列强之产业，与时俱进应当世时局之变幻，解放思想创一

纪 20（4-2）　十月革命历史（1953）

代精神之文明。破教派之桎梏，汇科学之精华，树强国之楷模。正本清源，布真理与天下！愿与志同道合、追求济世、救世真理者携手共进，发此弘（宏）愿，世世不辍，贡献身心，护持正义道德……创中华新纪之强国，造国民千秋之福祉；兴神州万代之盛世，开全球永久之太平！"

　　《心之力》写于民国六年，即 1917 年。这一年正是俄国十月革命酝酿和爆发之时。

文7（14-2）　《沁园春·长沙》（1968）

第二篇

斧镰擎天

从湘江侧畔走来的青年毛泽东，怀着救国"在我学子"的历史责任，以"激扬文字，粪土当年万户侯"的凛然大气，投身到追求真理、求索前路的奋斗中。

他在漫漫长夜中寻找光明，他在思潮纷纭中认定方向。从"阿芙乐尔"号巡洋舰的一声炮响，到天安门前的五四运动巨潮；从《湘江评论》思想奋进对中国前程的叩问，到走向"开天辟地大事变"，作为一代伟人的毛泽东，早在青年岁月，就开始步入中国新民主主义革命的战斗征程……

一、火种——《湘江评论》与新民学会

辛亥革命之后几年，中国走在曲折的发展道路上。

对于中国的先进分子来说，他们看到旧的路走不通，就要寻找新的出路。袁世凯称帝和张勋复辟警醒了世人。人们认识到共和制之所以不能真正实现和巩固，关键在于缺少一场对封建主义旧思想、旧文化、旧礼教的彻底批判。

那时，一些时代先觉者进行的救国斗争之所以屡遭失败，中国国民之所以"若观对岸之火，熟视而无所容心"，需要思想启蒙是根本原因。正因如此，中国知识界的先进分子便把注意力转向了思想文化领域，主张着重从根本上改造国民性。

1915 年 9 月，在辛亥革命时当过安徽省都督府秘书长的陈独秀，创办了《青年杂志》（1 年后改名为《新青年》）。

陈独秀在这个著名思想启蒙刊物的第一卷中撰文，明确指出了"伦理的觉悟是吾人最后之觉悟"。

《新青年》掀起了社会的新思潮，20 世纪的"新文化运动"大旗自此高扬起来，像火炬一样将人们引向光明。很快，《新青年》这个响亮的名字引起强烈的社会震动。这个薄薄的小册子的周围竟会聚起一大批热血青年。《新青年》杂志及其撰稿人的篇篇文章，如烈火般锻造着一代青年的理想、信仰和品格。他们是"新青年"，他们是真正有别于旧式文人的一代新人，他们是开创"新文化运动"和推动"新文化运动"席卷中国大地的一代"新青年"。

J158　五四运动七十周年
1919—1989（1989）

当时，杨昌济先生为这本杂志写文章，还向学生们推荐了这本杂志。毛泽东的同窗好友周世钊发现，当毛泽东读了《新青年》后，"读韩文杜诗的兴趣降低了"。毛泽东自己后来也回忆说："我在师范学校学习的时候，就开始读这个杂志了。我非常钦佩胡适和陈独秀的文章。……一时成了我的楷模。"

当时，许多"新青年"都是陈独秀的崇拜者。在一些邮票和邮政用品上，人们纪念着这位新文化运动的思想领袖。

1919 年，是中国有志青年救国奋进的一个重要年头。

《湘江评论》印刷处旧址（明信片）（2013）

激扬文字（汤加，2019）

在五四运动前后，革命思潮风起云涌。在推翻封建帝制之后，中国正站在抉择出路的历史关头。

在中国大地上，皆有思想先行者在宣扬自己的言论，如毛泽东创办的《湘江评论》。这份报纸于 1919 年 7 月 14 日在长沙创刊，每周一张，四开四版，约发表 12000 字，"以宣传最新思潮为主旨"。

毛泽东曾回忆道："我是湖南学生报纸《湘江评论》的编者，这个报纸对于华南的学生运动有很大的影响。"

《湘江评论》的创刊号刊登了青年毛泽东撰写的创刊宣言。

宣言指出："世界上什么问题最大？吃饭问题最大。什么力量最强？民众联合的力量最强。"文中主张以平民主义来打倒强权；主张彻底研究学术，努力追求真理；主张群众联合，向强权者做持续的"忠告运动"，实行"呼声革命"——面包的呼声，自由的呼声，平等的呼声——"无血革命"。

《湘江评论》创刊号寄到北京后，李大钊认为，这是全国最有分量、见解最深的报刊。北京的《晨报》也论及《湘江评论》，认为其"内容完备""魄力非常充足"。

《湘江评论》创刊号问世，在社会上引起轰动，当天便售罄。加印的 2000 份仍不能满足群众需要，于是从第二期起，《湘江评论》增印为 5000 份。

在《湘江评论》第二期、第三期、第四期上连载的署名"泽东"的《民众的大联合》，介绍了俄国十月革命成功的经验，指出改造中国社会的根本办法在于民众的大联合。

充满战斗精神的《湘江评论》，深刻体现了青年毛泽东的革命信仰。在风雨飘摇的岁月里，毛泽东和他的志同道合者虽经革命的最初坎坷与艰难，却不舍心中的信仰，并坚定不移地为之奋斗。

一个月后，1919 年 8 月中旬，湖南督军张敬尧派军警查禁了《湘江评论》。

张敬尧是皖系军阀，在湖南任督军期间纵兵劫抢、滥发纸币、盗押矿产、强种鸦片、钳制舆论、勒索军饷、伪造选举等，作恶多端。张敬尧蛮横封禁《湘江评论》，更使热血青年毛泽东难以平静。接着，张敬尧解散湖南学生联合会。于是，毛泽东开始考虑组织一场驱张运动。在一所学校里，他召集原湖南学生联合会干部开会，提出湖南学生要做驱张运动的主力，明确指出驱张运动是爱国运动。

当重新恢复的湖南学生联合会和各界代表举行第二次焚毁日货示威大会时，张敬尧军队以武力镇压。毛泽东连续两天参加长沙各界教职员代表和学生代表的会议，之后，湖南学生联合会公开发表驱张宣言，长沙中等以上学校学生罢课。一场声势浩大的驱张运动正式开始了。

这是毛泽东独当一面地发动起来的第一次有广泛社会影响的政治运动。他是这场运动的主要领导人。在长沙各校总罢课的同一天，驱张代表团分赴北京、衡阳、常德、郴州、广州、上海等处请愿联络。

毛泽东率赴京驱张代表团到达北京，到京后组成"旅京湖南各界联合会""旅京湘人驱张各界委员会"。他注重新闻舆论力量，成立平民通讯社，以社长身份起草大量驱张文稿，分送京、津、沪、汉各报发表，代表团在京先后进行了 7 次请愿活动。作为请愿代表，毛泽东义正词严地向北洋政府国务总理靳云鹏提出驱张要求。最终，张敬尧的罪行大白于天下并被驱出湖南。

在驱张运动之后，毛泽东深深感到，一个张敬尧走了，还会有新的"张敬尧"回来，根除的办法是废除督军，"实行民治"。毛泽东同彭璜等人几经讨论，草拟《湖南人民自决宣言》，在上海的《天问》周刊及《时事新报》发表。他还将原先写好的《湖南改造促成会发起宣言》发表于上海《申报》。接着，毛泽东在上海《时事新报》上发表《湖南人再进一步》《湘人为人格而战》《湖南改造促成会复曾毅书》等文章，阐明他的主张。文章提出实行民治，要先由一省一省的人民各自解决，合起来便可得到全国问题的总解决。

毛泽东的社会活动能力和政治才干引人瞩目。老师杨昌济致信时任广州军政府秘书长、南北议和代表的章士钊，推荐毛泽东和蔡和森。信中写道："吾郑重语君，二子海内人才，前程远大，君不言救国则已，救国必先重二子。"

那时，蔡和森已经和毛泽东一起组织了许多爱国行动。湖南省档案馆还存放着 1918 年 8 月 9 日蔡和森写给罗学瓒先生关于组织赴法勤工俭学事宜的明信片。

长沙有一条新民路。那里有一间古朴的农舍，四周的竹篱围作护栏。在这个繁华的

蔡和森关于组织赴法勤工俭学事宜的
明信片（1918）

城市里，这个静谧的环境仿佛"世外桃源"一般。这是蔡和森的故居。然而，这里可以说是"于无声处听惊雷"。

1918 年春天，毛泽东同蔡和森一起沿洞庭湖南岸和东岸，历时半个多月，做社会调查。这是毛泽东和他的志同道合者进行的又一次读"无字之书"的实践。

2022-10T　洞庭湖

洞庭湖（风景日戳）（2022）

2022-10M　洞庭湖（小型张）

路途之上，他们详细商谈组织"新民学会"的问题。毛泽东曾说道："渐渐地我开始了解一个有着更密切联络的组织的必要了。在一九一七年，我和几个友人发起了新民学会。"

1918 年 4 月 14 日，毛泽东、蔡和森等一群学子一起聚会，召开新民学会成立大会。

"新民学会"取义于"大学之道在新民……苟日新，日日新，又日新"。经过讨论和辩论，大家确定以"革新学术，砥砺品行，改良人心风俗"为学会宗旨。新民学会成立之时，

新民学会旧址（风景日戳）（2011）

会员只有 20 余人，随着影响力的扩大，长沙进步学生和青年教师相继入会，会员发展到了七八十人。这些人是新民学会的中坚力量。

当时，蔡和森家里很穷，他常提一个篮子，放两本书，去岳麓山上的爱晚亭看书。饿得难受，就饮泉水解饿。有一次被毛泽东发现了，毛泽东便邀一群新民学会会员在爱晚亭下饮泉充饥。

他们还在雨中奔跑，用凉水冲澡以锻炼意志。许多人称，毛泽东、蔡和森二人宁可吃不饱，也要干革命。毛泽东和他的友人在爱晚亭纵论天下大事，这使毛泽东终生难忘。1952 年爱晚亭重新修葺后，毛泽东题写了"爱晚亭"匾额。

积极倡导留法勤工俭学运动是新民学会成立后首先开展的一项重要活动。此外，新民学会的会员队伍主要分为两支：一支活动在国内，主要在湖南；另一支活动在国外，主要在法国。

2004-27（4-1）T 爱晚亭

1918 年 8 月，毛泽东和萧子升、张昆弟等一行 24 人为赴法勤工俭学事宜来到北京。

毛泽东曾回忆道："当时，许多湖南学生都计划到法国去工读，在大战时，法国就是用这个方法来招募中国青年的。在出国以前，这般青年预备先在北平读法文。我帮助他们实现这个计划，在这一群留学生中，有许多是湖南师范学校的学生，后来大半都变成了著名的激进分子。我陪了几个湖南学生到北京去，不过，虽然我帮助他们实现这个计划，并且他们受新民学会的帮助，但我本人并没有到欧洲去，我认为我对于本国还未能充分了解，而且我以为在中国可以更有益地花去我的时间……"

那时，杨昌济在北京大学当教授。毛泽东回忆道："（他）把我介绍给北大图书馆主任。他就是李大钊，后来变成中国共产党的一位创始人。"

李大钊青年时代受西方教育熏陶，并受孙中山民主革命的影响，后接触到社会主义思想，从事反对军阀的民主运动。俄国十月革命后，李大钊积极传播马克思主义，发表了《庶民的胜利》《布尔什维主义的胜利》等著名文章。1920 年年初，他和陈独秀酝酿成立中国共产党，积极领导反对日本、英国帝国主义和军阀混战的群众斗争。1927 年 4 月，他被北方奉系军阀张作霖逮捕，于同月 28 日在北京英勇就义。李大钊书写过"铁肩担道义，妙手著文章"的著名对联。这副对联是他革命一生的真实写照。李大钊用自己短暂的生命，在中国革命史上谱写了壮丽的篇章。

为纪念李大钊同志诞生 100 周年，中国人民邮政发行纪念邮票一套 2 枚。一枚纪念邮票为"李大钊像"，肖像衬以一幅历史照片：在确定国共合作的中国国民党第一次全国代表大会上，李大钊与孙中山一起步出会场的情景。另一枚纪念邮票为"大义凛然"，这是李大钊被捕后临刑前的一张照片，背景是北京万安公墓李大钊墓的碑文。

J164　李大钊同志诞生一百周年（1989）

毛泽东在他的"自传"口述中说道："李大钊给我工作做，叫我做图书馆佐理员，薪俸是每月八块大洋。我的职位如此之低，以致人们都不屑和我来往。我的工作之一就是登记来馆读报的人名。不过这般人大半都不把我放在眼里。在这许多人名之中，我认得有几个是新文化运动著名的领袖，是我十分景仰的人。我很想和他们讨论关于政治和文化的事情，不过他们都是极忙的人，没有时间来倾听一个南方口音的图书馆佐理员所讲的话。但是，我并不因此而丧气，我仍然参加哲学研究会和新闻学研究会，想藉此能听大学里的课程。"

北京大学创立于 1898 年，是中国近代史上第一所国立综合性大学。它曾是五四运动的策源地，以及传播民主、科学思想和马克思主义的基地，也是中国最著名的高等学府之一。

北京大学始终保持"爱国、进步、民主、科学"的传统和"勤奋、严谨、求实、创新"的学风。百余年来，北大校园人文渊薮、英才辈出，为民族复兴、国家强盛作出了巨大贡献。

1998-11J　北京大学建校一百年

中国邮政为纪念北京大学建校 100 年发行了一枚纪念邮票。

由北京大学教师设计的这枚纪念邮票，以北大百年历程中 3 处具有历史意义的景物为图案：京师大学堂章程、沙滩红楼（北京大学红楼）和燕园西校门，体现了北京大学的光荣传统。

1920 年在北京期间，毛泽东和李大钊接触频繁。他们多次讨论了赴俄留学和女子留

纪22（2-1）
马克思像（1953）

纪51（2-2）
《共产党宣言》（1958）

《共产党宣言》中文版（极限明信片）（2020）

学之事。毛泽东后来回忆道："在他的帮助下，我才成为一个马列主义者。"受到李大钊的影响，他对布尔什维主义有了越来越浓厚的兴趣，很关注报刊上介绍马克思主义的文章，留心搜寻和阅读了当时能够找到的为数不多的中文版马克思主义书籍。

当时，和毛泽东交往甚密的邓中夏、何孟雄、罗章龙等举办的"亢慕义斋"（"亢慕义"是德文"共产主义"的音译），油印了刘仁静翻译的《共产党宣言》。一日，友人黎锦熙来到北长街99号福佑寺平民通讯社，看望毛泽东。毛泽东的书案上就有一本《共产党宣言》，还有许多关于社会主义的新书刊。后来，他们深谈至夜里，讨论了改造中国究竟应该选择哪一种社会主义的问题，主张中国的问题应该从"根本解决"下手。

这一阶段，毛泽东的思想发生了很大的变化。通过驱张运动的实践，加上对马克思主义的进一步了解，他意识到，"好多人讲改造，却只是空泛的一个目标。究竟要改造到哪一步田地？用什么方法达到，自己或同志从哪一个地方下手？这些问题，有详细研究的却很少。"于是后来回湘后，毛泽东着手办了两件大事，一件是关于当前的，另一件是关于长远的。

关于长远的，他着力于新文化，特别是对马克思主义的宣传，把眼光转向俄国。毛泽东曾两次向长沙的新民学会会员表示，自己不打算到法国勤工俭学，而准备"往俄"。他甚至还准备在两三年后组织一个"留俄队"，他说："我为这件事，脑子里装满了愉快和希望。"为什么想去俄国？因为"俄国是世界第一个文明国"。

在北京大学，毛泽东第一次见到了陈独秀。18年后，毛泽东回忆了这次交往。他对埃德加·斯诺说过陈独秀对他的影响也许超过了其他任何人。

1920年5月，毛泽东第二次到上海，6月，他特意拜访了陈独秀，陈独秀这时正同李达、李汉俊等人筹备组建上海共产党早期组织。毛泽东向陈独秀谈了"湖南改造促成会"的一

陈独秀、李大钊与北京大学红楼（邮资明信片）（2011）

些计划，征求意见。他们自然也谈到关于马克思主义的问题。毛泽东后来回忆道："我第二次到上海去的时候，曾经和陈独秀讨论过我读过的马克思主义书籍。陈独秀谈他自己的信仰的那些话，在我一生中可能是关键性的这个时期，对我产生了深刻的印象。"

在毛泽东"一生中可能是关键性的这个时期"，和"南陈北李"这两位当时中国思想界的巨人相继晤谈，可以说是青年毛泽东人生中的巨大收获。

当年，毛泽东认为新思想、新文化，已不再是宽泛的"新思潮"。他说："不但湖南，全中国一样尚没有新文化。全世界一样尚没有新文化。一枝新文化小花，发现在北冰洋岸的俄罗斯。"可以看出，他已经开始把中国和世界的希望寄托在马克思主义指引下的俄国十月革命的榜样上。

毛泽东、何叔衡等创办了文化书社。

他们租了长沙潮宗街湘雅医学专门学校的3间房子，作为文化书社的社址。毛泽东以"特别交涉员"的身份，筹借资金，扩大营业范围。文化书社经营的书刊，如《新俄国之研究》《劳农政府与中国》《共产党宣言》《马克思资本论入门》《社会主义史》等译著，以及上海共产党早期组织编辑的刊物《劳动界》，皆体现出毛泽东在追求"新文化"的希望之光。

1920年，陈望道翻译并出版了《共产党宣言》中文全译本。2020年，在这部马克思主义经典

2020-19J 《共产党宣言》中文
全译本出版一百周年

著作中文全译本出版百年之际，中国邮政发行纪念邮票，将历经一个世纪的这部典籍的质朴原貌再现方寸之间。这些书刊的出版扩大了马克思主义在中国的传播范围。

纪 95　伟大的十月社会主义
革命四十五周年（1962）

文化书社社址后来成了湖南共产党早期组织对内对外的秘密联络机关。

毛泽东又和方维夏、彭璜、何叔衡等人组建了湖南俄罗斯研究会，毛泽东被推为书记干事。研究会确定以"研究俄罗斯一切事情为宗旨"。具体工作安排是发行《俄罗斯丛刊》，派人赴俄实地考察，提倡赴俄勤工俭学。

1921 年 1 月 1 日至 1 月 3 日，毛泽东、何叔衡等人邀集长沙新民学会会员召开新年大会。会上，毛泽东指出，应采用"激烈方法的共产主义"，即"用阶级专政的方法"，达到"改造中国与世界"的目的。毛泽东

2018-9J　马克思诞辰 200 周年

还主张建立一个布尔什维克式的党。新民学会为第一批中国共产党党员提供了组织上的准备。

现今长沙新民路的这座老房子的门外，悬挂有陈云晚年所题写的"新民学会旧址"的牌匾，两侧为蔡畅题写的"新民学会建党先声，毛蔡寄庐流芳千载"。

毛泽东在组建长沙共产党早期组织的同时，也着手筹建湖南社会主义青年团。通过毛泽东和长沙共产党早期组织的积极努力，建团工作取得显著成效。

从保存在长沙地方《团员调查表》(1924 年填写）中，可以看到蔡和森介绍给毛泽东认识的彭平之的信息，他是湖南最早加入长沙社会主义青年团的人，其入团介绍人栏填写的是毛泽东。他是毛泽东介绍发展的第一个团员。

湖南社会主义青年团是 1921 年 1 月 13 日正式成立的，团书记是毛泽东。在北京接受了马克思主义信仰的毛泽东，带领新民学会会员，奏响了激昂的青春旋律。到 1921 年 7 月，入团者达到了 39 人。

湖南第一师范学校学生张文亮在日记中记述了毛泽东在湖南建团工作过程中，反复强调"找真同志"。

二、红船：党的旗帜与建党先驱

在湖南的湘江之畔，青年毛泽东求学求知、探寻救国之路。他在长沙的 8 个多春秋，既作为学子孜孜不倦汲取了中西学养，又作为热血青年从事革命活动，并在马克思主义思想和俄国革命实践的深刻影响下，从新民学会开始着手参与创建中国的共产党早期组织。

在故里的红土地上，毛泽东实现了由求知的青年学生到职业革命家的转变；在当时思潮纷涌的社会大潮中，毛泽东完成了由激进的民主主义者到马克思主义者的转变。

1920 年秋至 1921 年春，董必武、陈潭秋、包惠僧等在武汉，毛泽东、何叔衡等在长沙，王尽美、邓恩铭等在济南，谭平山、谭植棠等在广州，成立了共产党早期组织。

共产主义者毛泽东
（邮资明信片邮资图）（1996）

在五四运动前后的中国，尽管各种思潮纷涌而至，但李大钊、陈独秀等革命家，以及毛泽东、蔡和森等革命青年，他们虽相隔千里，少有晤面，但走的是同一条道路，那就是自苏俄引进的马克思主义指引的道路。诚如毛泽东后来在《论人民民主专政》中所言："十月革命一声炮响，给我们送来了马克思列宁主义。……走俄国人的路——这就是结论。"

五四运动极大地推动并促进了马克思主义在中国的传播。毛泽东指出，新民主主义革命是从五四运动开始的，五四运动是无产阶级世界革命的一部分；五四运动在思想上、干部上为中国共产党的成立作了准备。毛泽东不仅是五四运动的直接参与者，也是中国共产党早期的五四运动研究者。

在湖南新民学会活跃的思想交流中，毛泽东曾

纪 44（5-4）
保卫马列主义（1957）

给蔡和森、萧子升，以及新民学会在法国的会友写了长达 4000 字的长信。信中，他讲明了自己赞同革命道路的理由：因为温和改良的法子，实属"理论上说得通，事实上做不到"。"历史上凡是专制主义者，或帝国主义者，或军国主义者，非等到人家来推倒，决（绝）没有自己肯收场的。""俄国式的革命，是无可如何的山穷水尽诸路皆走不通了的一个变计，并不是有更好的方法弃而不采，单要采这个恐怖的方法。"这是他从中国社会实际中得出的深刻结论。

蔡和森回信详细阐述了成立共产党及其国际组织的必要性，主张"明目张胆正式成立一个中国共产党"，毛泽东则在 1921 年 1 月 21 日复信中明确说道："唯物史观是吾党哲学的根据""你这一封信见地极当，我没有一个字不赞成。"

毛泽东给蔡和森的回复，态度鲜明地表达了他对马克思主义、共产主义的信仰。

在毛泽东的领导下，从新民学会到长沙共产党早期组织，一批信仰马克思主义、拥护共产主义的青年人聚集起来。

1920 年 8 月，陈独秀等人在上海成立了共产党早期组织，这也是党的发起组，"预备在一年之中，于北平、汉口、长沙、广州等地，先成立预备性质的组织。"长沙一开始就被列入陈独秀的建党计划。

J37（2-1）
发扬"五四"光荣传统（1979）

五四青年节纪念（1948）

纪 98（3-2）
全世界无产者联合起来（1963）

纪 46　马克思诞生一四〇周年纪念
（1958）

普14（11-8）
中国共产党第一次全国
代表大会会址（上海）（1971）

编12 中国共产党第一次全国代表
大会会址（上海）（1971）

11月间，陈独秀、李达写信，把在上海成立共产党早期组织、机器工会，以及《中国共产党的宣言》起草等情况，告知毛泽东，还寄来了《共产党》月刊和社会主义青年团章程等。毛泽东和何叔衡、彭璜等在建党文件上签了名，并在1920年11月，创建了长沙共产党早期组织。

在不到一年的时间里，中国各地的共产党早期组织犹如烛火聚成烈焰，终在1921年7月23日，一个炎热的夏日，一批敢于担当拯救中国大业的中青年革命者，聚首上海。

这一天，中国共产党第一次全国代表大会召开，地点在上海法租界望志路106号（今兴业路76号）。

在上海这座典型的石库门建筑的客厅里，代表了全国50多名党员的代表，揭开了中国和世界共产主义运动历史上的崭新一页，这是中国历史上的一个"开天辟地大事变"。

这些代表是：上海的李达、李汉俊，北京的张国焘、刘仁静，长沙的毛泽东、何叔衡，武汉的董必武、陈潭秋，济南的王尽美、邓恩铭，广州的陈公博，旅日的周佛海。包惠僧受陈独秀派遣，出席了会议。

当时，对创建中国共产党作出了重要贡献的党的主要创始人李大钊、陈独秀，正分别在北京和广州，因工作繁忙脱不开身，没有出席这次重要的会议。共产国际派荷兰人马林和俄国人尼克尔斯基出席了这次会议。

1921年6月，毛泽东接到赴上海参加中国共产党第一次全国代表大会的通知。6月29日下午6时，他和何叔衡一道在长沙小西门码头，趁着暮色，登上开往上海的小火轮。当时，与何叔衡同在《湖南通俗报》工作的谢觉哉，曾在日记中写道："午后六时叔衡往上海，偕行者润之，赴全国〇〇〇〇〇之招。"这5个圆圈，谢觉哉后来解释说是"共产主义者"。当时，他知道这是件大事，怕泄露，只能以圈代之。

参加这次会议的代表多是年轻人。最年长的何叔衡不过 45 岁，最年轻的刘仁静只有 19 岁。与会者的平均年龄为 28 岁，这正是毛泽东当年的年龄。以后改变整个中国面貌的中国共产党，最初就是由这样一批人成立起来的。他们或西装革履，或身着长袍。当时，年轻的毛泽东并不特别引人注目。

出席这次会议的代表以"北大暑期旅行团"的名义住在上海法租界的博文女校，会址的那座石库门小楼就是李汉俊的哥哥、同盟会元老李书城的家。

在这次会议上，毛泽东除担任记录外，只作过一次发言。他介绍了长沙共产党早期组织的情况。他有许多实际行动的经验，不像在座的李汉俊、刘仁静、李达等人精通外文，引经据典，涉及许多理论问题。毛泽东给与会者留下的印象是老成持重、沉默寡言，"很少发言，但他十分注意听取别人的发言。"他很注意思考和消化同志们的意见，常在住的屋子里，"走走想想，搔首寻思"，乃至"同志们经过窗前向他打交道的时候，他都不曾看到⋯⋯"。

那时，毛泽东只是一个青年革命者，是长沙共产党早期组织的代表，但他坚信组织的力量是不可匹敌的。在一枚邮票上，图案是表现中共一大的油画。画作把毛泽东作为中国共产党第一次全国代表大会的中心人物来刻画，虽然这不是当年历史的真实细节，但在历史的大趋势中，这确又是真实的历史。

这一天，是中国历史上永载史册的一天。

会议进行中途，法租界巡捕进行搜查，会议被迫中止了。

上海代表李达的夫人王会悟是浙江嘉兴桐乡乌镇人，她熟悉离上海不远的嘉兴及南湖。王会悟建议，会议可以转移到嘉兴南湖的一条游船上继续举行。而后，她周详地安排了会议转移到南湖召开的诸多事务性工作。

代表们从上海北站坐早班火车来到嘉兴。由王会悟带领大家坐上摆渡船，到了南湖湖心岛，再经小拖梢船登上开会的游船。

这条船长约 16 米，宽 3 米；船头宽平，内有前舱、中舱、房舱和后舱。会议在中舱举行。当天，阴有小雨，湖面上游船不多，代表们以游湖为名，让船主把船停泊在离南湖烟雨楼 200 米左右的一片僻静水域。船舱内就是会场，王会悟则坐在船头为会议望风。

因安全问题，会议从上海转到嘉兴，代表们主张缩短会期，以一天时间结束会议。这

南湖革命纪念馆新馆开馆
（邮资明信片邮资图）（2011）

J178（2-2）
光辉的七十年（1991）

2001-12J 中国共产党成立八十周年

嘉兴南湖船（邮资明信片邮资图）（2001）

一天的具体日期至今还无定论，但据回忆，会议是在那一天的上午 11 时开始的。讨论中，少有长篇大论，集中议决重要问题。会议确定党的名称为"中国共产党"，通过了中国共产党第一个纲领，明确"革命军队必须与无产阶级一起推翻资本家阶级的政权"，"承认无产阶级专政，直到阶级斗争结束"，"消灭资本家私有制"，以及联合第三国际。中国共产党一经成立，就旗帜鲜明地把社会主义和共产主义规定为自己的奋斗目标，坚持用革命的手段实现这个目标。

党的第一次全国代表大会选举陈独秀、张国焘、李达组成中国共产党的领导机构——中央局。陈独秀任中央局书记，张国焘分管组织，李达分管宣传。傍晚 6 时许，会议完成全部议程，胜利闭幕。

从上海到南湖，这些年轻的共产主义者向这个世界庄严宣告：中国共产党成立了！代表们在波光潋滟的湖面上，期冀着朝旭的升起。他们轻声而深情地呼出了时代的最强音——"中国共产党万岁！第三国际万岁！共产主义万岁！"

会议结束后，代表们悄悄离船。当夜，他们离开嘉兴，奔赴全国各地继续传播革命火种。以中国共产党成立为标志，中国的历史写出了"开天辟地大事变"的新的一章。

毛泽东曾说道："一九二一年夏，我赴沪参加会议，共产党就在这个会议上成立。在中国共产党的组织中，陈独秀和李大钊占着领导的地位，无疑地，他们都是中国知识界中最灿烂的领袖……这也许是我一生极重要的时期。在这个历史的上海第一次会议中，除我以外，只有一个湖南人。参加会议的一共十三人。是年十月，共产党第一省支部在湖南组织起来了，我是其中的一员。"（此文发表时已勘核）

1921 年 7 月，已经成为中华民族历史上具有转折意义的时刻。上海法租界望志路 106 号石库门房子和嘉兴南湖红船这两个并不宽阔的空间，已经成为一个世纪以来让中国和世界瞩目的革命圣地。

在新中国邮票上，这两个革命圣地多次出现在"国家名片"上，成为庄严的历史见证。

在参加党的一大的代表中，最早走进邮票方寸天地、登上"国家名片"的历史人物，是毛泽东和董必武。

2001 年，正值中国共产党成立 80 周年。中国邮政在发行一枚以党旗为主图的纪念邮票的同时，又发行了一组《中国共产党早期领导人（一）》邮票。

这套邮票分别表现了 5 位中国共产党早期著名领导人——王尽美、赵世炎、邓恩铭、蔡和森、何叔衡的精神风貌，从一个侧面展现了党的 80 年的光辉历程。

正是在长时间充分的思想和组织的准备与酝酿之后，"在中国人民和中华民族的伟大觉醒中，在马克思列宁主义同中国工人运动的紧密结合中，一九二一年七月中国共产党应运而生。中国产生了共产党，这是开天辟地的大事变，中国革命的面貌从此焕然一新。"（《中共中央关于党的百年奋斗重大成就和历史经验的决议》）

J178（2-1） 中共"一大"
南湖会议会址（1991）

纪 88（5-1）
第一次党代会会址（上海）（1961）

2007-29（2-1）J 中共"一大"会址

J97（4-1） 毛泽东同志
一九二五年在广州（1983）

J123（2-1）
董必武同志像（1986）

2001-11J 中国共产党早期领导人（一）

党的一大之后，毛泽东回到了长沙。因为身体不舒服，他住在船山学社，以养病为主，抓紧时间读书，为了尽快获得马克思主义典籍的真髓，毛泽东特别"把英文作为主课，每天多少必读几句"，即视之为"非读不可"的要务。

在这个历史性时刻，毛泽东的心情愉快，要做的事情很多。怎样开展工作？党的一大没有提供具体办法。各地党组织的工作大多从两方面着手：一是利用职业关系进行宣传并发展党员；二是想办法接近工人，组织工人运动。

湘江之畔的毛泽东就这样开始了他在建党初期的革命活动……

三、清水塘中的革命播火者

从上海回到长沙不久，毛泽东被聘为湖南第一师范学校的国文教员。在当时的形势下，新建的共产党组织需要有一个加强理论学习和宣传的公开场所，于是，他们利用船山学社的社址，创办了一所湖南自修大学。

创办自修大学是毛泽东的夙愿。早在一年多以前，他就有了这个设想。毛泽东先后起草了自修大学的《组织大纲》《创立宣言》。文件中说："自修大学为一种平民主义的大学"，采取自学为主的方法，研究各种学术，并注意劳动，"求知识与劳力两阶级之接近"，是"取古代书院的形式，纳入现代学校的内容，而为适合人性便利研究的一种特别组织"。在学校发出的《入学须知》中申明："我们的目的在改造现社会。我们的求学是求实现这个目的的学问。"

1921 年 9 月开学时，入校者只有一人，就是后来慷慨就义的共产党员夏明翰。

1923 年 11 月，湖南省省长赵恒惕以"所倡学说不正，有害治安"之名查封了湖南自修大学。这时，湖南自修大学及附设补习学校已经培养了来自湖南 34 个县和外省 4 个县的 200 多名青年。

在长沙创办湖南自修大学的同时，毛泽东还着手组建湖南地方党组织。1921 年 10 月 10 日，中国共产党湖南支部成立，毛泽东任支部书记，成员有何叔衡、易礼容等。

在长沙县的板仓，有一位人称"板仓先生"的睿智长者。他是毛泽东的恩师和知己，他学贯

船山学社、湖南自修大学（纪念封）（2022）

中西，是湖南第一师范学校名声显赫的老师。他非常器重才华横溢、正义刚直的学生毛泽东。这位老师就是杨昌济先生。

在湖南第一师范学校学习时，毛泽东结识了杨昌济先生的女儿杨开慧。

他们遂从相识到相爱，并于 1920 年在长沙结婚。

1921 年 10 月，湖南党支部租了小吴门外清水塘 22 号的一处平房，作为秘密活动机关。毛泽东和杨开慧从 1921 年 10 月搬到清水塘，一直住到 1923 年 4 月离开长沙。

中国共产党湖南支部成立后，毛泽东着手在工人和学生中发展党员，建立党的基层组织。夏曦、郭亮、陈昌、夏明翰、蒋先云、毛泽民、黄静源、杨开慧等都是在这个时期入党的。

毛泽东和何叔衡在中国共产党湖南支部的基础上建立了中共湘区委员会，毛泽东任书记，委员有何叔衡、易礼容、李立三等。区委机关仍设在清水塘 22 号，杨开慧负责区委

机要和交通联络工作。

长沙城郊之东的清水塘，地处偏远，环境僻幽，所住多为菜农，菜畦里有两口水塘，上塘水浊，下塘水清，因池水明亮清澈，而得"清水塘"名。他们居住的一座砖木结构、三开间的青瓦平房前，有一条路直通小吴门，人来人往，不大引人注目。路边，有密密的、绿绿的梧桐树，遮天蔽日。几间简朴的农舍周围有菜圃、瓜棚和小径，非常恬静。

毛泽东和杨开慧的长子毛岸英就出生在这里。

这个时期，毛泽东还以中共湘区委员会书记的身份兼社会主义青年团长沙执行委员会书记，同时领导湘区团组织建设工作。1922年6月7日至6月15日，毛泽东主持召开长沙地方团员大会，在青年团执行委员会下面，设立了学生运动、劳工运动、社会教育运动、妇女运动、政治宣传等7个委员会。

中国共产党是中国工人阶级的政党，发展工人运动是党的工作重点。1921年8月中旬，在上海成立的"中国劳动组合书记部"，成为公开领导工人运动的机关。10月，劳动组合书记部湖南分部在长沙也成立了，毛泽东任主任。

建党之后，回湘之时，毛泽东和他的战友们在党务工作、青年工作、劳工活动等领域频繁开展工作。长沙那一间临水的清水塘舍，成为革命大潮中一艘前行的航船。

尽管毛泽东在湖南第一师范学校时办过工人夜校，但对于从事工人运动他仍缺乏经验。他不尚空谈，而是脚踏实地，从当地的实际情况出发，把工作扎实地开展起来。

在湖南从事工人运动首先遇到的问题是如何争取湖南劳工会，这是在湖南工人中较有基础而又受

杨开慧和毛岸英、毛岸青
（极限明信片）（2011）

清水塘（风景日戳）

中共湘区委员会旧址
（邮资机宣传戳）

无政府工团主义影响的工人团体。这个组织是 1920 年 11 月 20 日在长沙成立的，只进行经济斗争，组织原则是"铲除领袖的合议制"，绝对打破领袖观念和男女界限。其主要创始人是黄爱和庞人铨，会员约 7000 人。

劳工会拥有不少群众。把他们争取过来，并非易事。毛泽东仔细了解和分析了劳工会情况，从中看出有利因素。如黄爱、庞人铨都是五四运动、驱张运动中的积极分子，正直而坚定。

黄爱受李大钊、陈独秀影响，在陈独秀的支持下，由沪返湘组织劳工会。劳工会领导湖南第一纱厂工人反对湖南省政府把纱厂外租的斗争遭遇失败，正需要有人帮助指导。于是，毛泽东从帮助黄爱、庞人铨入手，并多次约请他们到清水塘住处恳谈。

1921 年 11 月 21 日，在湖南劳工会成立 1 周年之际，毛泽东与黄爱、庞人铨商谈改组劳工会。毛泽东对于改组劳工会提出建议：一是劳工会的目的不仅在从事经济斗争，"尤在养成阶级的自觉""谋全阶级的根本利益"；二是旧的行会式组织方式要不得，要有民主产生的人员精干的办事机构；三是工人应该自己养活工会，要准备罢工基金和选举基金。毛泽东的改组建议得到赞同。

他们接受毛泽东的"小组织大联合"的主张，先后成立了土木、机械、印刷等 10 多个工会。接着，毛泽东邀请黄爱、庞人铨会见了共产国际代表马林，请他"花了一个晚上给他们讲阶级斗争、俄国革命"的情况。此后，毛泽东又约请黄爱等劳工会领导人到清水塘交谈。事后，毛泽东说："谈得很好，他们的见解看法同我们是一样的，愿意同我们一起干。"这个"大联合"，正体现了马克思主义的"全世界无产者联合起来"思想的认知与践行。

后来，黄爱等人因组织长沙纺织工人罢工，遭到军阀赵恒惕逮捕，并惨遭杀害。牺牲之前，黄爱高呼"大牺牲，大成功"。

周恩来得知黄爱、庞人铨英勇就义的消息后，悲愤地写下《生别死离》一诗，表示要用鲜血浇灌"共产花开"，让"赤色的旗儿飞扬"！

在杨开慧和毛泽东共同生活的日子里，他们是志同道合的战友。1923 年 4 月，毛泽东安排好湘区工作，离开了清水塘，离开了妻子杨开慧，离开了刚刚半岁的长子毛岸英，秘密前往上海。这时，长沙的街头上已经贴出悬赏缉拿"过激派"毛泽东的布告。

这只是一次短暂的离别。同年 10 月，毛泽东又一次回到了清水塘。4 年后的最后一次告别，却成了永别。1927 年 8 月，毛泽东将杨开慧送到了长沙县板仓村老家。在最后的岁月中，杨开慧回忆自己 17 岁时在北京紫禁城外与毛泽东漫步在护城河边的情景；回忆起了自己 19 岁时以不举行婚礼的新方式与毛泽东结婚的场景，并赋诗以寄思念：

天阴起朔风，浓寒入肌骨。

念兹远行人，平波突起伏。

足疾可否瘥？寒衣是否备？

孤眠谁爱护，是否亦凄苦？

书信不可通，欲问无人语。

恨无双飞翮，飞去见兹人。

兹人不得见，惆怅无已时。

良朋尽如此，数亦何聊聊。

念我远方人，复及数良朋。

心怀长郁郁，何日重相逢。

50

这首诗在 50 年多后修缮旧居时方得发现。人们为毛泽东的战友和妻子杨开慧的深情所深深感动。

1930 年，湖南反动政府以"共党"之罪逮捕了杨开慧，并说只要她公开宣布与毛泽东脱离夫妻关系，就可以被释放。但身陷囹圄的她英勇不屈，坚守信仰，忠诚于党和毛泽东。

1930 年 11 月 14 日，杨开慧英勇就义于长沙浏阳门外识字岭前。

当毛泽东得知杨开慧牺牲的消息后，他痛彻心扉地表示："开慧之死，百身莫赎。"

新中国成立之后，毛泽东仍以深情再赋辞章，道出了"我失骄杨"，并描述自己"泪

J27（2-2） 杨开慧烈士（1978）

毛泽东悼念杨开慧诗词碑（极限明信片）（2010）

飞顿作倾盆雨"的情状。

静静的清水塘已然映照出了时代风云。工农大众所蕴聚的革命火种,已经使这个小小的院落不再平静。毛泽东和广大共产党人需要更广阔的天地和更火热的革命氛围。毛泽东深刻地意识到:这个重要的转变,正是建党之后必须迈开的重要一步。

诚如毛泽东后来秉笔直书的那个风云激荡的局面——

"唤起工农千百万,同心干,不周山下红旗乱。"

四、唤起工农千百万

党的一大以后,毛泽东先后出任中国劳动组合书记部湖南分部主任、中共湘区委员会书记和湖南全省工团联合会干事局总干事等职务,开始领导和组织湖南长沙、江西萍乡安源等地的工人运动。

毛泽东后来回忆:"到了一九二二年五月,湖南支部已经在矿工、铁路工人、公务人员、印刷工人及造币厂工人中组织了二十个以上的工会,当时我是支部的书记。是冬,猛烈的劳工运动开始。那时共产党的工作,主要是集中在学生和工人之间,在农民中的工作极少。多数大矿山和全部学生实际上都已组织起来。在学生和工人的战线上都有许多斗争。一九二二年冬,湖南赵省长(赵恒惕)下令处决两个工人领袖,结果引起了一个广大的激动,开始反对他。在这两个被杀的工人中,有一个是右翼劳工运动的领袖(即黄爱)。"1922年冬,毛泽东被党中央派到上海来帮助组织"反赵运动"。

1922年,中国共产党在上海召开第二次全国代表大会。毛泽东没有参加会议,他说:"我回转湖南,并竭力推动工会的工作。是年春,发生许多次罢工,为了争取较高的工资、较好的待遇和争取工会的承认。多数罢工都是胜利的。五月一日湖南发动了一次总罢工,这件事指出了中国劳工运动空前力量的成功。"

1923年6月,毛泽东在广州出席了中国共产党第三次全国代表大会。他回忆了这段经历:"共产党第三次大会是一九二三年在广州召开的,通过了那历史的决议案:参加国民党,和它合作,并组织联合战线以反对北洋军阀。我跑到上海去,并在党中央委员会中工作。次春(一九二四年)我到广州去,并参加国民党第一次大会。三月间回沪,将我在共产党执行部的工作和我在上海国民党执行部中的工作合并起来。……我和他们一起工作，调整共产党和国民党的步骤。"

当时，中国共产党认识到中国的民族民主革命只靠工人阶级孤军奋斗是不够的，应该争取一切可能的同盟者。由于孙中山领导辛亥革命取得成功，国民党在社会上有威信，又在南方建立了根据地。孙中山在民国成立后几经挫折，深感中国革命需要改弦易辙，对国共合作抱积极欢迎的态度。他提出了"联俄、联共、扶助农工"的三大政策。

西湖会议后，一批共产党重要领导人陆续以个人名义加入国民党。对此，毛泽东早有思想准备。他在湖南自修大学主办的《新时代》创刊号上曾发表《外力、军阀与革命》一文，提出：中国的反动势力太大了，外力和军阀勾结为恶，共产党和一些"非革命的民主派"都将同"革命的民主派"国民党合作，以"成功一个大的民主派"。

到广州后，毛泽东在《向导》上发表的文章中提出对中国革命的基本看法：国民革命的历史使命是"打倒军阀并打倒和军阀狼狈为奸的外国帝国主义""建立严密的联合阵线，这个革命才可以成功"。从"五四"时期倡导民众大联合，到这时主张建立联合阵线，毛泽东的思路是明确且连贯的。

在党的三大上，毛泽东的发言是根据湖南工人运动的经验，说明建立联合阵线的必要性。他认为大批工农加入国民党，正可以改造它的阶级成分，和资产阶级建立联合阵线，共同完成民族民主革命。经过讨论，会议决定全体共产党员以个人名义加入国民党，但仍保持共产党组织的独立性。

大会选出 9 名中央委员组成新的中央执行委员会。陈独秀、蔡和森、毛泽东、罗章龙、谭平山为中央局成员。5 个人中有 3 个人是原新民学会成员。陈独秀为中央局委员长，毛泽东为中央局秘书。

这是毛泽东第一次进入中国共产党的领导核心，此时他 30 岁，刚好"而立"之年。

党的三大之后，中央机关暂留广州。毛泽东开始接触国民党的一些上层人物。他曾和李大钊、陈独秀到廖仲恺家商谈国共合作的具体事宜，还常去谭延闿住处。毛泽东通过谭延闿加强对国民党内部情况的了解和联系。在毛泽东的指导下，国民党长沙支部成立，随后宁乡、安源等地分部和湖南总支部也相继成立，使湖南在大革命时期成为国民党组织最发达的省份之一。

毛泽东参与了中国共产党帮助孙中山改组国民党的活动。国民党一大后，国共第一次合作开始了。

1924年1月，毛泽东作为中央候补执行委员，参与了国民党上海执行部工作。毛泽东在上海组织黄埔军校一期考生两次复试工作。3月14日，在环龙路44号国民党上海执行部，毛泽东亲自办理黄埔军校第一期考生事宜。

据《陆军军官学校第一至四队学生详细调查表》记载，蒋先云、伍文生、张际春等人填报了毛泽东为报考黄埔军校入校介绍人。接着，在国民党上海执行部工作的毛泽东继续参与了第二期招考工作。

毛泽东回忆："是夏，黄埔军官学校成立，加伦担任顾问，还有其他从苏联来的苏维埃顾问。国共的合作开始采取一个全国规模的革命运动。"当时，广州黄埔军校成为中国民主革命和北伐战争的策源地。

1994-6J 纪念黄埔军校建校七十周年

毛泽东认为，革命军队是实现革命理论的先锋，应多选派党团员或进步青年到军校学习，培养党的武装骨干。这是他关于培养军事人才的思想在革命军校、军队中的最初探索与实践。

1926年9月3日，毛泽东应邀到黄埔军校演讲，他的演讲非常形象、生动，让官兵懂得为革命理想而战，给师生们留下了很深的印象。

2014-12J 纪念黄埔军校建校九十周年

黄埔军校建校时正式名称为"陆军军官学校"，许多共产党人加入国民党并在黄埔军校担任要职。周恩来就任军校政治部主任，恽代英任政治主任教官。

抗战期间，在和英国记者贝特兰的谈话中，毛泽东对黄埔军校给予高度评价："那时中国共产党和国

2011-3（5-4）J 恽代英

民党合作组织新制度的军队，在开始时不过两个团，便已团结了许多军队在它的周围，取得第一次战胜陈炯明的胜利。往后扩大成为一个军，影响了更多的军队，于是才有北伐之役。……那时军队设立了党代表和政治部，这种制度是中国历史上没有的，靠了这种制度使军队一新其面目。一九二七年以后的红军以至今日的八路军，是继承了这种制度而加以发展的。"

新中国成立之后，毛泽东曾多次来到广州。这是因为早年在他以共产党员身份投身革命活动时，与广州这座在民主革命时期风云四起的城市，有着很深的渊源。纪念毛泽东的邮票曾以他晚年在广州挥笔写作的情景为图案。

2003-25（4-4）J　毛泽东在广州

1925 年 9 月，32 岁的毛泽东来到广州。10 月，他担任了国民党中央宣传部的代理部长。12 月，他主持国民党中央宣传部机关刊物《政治周报》的相关工作。1926年，毛泽东主办了第 6 届农民运动讲习所。同年 11 月，他又在上海担任中共中央农民运动委员会书记。1927年，他到武汉任全国农民协会总干事，主持武汉中央农民运动讲习所工作。

在现今存留极少的毛泽东早期照片中，有一张是毛泽东 1925 年在广州拍摄的"标准照"。这张照片与 30 多年后毛泽东在广州时的照片形成了鲜明的对照，让人感叹"人间正道是沧桑"。

1924 年 6 月 30 日，为了迎接北伐战争、推动全国农民运动，国民党中央执行委员会第 39 次会议通过农民运动的实施方案。根据彭湃的建议，在广州创办了农民运动讲习所。名义上，农民运动讲习所由国民党中央农民部主办，实际上由中国共产党领导。

被毛泽东称为"农民运动大王"的共产党员彭湃，曾担任农民运动讲习所的第一届主任。

毛泽东同志诞生九十周年（极限明信片）（1983）

农民运动讲习所从 1924 年 7

月创立，到 1926 年 9 月结束，共举办了 6 届，培养了 700 多名运动骨干。

广州农民运动讲习所的旧址坐落在广州市中山四路 42 号，原址为明代建造的番禺学宫。这座宏伟的古建筑从南到北由棂星门、泮池拱桥、大成门、崇圣殿和东西两侧廊庑等组成。

当年，农民运动讲习所的条件十分艰苦。大成门左右两侧用杉木板隔成教务部、值星室、庶务部。东耳房是毛泽东的办公室兼卧室，西耳房是图书室。大成殿是课堂，崇圣殿正间为膳堂，东面辟为军事训练部。前院和后院两廊均是学员宿舍。

1926 年 5 月至 9 月，毛泽东主持第 6 届农民运动讲习所工作，并任所长。这一届由高语罕任政治训练主任，萧楚女任教务主任，共设 25 门课程。周恩来、彭湃、恽代英、李立三等共产党人先后担任教师授课。

这一届农民运动讲习所的整个教学工作坚持理论联系实际，引导学员参加社会活动，进行调查研究。学员按地区划分组织了 13 个农民问题研究会，到各地调查农村状况，总结农民运动经验。毕业之前，学员还到素有革命传统的广东海丰进行了参观和实习。

毛泽东根据对农民运动的认识，组织编印了一套《农民问题丛刊》，并为其第一辑撰写了序言《国民革命与农民运动》。

在序言中，毛泽东总结了农民运动的经验，明确指出"农民问题乃国民革命的中心问题"；乡村宗

2006-14（5-4）J 彭湃

普 14（11-1）
广州农民运动讲习所（1971）

普 16（14-3）
广州农民运动讲习所旧址（1975）

毛泽东在广州农民运动讲习所（极限明信片）（1983）

法封建阶级乃是国内统治阶级和国外帝国主义的唯一坚实的基础，不动摇这个基础，就不能动摇这个基础的上层建筑。因此，中国革命的形式必然是农民起来打倒土豪劣绅、贪官污吏。中国革命只有这一种形式，没有第二种形式。

编13 广州农民运动讲习所（1971）

来自全国 20 个省区的第 6 届学员，有 318 名毕业生。这批为党培养的农民运动骨干回到全国各地，促进了农民运动的发展，有力地支持了北伐战争。这为后来的"农村包围城市""武装夺取政权"思想的形成、发展和成功实践奠定了基础。

作为中国共产党的主要缔造者，毛泽东在他的早期革命活动中，已经显现出对于中国革命问题的真知灼见。

"茫茫九派流中国，沉沉一线穿南北。"

在黑暗无光的旧中国，毛泽东不啻点燃星星之火的指路人。他的深刻思考和践行思考的坚实步履，为中国的光明前景照亮了一条并不平坦的通途。这就是毛泽东

2011-16（6-1）J 开天辟地

一直奉行的马克思主义与中国现实及革命现状的结合。毛泽东思想已在这位青年革命家的身上萌发了。东方的第一缕光线，已经投射在湘水侧畔及中国南方大地之上。因为，中国的希望在毛泽东和他的正确的革命主张上，也在中国共产党的队伍中。

在 1924 年至 1927 年国共两党第一次合作期间，毛泽东以国民党中央候补执行委员、代理宣传部长的身份开展工作，撰写了《湖南农民运动考察报告》，走向农民运动。

如果说，在广州和武汉建立的农民运动讲习所，毛泽东主要从事农民教育。在安源，他则在中国产业工人队伍中传播革命火种。工农革命正是当时中国共产党的宗旨，在庄严的党徽上就有这一伟大的象征。

近半个世纪之后的 1968 年 8 月 1 日，中国人民邮政发行了一枚邮票，印量高达 5000 万枚。很快，这枚票幅超过常规邮票面积的大邮票就在信件的流通中传遍了大江南北，成为人们喜爱并珍藏的一枚珍品。当时，邮政部门还曾有过规定，不准在这枚邮票上盖销邮政的戳记，以避免污染或破坏邮票的图案和画面。

这枚邮票就是《毛主席去安源》，是以当年一幅著名的油画为蓝本设计的。

1967 年，北京筹办"毛泽东思想的光辉照亮了安源工人运动"展览，需要一幅表

现当年作为工农革命引路人的毛泽东在安源发动工
人运动情景的美术作品。这个任务交由中央工艺美
术学院的学生刘春华执笔创作。因为当时反对个人
成名成家，故作品署名为"北京院校学生集体创作"。

1967 年 10 月 1 日，这幅油画在中国革命博物
馆展出，立刻引起广泛关注。1968 年 5 月，《人
民画报》以《毛主席去安源》为名发表了这幅油画。
1968 年 7 月 1 日，《人民日报》《解放军报》《红
旗》杂志再次隆重发表这幅作品，并正式发行了单
页画作，印量高达 9 亿多张，该作品被认为是"世
界上印数最多的一张油画"。

毛主席去安源（极限明信片）（1993）

在《毛主席去安源》这幅油画中，青年毛泽东
占据画面中心位置。他身穿长衫，手拿油纸伞，山
风吹拂，云霭漫卷，沉降的地平线及显得低矮的群山，
反衬出青年毛泽东高大伟岸的形象。

1922 年 9 月初，粤汉铁路工人掀起罢工风潮。
毛泽东来到安源煤矿，借找工作之名下到矿井干活，
结识了受尽欺凌、怨声载道的路矿工人。在安源，
他考察路矿工人现实状况，分析罢工的条件，并进
一步探求与粤汉铁路工人罢工遥相呼应的可能性。

2006-14（5-3）J 苏兆征

当时，工人运动和农民运动如火如荼。南方有
共产党人邓中夏、苏兆征领导的省港大罢工，北方
有共产党人王荷波领导的津浦路沿线工人大罢工。

2006-14（5-2）J 王荷波

毛泽东相信众人拾柴火焰高，应当把"安源这锅冷水烧热"。在拜访了矿长林之轩之
后，毛泽东告诉李立三要利用平民教育运动，开办工人补习学校，李立三在安源便使用兴
办平民教育的名义，开办了安源路矿工人补习学校，很快就发展了几名党员和 200 多个入
党积极分子。鲜红的党旗在沉暗的路矿井下冉冉升起……

当时，安源的党支部书记、安源路矿工人俱乐部主任李立三不在安源。毛泽东主持召

开了党支部会议，分析形势，讨论对策。会议确认，当时工人境遇及当局图谋封闭工人俱乐部，已经是地火在运行，怒潮欲裂岸，非大罢工不能改变局面。会议决定，罢工条件已经成熟，应立即组织全体工人罢工。毛泽东要求党支部领导工人坚持斗争，并根据安源的实际情况，必须要用"哀兵必胜"的道理，提出哀而动人的口号。

会后，毛泽东写信给在湖南醴陵的李立三，嘱其速回安源领导罢工。

J96（4-1） 刘少奇同志像（1983）

1999-17（2-1）J 早期工人运动领导人

接着，他又把在粤汉铁路工作的共产党员刘少奇调来安源工作。

20世纪20年代，几位年轻的中国无产阶级革命家，凭着信念、理想、意志与激情，在安源开办了安源路矿工人俱乐部、安源路矿工人消费合作社和剧社，鼓励工人团结自信，依靠自己的力量、堂堂正正做人，同时筹划了罢工运动。

1922年9月14日，安源路矿工人举行大罢工，要求承认安源路矿工人俱乐部有代表工人的权利，要求增加工资。在刘少奇、李立三等人领导下，17000多名工人英勇斗争。随之长沙、湘北、湘南等地工人罢工运动也如火如荼展开。这正是"无产者联合起来"的波澜壮阔的革命热潮在中国三座大山重压之下的一次爆发。

当时的《安源路矿工人俱乐部之歌》（又称《工友歌》）唱道：

"被污辱的是我劳工，被压迫的是我劳工。世界啊，我们来创造；压迫啊，我们来解除。创造世界除压迫，显出我们的威风。联合我劳工，团结我劳工，劳工，劳工，应做世界主人翁，应做世界主人翁。"

在湖南省省长的办公室里，毛泽东义正词严地为工人争取劳动保障等权利；在安源，刘少奇带着17条复工条件与路矿当局谈判。在强大的罢工压力下，路矿当局勾结军阀企图镇压的阴谋破灭了，他们不得不答应工人提出的条件。9月18日，罢工运动取得胜利。安源路矿工人罢工的胜利，显示出中国工人阶级的伟大力量，是中国共产党成立初期组织的一场大型的罢工运动，在中国工人运动史上具有里程碑意义。

1923年2月7日，军阀吴佩孚命令湖北督军镇压京汉铁路罢工工人，制造了震惊中外的"二七"惨案。京汉铁路工人大罢工是中国共产党领导的又一次工人运动。罢工虽然失败，但工人的生命和鲜血警醒了全国国民，中国共产党人用他们的实际行动展示了为人民大众的初心，扩大了中国共产党在全国的影响范围。

毛泽东曾为"二七"纪念碑亲笔题写了碑名。在一枚邮票上，我们可以看到纪念碑上镌刻着毛泽东书写的碑名。那遒劲奔放的字体，融入了毛泽东早年从事工人运动的深厚情感。

纪 104（2-2）
全世界无产者联合起来（1964）

工人和农民是中国共产党进行革命的生力军。建党初期和大革命时期，毛泽东已经融入了工农革命的潮流。他既重视革命的舆论宣传与教育，如在广州、武汉、安源等地开办各种形式的农民运动讲习所和工人补习学校；也有实际的革命行动，如发动和组织安源路矿工人罢工。同时，毛泽东还以马克思主义的阶级斗争理论进行联系实际的探索。

J89（2-1）
江岸"二七"纪念碑（1983）

毛泽东回忆："我写作越来越多了，同时在共产党农民工作中负有特殊责任。根据我的研究和在组织湖南农民的工作中所得经验，我写了两本小册子，一本叫《中国社会各阶级的分析》，另一本叫《赵恒惕的阶级基础和我们当前的任务》。在第一本小册子中，我主张在共产党领导下实施激进的土地政策和积极地组织农民。"这是毛泽东在当时大革命形势下的一个理论性建树。

1925 年，国共两党掀起反帝反封建的大革命高潮，为举行北伐战争进行了充分准备。在革命紧急关头，中国社会各阶级对待革命有着不同的态度。在这个时代和社会的大背景下，毛泽东发表了《中国社会各阶级的分析》，将当时中国各阶级的实际表现提升到了理论层面，以马克思主义的观点对其进行了科学的分析。

1927 年 1 月 4 日至 2 月 5 日，毛泽东考察了湖南湘潭、湘乡、衡山、醴陵、长沙 5 个县的农民运动，于 3 月写成《湖南农民运动考察报告》，提出了解决中国民主革命的中心问题——农民问题的理论和政策。

在毛泽东《湖南农民运动考察报告》中，有一段有名的论述——"很短的时间内，将有几万万农民从中国中部、南部和北部各省起来，其势如暴风骤雨，迅猛异常，无论什么大的力量都将压抑不住。"

J127　李维汉同志诞生九十周年（1986）

J157　瞿秋白同志诞生九十周年
（1989）

60

共产国际领导人季米特洛夫
（苏联，1982）

两万多字的报告叙述了湖南农民革命"这个攻击的形势，简直是急（疾）风暴雨，顺之者存，违之者灭。其结果，把几千年封建地主的特权，打得个落花流水。""孙中山先生致力国民革命凡四十年，所要做而没有做到的事，农民在几个月内做到了。这是四十年乃至几千年未曾成就过的奇勋。这是好得很。"报告还提出要"推翻地主武装，建立农民武装"。这份报告，虽然党内的右倾机会主义者并不同意，但在党内仍得到广泛的认同。中共湖南省委和李维汉则完全同意报告中的观点，并首先在中共湖南区委机关刊物《战士》上刊登了该报告部分章节。

接着，《向导》周刊也发表了该报告的部分章节。汉口长江书店以《湖南农民革命（一）》为书名出版了全文的单行本，中共中央局委员瞿秋白为这本书写了热情洋溢的序言，他说："中国农民要的是政权和土地。……中国革命家都要代表三万万九千万农民说话做事，到前线去奋斗，毛泽东不过开始罢了。中国的革命者个个都应该读一读毛泽东这本书，和读彭湃的《海丰农民运动》一样。"在这篇序言里，瞿秋白还称毛泽东为"农民运动的王！"共产国际执委会机关刊物《共产国际》用俄文、英文先后翻译发表了该报告，并引起当时执委会季米特洛夫等负责人的极大重视，布哈林评价，"文字精练、耐人寻味"，认为毛泽东是最了解中国国情的领导人。

J64　中国共产党成立六十周年（1981）

　　在大革命的紧要关头，毛泽东正确分析了中国社会各阶级的状况，明确了中国民主革命的敌、我、友，提出无产阶级领导权和依靠农民进行革命的主张，批评了党内的右倾机会主义。

　　当时的形势正是毛泽东所写的"唤起工农千百万，同心干，不周山下红旗乱"。

J20（5-2） 井冈山军旗红（1977）

第三篇

燎原星火

那是一个血雨腥风的日子。

大批高擎大革命旗帜的共产党人倒在了国民党反动派的血腥屠刀下。中国共产党人在"四一二""七一五"反革命政变的白色恐怖下，通过血的教训认识到了"枪杆子里面出政权"。

从南昌城头的"八一"军旗红，到井冈山、瑞金成片的红色土地，神州暗夜点燃了第一簇星火。

1927 年是转折之年，革命低潮中坚持战斗的革命队伍跟着毛委员在井冈山地区建立了第一块革命根据地。顿时，战旗猎猎，狂风呼啸地天。

三湾的红枫、八角楼的灯光、五井的杜鹃花、井冈山的五大哨口、茨坪的红军练兵场……

井冈山写下了中国革命史诗。

中华苏维埃政权的红色光芒，"红都瑞金"的辉灿光华，照亮了中国暗黑的版图。

一、"沉沉一线穿南北"

在中国共产党建立的最初日子里，毛泽东辗转于湖南、广东、江西，全身心投入工人运动。在国共合作期间，他也满怀希望和激情，迎接大革命高潮的到来。他风尘仆仆的身影和慷慨激昂的言论，正是要在危亡的中国大地上踏出一条新路。已过而立之年的毛泽东以"问苍茫大地，谁主浮沉？"的宏大气魄，投身大革命的时代热潮中。

T121（4-1）
黄鹤楼（1987）

突然之间，乌云漫天而来。在大型音乐舞蹈史诗《东方红》中，有几句充满悲愤的朗诵词：

工农兵奋勇前进，大革命汹涌澎湃。突然间，天空出现了乌云，大地卷起了狂风——蒋介石在帝国主义指使下背叛了革命，大屠杀开始了，大革命失败了。中国共产党人和革命群众的鲜血，染红了黄浦滩头，珠江堤畔，大江两岸，一直到大河上下，长城内外。

对于共产党，蒋介石自己讲："我在广州时，对共产党的行动，时刻留心。""我所抱打倒共产党主张，在广州即欲实行，不是今日始有此决心……"。密谋之后，蒋介石公开叫嚣制裁共产党。

1927年4月初，蒋介石召开秘密会议，主张立刻用暴力手段"清党"。4月12日凌晨，蒋介石勾结的青帮头子黄金荣指挥青帮武装流氓冒充工人发动袭击，工人纠察队奋起抵抗。国民革命军第26军周凤岐部强行解除2000多名工人纠察队的武装。

蒋介石下令捕杀共产党人和革命群众。仅3天，上海工人300多人被杀，500多人被捕，5000多人失踪。这场反革命政变是大革命从高潮走向失败的转折点。

4月18日，蒋介石在南京另行成立国民政府，宣布国共合作的武汉国民政府、国民党中央的一切决议为非法。

在1927年春，毛泽东独步徘徊在武汉长江之畔的蛇山黄鹤楼前。

面对滔滔奔涌的大江流水，他以激愤的诗词抒发内心的忧虑。那是毛泽东在大革命低潮中写下的《菩萨蛮·黄鹤楼》。这阕词句以开阔的胸襟和豪迈的气概，表达了他在沉郁中的时代抱负和对于未来的期待……

> 茫茫九派流中国，
>
> 沉沉一线穿南北。
>
> 烟雨莽苍苍，
>
> 龟蛇锁大江。
>
> 黄鹤知何去？
>
> 剩有游人处。
>
> 把酒酹滔滔，
>
> 心潮逐浪高！

文7（14-14）
《菩萨蛮·黄鹤楼》（1968）

后来，毛泽东曾解释过他当时写这首《菩萨蛮·黄鹤楼》中说到的"心潮"："一九二七年，大革命失败的前夕，心情苍凉，一时不知如何是好。这是那年的春季。"

1927年4月至5月，中国共产党第五次全国代表大会在武汉举行。这次会议正是在大革命面临生死存亡的紧急关头召开的。

党的五大提出争取无产阶级对革命的领导权，建立革命民主政权和实行土地革命等一些正确的原则，但对无产阶级如何争取革命领导者、如何领导农民实行土地革命，特别是如何建立党领导的革命武装等问题，没有提出有效的具体措施，难以承担起挽救革命的任务。

毛泽东预感到了风云突变、一场劫难就要来临的危重局势。而刚刚召开的党的五大并未扭转局势、另辟征途。在党内，他的主张又不被以陈独秀为代表的党中央所理解。

党内的右倾机会主义错误导致了迁就国民党，不重视农民这个重要的革命同盟军，使工人阶级和共产党处于孤立地位。1927年春夏之交的国民党"清党运动"，就是利用共产党内部的右倾软弱，发动了镇压共产党和革命群众的反革命政变。

在毛泽东的口述"自传"中，曾讲道：

"可是陈独秀十分不同意我的见解。他不了解农民在革命中的任务，并将当时农民的前途估计过低。因此，在大革命的危机前夜所召开的第五次大会上，不能通过一个适当的土地政策。我的意见，迅速加强土地斗争，竟不加以讨论，因为党的中央委员会，也为陈独秀所把持，拒绝将它提出考虑。大会将'地主'定为拥有五百亩以上的人——要在这种基础上发展阶级斗争，是全然不适合和不切实际的，而且忽视了中国土地经济的特质——这样就撇开了土地问题。不过，在大会过后，一个'全中国农民协会'组织起来，我成了它的第一任主席。

"到了一九二七年春，农民运动在湖北、江西、福建，尤其是湖南，发展成为一个惊人的军事力量，虽然共产党的态度对它很冷淡。高级官吏和军事长官开始要求镇压它，说农民协会是'流氓协会'，它的行动和它的要求都是非分的。陈独秀将我调开湖南，因为那里发生了几桩事件，他要我负责，并且猛烈反对我的观念。

"四月间，南京和上海开始了反共的运动。在广州也发生了同样的情形。五月二十一日，湖南发生了一次暴动，有几十个农人和工人被杀。此后不久国共就分裂了。"

果然，在四一二反革命政变之后，形势又急转直下了。

1927年5月17日，驻宜昌的夏斗寅率所部独立14师进攻武汉，发表了反共通电。5月21日，驻长沙的许克祥率所部第35军独立33团发动叛乱，湖南的工农运动顷刻间浸入血泊之中。这就是"马日事变"。

革命低潮中的共产党人毛泽东思考着中国的未来。

在这期间，毛泽东和谭平山、邓演达等共产党人，以中华全国农民协会临时执委会常委的名义，要求国民政府保护工人纠察队和农民自卫军，同时号召各级农协严密组织，武装自卫。

国共两党的全面破裂，以及共产党人和革命工农群众的流血牺牲，使越来越多的共产党人意识到：要另寻出路！

1927年6月17日，中共中央政治局委员、军事部部长周恩来根据湖南情况，在中央常委会上提出湖南暴动计划，但被共产国际代表反对，未能实行。

7月4日，在中共中央政治局扩大会议上，在讨论湖南农民协会和农民自卫武装应当如何对付敌人的搜捕和屠杀时，毛泽东在发言中分析了保存农民武装的两种策略："1.改成安抚军合法保存，此条实难办到。2.此外尚有两路线：a.上山；b.投入军队中去。上山可造成军事势力的基础。"

在革命危亡之际，将建立军队及建军之后的"上山"作为一条出路，第一次由毛泽东

八一南昌起义纪念馆（纪念封）（2011）

明确地提了出来。

在《毛泽东自传》中，他说到了一个伟大的历史时刻："一九二七年八月一日，贺龙和叶挺的部队，与朱德合作，领导了历史的'南昌暴动'，并组成了后来变成红军的第一个部队。"

在共产党人血染历史的时刻，诚如《东方红》那篇朗诵词的激情呼唤：

但是，人民是杀不绝的，革命是扑不灭的，共产党人是吓不倒的。他们从地下爬起来，揩干净身上的血迹，掩埋好同伴的尸首，他们又继续战斗了。听，南昌起义的枪声，响起了第一声春雷。

二、"今日长缨在手"

在国共合作的年代，国民革命军中虽也建立了共产党的支部，但没有建在基层的连队中，党实际上没有掌握军队。南昌起义是共产党人面对敌人屠刀，以自己的革命武装向反革命武装发动的第一次斗争，也是中国共产党创立和拥有自己军队的开始。

1927 年 8 月 1 日凌晨，在江西南昌城头，中国共产党人打响了武装反抗国民党反动派的第一枪。

南昌起义指挥部旧址是原江西大旅社，这座具有历史意义的大楼，位于南昌市中山路西端洗马池。在当时，这是一座刚刚竣工 3 年的灰色的 5 层大楼。

1927 年 7 月下旬，朱德到达南昌，包租下了这家旅社。负责领导起义的周恩来等人在"喜庆厅"召开会议，成立了中共中央前敌委员会，江西大旅社遂成为领导起义的指挥中心。

这次具有重大历史意义的武装起义，由周恩来、贺龙、叶挺、朱德、刘伯承等共产党人领导。

这个伟大时刻最早表现在了画家莫朴的一幅油画上。1957 年 6 月，莫朴完成了这幅

长 256 厘米、宽 178 厘米的大型油画作品。他运用了写
实油画技法，在富有动感的构图中，以悲壮豪迈的艺术表
现，烘托了起义前夜的庄重气氛。在莫朴笔下，这个历
史性的夜晚聚焦在指挥部楼前的局部照明中，映衬出了
夜空云层低垂的风雨欲来之势。同时，以灯光下最鲜艳
的红旗为中心，高低错落地布局了 40 余位革命志士激昂
奋进的形象，形成有起有伏的动感，体现出革命潮涌的
蓬勃气势。这幅油画笔调奔放，画风简约，于平淡、真实、
自然、朴素之中，将这一历史瞬间定格在画卷上。

　　那是一个载入史册的夜晚，起义官兵聚集在总指挥
部楼前。时任中共中央前敌委员会书记的周恩来，带领
佩有标志的革命志士，高呼口号，挥舞红旗，举起枪支，
群情激昂。这个情景真实再现了中国共产党人创建自己
武装力量的坚定信念和奔赴革命的浩然之气。

　　1957 年 8 月 10 日，中国人民邮政发行了《中国
人民解放军建军三十周年》纪念邮票一套 4 枚。邮票
中的第 1 枚就采用了莫朴的油画《南昌起义》。邮票
采用雕刻版印制，以线条的力量极富立体感地再现了油
画的光影、构图及人物的动作与表情。与油画截然不同
的单色，在这枚票幅不大的邮票中，依然表达出了画面
的气势。

　　位于南昌城内的这栋宣布武装起义和指挥起义的楼
舍，历经风雨百年，而今依然巍然矗立。这里已经成为
万世瞩目的一个令人敬仰的革命圣地。

　　"八一军旗红"。人民军队就是在 1927 年 8 月 1 日
这一天，以中国共产党领导的武装力量的身份，举起一
面鲜红的旗帜。从此，"八一"这个具有历史意义的日子，

普 16（14-4）
南昌起义总指挥部旧址（1974）

普 11（12-3）
南昌"八一"大楼（1961）

纪 41（4-1）
南昌起义（1957）

纪 88（5-2）
南昌"八一"大楼（1961）

J140（4-1）
军魂（1987）

成为人民军队诞生的神圣时刻。

1927 年 8 月 1 日的南昌起义，革命武装向着武装的反革命打响了第一枪。血的现实和武装起义的壮举，说明共产党人正在斗争中探寻中国革命的道路。在 1927 年的风雨之秋，毛泽东等共产党人也进行了深刻的思考。

土地革命战争时期，党从残酷的现实中认识到，没有革命的武装就无法战胜武装的反革命，就无法夺取中国革命胜利，就无法改变中国人民和中华民族的命运，必须以武装的革命反对武装的反革命。南昌起义打响武装反抗国民党反动派的第一枪，标志着中国共产党独立领导革命战争、创建人民军队和武装夺取政权的开端。八七会议确定实行土地革命和武装起义的方针。党领导举行秋收起义、广州起义和其他许多地区起义，但由于敌我力量悬殊，这些起义大多数失败了。事实证明，在当时的客观条件下，中国共产党人不可能像俄国十月革命那样通过首先占领中心城市来取得革命在全国的胜利，党迫切需要找到适合中国国情的革命道路。（摘自《中共中央关于党的百年奋斗重大成就和历史经验的决议》）

南昌起义后的第六天，1927 年 8 月 7 日，中国共产党中央委员会在湖北省汉口市召开了紧急会议，这就是在中国共产党历史上有着重要历史地位的八七会议。

这次会议是在环境极其险恶的白色恐怖气氛中秘密召开的，日程只有一天。出席会议的有部分中央委员、候补中央委员、中央监察委员，以及中央军委、共青团中央、部分地方代表等。共产国际驻中国代表罗米纳兹等人也参加了会议。

这次会议的主要报告人是瞿秋白。

第一个到达会场的是中共中央政治秘书邓小平，他负责会议的安全，并用长达 12800 字的 20 页纸，为这次历史性会议进行了详细的记录。

就是在这次会议上，毛泽东提出了"以后要非常注意军事，须知政权是由枪杆子中取得的"。

这次中共中央紧急会议总结了大革命失败的经验教训，确定了今后斗争的方针。会议上，被选为中央临时政治局候补委员的毛泽东提出的重要论断，是中国共产党从大革命失败血的教训中得出的宝贵经验。

2006-14（5-5）J 邓中夏

八七会议（纪念封）（1997）

　　在大革命失败的紧急关头，邓中夏坚决主张在南昌举行武装起义。在这次会议上，他当选为中央临时政治局候补委员，接受中央派遣来到上海，恢复党组织，传达党的八七会议精神，领导开展武装斗争。

　　八七会议确定了实行土地革命和武装反抗国民党反动派的总方针，并把当年即将领导农民进行的秋收起义作为当前党的最主要任务。

　　1997年，在为纪念八七会议召开70周年发行的一枚纪念封上，有当年会议座席图案，以及邓小平题写的"八七会议会址"字样。

　　八七会议之后，毛泽东受中共中央委派，以中央特派员身份前往长沙，领导湘赣边界的秋收起义。

　　1927年8月18日，中共湖南省委在长沙市郊的沈家大屋里召开会议，讨论制订秋收起义计划。会议决定，要与国民党彻底划清界限，旗帜鲜明地以中国共产党名义号召群众，在湘东、赣西发动武装起义。

　　国民革命军第四集团军第二方面军总指挥部警卫团、平江工农义勇队及崇阳、通城农民自卫军等部，几路大军统一编组，成立了工农革命军第一军第一师，毛泽东任中共湖南省委秋收起义前敌委员会书记，卢德铭任总指挥。当年，谭政随警卫团参加了秋收起义，并任前敌委员会秘书。他在毛泽东身边工作，协助誊正毛泽东起草的写给中共中央的报告。

2005-20（10-5）J 谭政

　　1927年9月初的一个晚上，在灯火通明的师部的一张宽大的八仙桌上，师部参谋处设计制作军旗。经过比较推敲、讨论修改，最后确定军旗底色为红色，象征革命；军旗中央的五星代表中国共产党，镰刀斧头代表工农，军旗左侧白色管套上有"工农革命军第一军第一师"字样。军旗整体的含义是：工农革命军第一军第一师，是中国共产党领导下的工农武装。

　　毛泽东曾在回忆中说道："我被派到长沙去组织一个运动，就是后来叫做'秋收暴动'的。""到了九月，靠了湖南的农民协会，我已经组成一个普遍的暴动，并成立了农工军第一队。我的部队有三个主要的来源——农民本身、安源的矿工和国民党中叛变的军队。这个早期的革命军队叫做'中国工农红军'。""这个小小的军队，领导着农民暴动，向湘南移动。它冲破了成千成万军队，作了许多次战争。"

　　毛泽东曾经为秋收起义填下了高昂的词《西江月·秋收起义》，文字间充溢着浓烈的战斗气氛和必胜的信念：

　　　军叫工农革命，

　　　旗号镰刀斧头。

　　　修铜一带不停留，

　　　便向平浏直进。

　　　地主重重压迫，

　　　农民个个同仇。

　　　秋收时节暮云愁，

　　　霹雳一声暴动。

普16（14-6）
秋收起义——文家市（1975）

　　秋收起义部队浩浩荡荡，分成几路直向长沙挺进，战斗有胜利，也有失利，终在浏阳的文家市会合，部队尚有1500余人。中国人民邮政于1974年发行的《革命圣地图案》普通邮票的第6枚的图案就是秋收起义部队会师之地——文家市。

文家市（风景日戳）（2011）

　　文家市会师后，毛泽东否定了"取浏阳直攻长沙"的错误决策。当部队走到萍乡县芦溪镇时，遭遇敌军和地主反动武装的偷袭，部队伤亡近三成。秋收起义部队仅剩不足 1000 人和 48 匹战马。当时，战斗惨烈，环境艰苦，士气低落，思想混乱，且军阀习气严重；又因战斗失利，一些人动摇，时有士兵逃亡。这种情况的产生，皆因当时红军没有建立基层党组织，中国共产党还不能掌握部队。

1927 年 9 月 29 日，部队翻越了大山口，来到一个群山环抱的山坳。这个山坳既能摆脱敌军追击，也没有地方武装袭扰，部队可得以暂时休整。这里就是井冈山近旁的江西永新县三湾村。

为了巩固这支新生的革命军队，毛泽东在到达三湾的当天晚上就主持召开了中国共产党前敌委员会扩大会议，决定对起义部队进行整顿和改编。毛泽东主持的"三湾改编"确立了"党指挥枪""支部建在连队上""官兵平等"等一整套崭新的治军方略。

在一枚邮票上，我们可以看到：在远望井冈山的苍翠背景下，一个静谧的村野突兀生出了两棵茂密的老枫树。这就是位于三湾村头的枫树坪。当地人说：山窝子里的三湾村，有三条路依山蜿蜒入村。因此，这里名叫"三湾"。邮票上的三湾村，

特 73（8-2）
三湾村（1965）

一片田园风光，大有毛泽东诗词中所写今日井冈山"到处莺歌燕舞"的景象。而当年，就在这棵枫树下，秋收起义的队伍在思索、在争论，也在选择。是去是留，改变了一些人的命运，也改变了历史进程。老枫树见证了毛泽东主持的"三湾改编"，也见证了中国共产党建设新型人民军队最早的一次成功探索和实践。

"枪杆子里面出政权！"是从"政权是由枪杆子中取得的"演化而来。

在 1927 年的八七会议上，毛泽东第一次提出这个重要论断；然后在 1927 年 9 月秋收起义中得以践行；又在 1927 年 9 月底开始的"三湾改编"中进行了具体的组织实施。从 1927 年开始，毛泽东领导和指挥了革命军队的武装斗争。他进行了系统的思考，并总结了多方面的经验。1929 年 12 月，古田会议召开。中国邮政于 2009 年发行了《古田会议八十周年》纪念邮票，邮票图案是福建上杭县古田村的一座建筑，那就是古田会议会址。中国共产党对军队的绝对领导，发端于南昌起义，奠基于三湾改编，

2009-31J 古田会议八十周年

普16（14-9）
古田会议会址（1974）

普14（11-2）
古田会议会址（1971）

J181（2-1）
陈毅同志肖像（1991）

1999-17（2-2）J
建国初期的李立三

定型于古田会议。

随着革命形势的发展和革命队伍的壮大，红军及其党组织在环境险恶、战斗频繁、生活艰苦的情况下，得不到必要的教育和及时的整训，产生了极端民主化、重军事轻政治、流寇思想和军阀主义等不良倾向。毛泽东时任中共中央红四军前委书记，他力图纠正这些错误倾向，但他的正确主张没得到红四军领导层的大多数同志的认同，并被免去了前委书记一职。

1929年8月下旬，中共中央政治局召开会议，听取了陈毅关于红四军情况的汇报，并决定由李立三、周恩来、陈毅组成专门委员会，深入研究讨论红四军问题。经过一个月的讨论，形成了由陈毅起草、周恩来审定的《中共中央给红四军前委的指示信》，即著名的"九月来信"。

信中肯定了毛泽东"工农武装割据"思想，确认中国革命的特征是先有农村红军，后有城市政权；红军的基本任务是实行土地革命，开展游击战争；明确规定红军由前委指挥，并将党代表改为政治委员；要求红四军维护朱德、毛泽东的领导，明确指出毛泽东"应仍为前委书记"。

1929年12月28日至29日，中共红四军第九次代表大会在古田村召开。会上，毛泽东作政治报告，朱德作军事报告，陈毅传达中央的"九月来信"。经过讨论，一致通过了毛泽东起草的八个决议，总称《中国共产党红军第四军第九次代表大会决议案》，即《古田会议决议》。

其中，最核心的内容是《关于纠正党内的错误思想》。

会议选举毛泽东、朱德、陈毅、罗荣桓、林彪、伍中豪、谭震林等 11 人为中共红四军前委委员，毛泽东重新当选为前委书记。

古田会议会址（纪念封）（2011）

　　古田会议确立了人民军队建设的基本原则，重申了党对红军实行绝对领导的原则。决议强调把党建设成为无产阶级的先锋队，把军队建设成为无产阶级性质的新型人民军队。

　　毛泽东起草的《古田会议决议》，是中国共产党及其领导的人民军队建设的纲领性文献，古田会议是我党我军建设史上的重要里程碑，具有深远的历史意义和重要的现实意义。而今，古田会议会址已经成为万人敬仰的革命圣地，并多次出现在邮票上。

三、"黄洋界上炮声隆"

　　带领着人民子弟兵的毛泽东，望着蜿蜒起伏的罗霄山脉，挥师进军井冈山。此刻，毛泽东开始了他在 1927 年 7 月 4 日召开的中共中央政治局常委会扩大会议上提出的"上山"，以及"上山可造成军事势力的基础"的伟大践行。

　　于是，在 1927 年岁末的日子里，人民军队开始"跟着毛委员上井冈！"

　　井冈山位于湘赣边界，是延绵数百里的罗霄山脉的中段。井冈山沟壑纵横、重峦叠嶂，山势高峻、山形复杂，其主峰林立，多在千米以上。远望山脉南风面的笠麻顶，海拔高达 2120 米，为井冈山的最高峰。

　　毛泽东领导的秋收起义部队在浏阳文家市会师后，否定了"取浏阳直攻长沙"的错误决策，把秋收起义队伍引向了罗霄山脉，准备"上山"，建立革命根据地。

　　在永新县的三湾村，毛泽东对部队进行了思想作风上的整顿和组织上的改编。当时，毛泽东了解到，罗霄山脉的井冈山有袁文才、王佐两支绿林式的农民武装，他们正是凭借险要的地理位置，劫富济贫，伸张正义。毛泽东认为，这是可以联合的武装力量。于是，

2012-14（6-1）T 井冈山

1992-17（2-2）J 身经百战摧强敌

纪41（4-2） 井冈山会师（1957）

他把目光瞄向了井冈山。

有人说，这不是去当"山大王"吗？毛泽东理直气壮地回道："我们是去作革命的'山大王'。"经过缜密的思考，毛泽东决定从三湾经宁冈茅坪的山路，率部踏向井冈山。

随后，他写信约见袁文才。疑心重重的袁文才在谈判地点埋下伏兵。出乎意料的是，毛泽东仅带了几个随员。此举让袁文才钦佩。他决定投奔红军，并动员拜把兄弟王佐同来。这两位井冈山"绿林好汉"为毛泽东独特的个人魅力和共产党的英明主张所折服。

1927年10月27日，秋收起义部队到达茨坪，开始创建井冈山革命根据地。此刻，工农革命军实现了"跟着毛委员上井冈！"的这一历史壮举。

在这支队伍中，未来的开国元帅罗荣桓率国民革命军第二方面军总指挥部警卫团特务连，参加了秋收起义，经三湾改编，率部随毛泽东进入井冈山。

1957年，为纪念中国人民解放军建军30周年，中国人民邮政发行了一套邮票，其中一枚邮票以油画《井冈山会师》为图案。油画刻画了这一历史场景——1927年秋天，毛泽东走上井冈山，开创了中国共产党第一块革命根据地。

1928年4月，由毛泽东率领的秋收起义军与朱德、陈毅率领的南昌起义军余部和湖南农军在井冈山的砻市胜利会师。

砻市是一个山清水秀的小山镇，坐落在井冈山北麓的莽莽丛林之中，其东北隅就是哨口黄洋界，距工农革命军进驻的茨坪只有50公里。如今，这里的会师桥、文星阁、红四军军部旧址，以及毛泽东、朱德、陈毅等人的旧居，见证了当年毛泽东和朱德率领的两支部队会师的盛况。

会师部队合编为工农革命军第四军，5 月改编（后改称"工农红军第四军"，简称"红四军"）。朱德任军长，毛泽东任党代表和军委书记。

毛泽东在他的口述"自传"中是这样描述这一历史性的"会师"的："一九二八年五月，朱德来到井冈山，我们的力量合并起来了。我们共同拟了一个计划，要建立一个六县的苏维埃区，我们要稳定和加强湘赣粤三省接境区域的共产党政权，并以此为根据地逐渐发展到更广大的区域中去。这种策略与党中央办法相反，他们有着迅速扩展的妄想。在军队本身，朱德和我不得不与两种倾向搏斗：第一，要想立即进攻长沙，这我们以为是'冒险主义'；第二，要想退到广东省境之南，这我们以为是'退却主义'。当时我们的见解，以为我们的主要工作有二：平均地权和建立苏维埃政体。我们要武装群众以加速这种过程。我们的政策要实现自由贸易和善遇被俘的敌军，一句话，就是民主的中庸。"

毛泽东接着说道："一九二八年秋，一个代表会议在井冈山召开，到会的有井冈山以北的苏区代表。当时各苏区的党员对于上述的政策还存在着几种不同的意见，在这次会议上，这种异点彻底地消除了。一小部分人以为在这种基础上，我们的前途是非常有限的，但是大多数人信仰这个政策。因此，党决议提出，宣布苏维埃运动一定会胜利的时候，很容易地就通过了。"

此刻，敌军不容红军有立足之地，根据地遭遇了"敌军围困万千重"。

霎时间，五大哨口的黄洋界，一场场激烈的战斗打响了。红四军打破敌人多次围攻，并从 1929 年 1 月起，又向赣南、闽西进军，开创了赣南、闽西革命根据地，为后来的中央革命根据地的创建奠定了基础。

1977 年，在中国人民解放军建军 50 周年的日子，中国人民邮政为此发行了一套纪念邮票，其中一枚纪念邮票题为"井冈山军旗红"，再现了当年红四军战士英武的风貌和高扬的军旗。

FP15　江西风光——茨坪晨曦（邮资明信片）（2001）

特73（8-1）　茨坪（1965）

彭德怀（极限明信片）（1994）

1965 年 7 月 1 日，中国人民邮政发行了《革命摇篮——井冈山》特种邮票。这套精美的邮票，既刻画了井冈山革命圣地的优美风光，也从中引述出毛泽东在井冈山革命根据地一段非凡的战斗历程。

这套邮票中有一枚邮票是"茨坪"。茨坪位于井冈山主峰的北山麓，是面积为 20 平方千米的高山盆地。从邮票上可以看到，茨坪在群峦围绕的一片绿洲上，那里曾演绎了气吞山河的井冈山革命风云。

茨坪是毛泽东和工农红军创立井冈山革命根据地的起始之地。这里犹若晨曦一般，为中国的武装革命带来了胜利前景。

当年，秋收起义部队上井冈山，战士心情灰暗，人困马乏，不愿前行。此刻，毛泽东站出来说："现在来站队，我站第一名，请曾连长喊口令！"这个勇敢坚强的动作，激励了许多人，战士们纷纷站在他的身后，一支革命力量跟着毛委员向井冈山前进。

从 1927 年 10 月到 1929 年 1 月，茨坪成为红军常驻之地。在毛泽东和朱德、陈毅等人领导的井冈山队伍中，还有一位革命元勋，那就是彭德怀。

他在大革命失败的革命低潮时期，毅然加入了中国共产党。同年，他与黄公略等人领导平江起义，组建中国工农红军第五军，任军长。彭德怀率部在湘鄂赣边转战数月，建立三省边界革命根据地，后率红五军主力到达井冈山，与毛泽东、朱德领导的红四军会师。

普 14（11-3）
革命摇篮——井冈山的茨坪
（1971）

作为井冈山革命根据地的中心，茨坪是党、政、军领导机关和后方单位的所在地。湘赣边界的党的前敌委员会、特委湘赣边界工农兵政府、防务委员会、中国工农革命军第四军军部、军官教导队等机关先后迁来这里。

在茨坪，毛泽东写下了《井冈山的斗争》等著作。这些著作犹如朝旭，照亮了中国革命的道路。

有一首人们耳熟能详的红色歌曲，叫作《八角楼的灯光》。歌中唱道：

天上的北斗星最明亮，茅坪河的水闪银光。井冈山人抬头望，八角楼的灯光照四方。我们的毛委员，在灯下写文章……秋收起义惊天地，文家市上军号响。深入农村扎下根，新中国孕育在井冈。跟着毛委员，心里亮堂堂；跟着毛委员，浑身有力量；跟着毛委员，创建新世界；跟着毛委员，人类得解放。八角楼的灯光，是黎明的曙光。

这首歌唱出了在井冈山斗争时期，毛泽东常在八角楼的深夜用一根灯芯来照明写下光辉著作的情形，也唱出了井冈山的"灯光"照亮了中国革命前进的道路。

特 73（8-3）
茅坪八角楼（1965）

八角楼坐落在井冈山的茅坪村，这里是当年毛泽东居住的地方。因房上有一个八角形的天窗，当地群众称它为"八角楼"。《革命摇篮——井冈山》这套邮票其中一枚邮票上的图案就是毛泽东的故居——著名的八角楼。

茅坪这座旧屋里，只有一张床、一张小桌子和一盏煤油灯。在这里，毛泽东运筹帷幄，布局井冈山的斗争战略。屋舍门前枫树下的那块巨石，据说是毛泽东当年的读书之地。老乡亲切地称之为"读书石"。

当年，毛泽东在这里读书思考，他想到了"中国的红色政权为什么能够存在？"，并在八角楼的灯下秉笔成文。此外，他还写出了阐述建立农村革命根据地、农村包围城市观点的《星星之火，可以燎原》等名篇。井冈山的四围青山，挡不住毛泽东放眼天下的深邃目光。

黄洋界位于井冈山主峰之北，崖岩陡峭，扼山踞险，为五大哨口之一。"过了黄洋界，险处不须看。"这是毛泽东对于黄洋界险要地势的诗意描述。

当年，黄洋界只有一条草木掩映着的崎岖小路。深不可测的悬崖峭壁林立四围，正是一处易守难攻的关隘。在井冈山上，若无战事，仅一个排兵力便足以担当守卫重任，大有"一夫当关，万夫莫开"的气势。

特73（8-7） 黄洋界（1965）

在激烈的黄洋界保卫战中，毛泽东在枪林弹雨中竟有"敌军围困万千重，我自岿然不动"的诗意慨然与无畏。

邮票上的黄洋界，群山环抱，险崖壁立，远处如一线挂在山谷上的小径，隐在万山丛中。

遥想当年，"黄洋界上炮声隆"。在毛泽东的引领下，这条小路走出了彭德怀、罗荣桓、杨得志、萧克等一批人民军队的元帅和将军。

在《革命摇篮——井冈山》这套邮票中，除茨坪、三湾村、砻市、茅坪八角楼、黄洋界外，还可以看到井冈山大井村。

特73（8-5） 大井村（1965）

邮票上的大井村，松峰交翠、古树成荫、流泉清冽，山野风光，仿佛就在眼前。邮票上的房舍是当年毛泽东和红军留下的历史见证。

1927年10月末，毛泽东率领工农革命军上井冈山，到达大井村。他领导红军深入群众，宣传革命道理，组织和武装群众，解决群众生产和生活中的困难。在这里，红军设立了医务所，免费给群众看病。

历经近一个世纪风雨，简朴的毛泽东故居烙印下了当年毛委员在大井村的革命足迹。在这里，他对井冈山地方武装的王佐部队进行了改造和教育。

1928年2月，王佐率领地方武装参加工农革命军，壮大了革命队伍。毛泽东说："这使我们的力量增加三团左右。……当我留在井冈山上的时候，他们始终是忠实的共产主义者，执行党的一切命令。"

在《革命摇篮——井冈山》这套邮票中，"龙源口"这枚邮票的图案中最抢眼的是一座古桥。这是建于清道光十七年（1837）的一座单孔拱桥。不过，最让人难忘的是1928年6月23日毛泽东率领红四军在这座古桥一带围歼了进犯井冈山革命根据地的敌军一个团，击溃了两个团，取得了七溪岭战斗的胜利。一时间，龙源口桥畔红旗蔽天，军歌嘹亮。

当年的热烈场面被这枚邮票图案呈现的静谧画面所替代。忆昔抚今，当思毛泽东所说的今日井冈"到处莺歌燕舞"来之不易。

《革命摇篮——井冈山》这套邮票展现了井冈山的革命遗址和绚丽风光。最后，这套邮票以一枚"井冈山主峰"的开阔画面结束。在邮票设计上，这套邮票色彩绚丽，虚实相映、意境深远；以墨色浓淡的变化与渲染，显现出国画的风格和韵味。

在没有硝烟的时刻，井冈山春日盛开的杜鹃花和碧翠的毛竹，以及山上的红杉云海，显示出令人迷醉的绿色生态。今日井冈山的俊秀，正是在昨日战斗烽火中锻造出来的。

遥想当年，毛泽东在秋收起义的烽烟中，远远地望到罗霄山脉的井冈山。井冈主峰的险峻和森严，让毛泽东萌生了"上山"、走向大山深处建立革命根据地的决策。在井冈山，毛泽东实现了他的"上山可造成军事势力的基础"的伟大战略思想。

井冈山巍巍屹立在苍莽的罗霄山脉中，也屹立在中国人民的心中。

多少年来，人们忘不了八角楼上的灯光；忘不了那些简朴动人的歌词"红米饭，南瓜汤"；也忘不了井冈山上动人的战斗故事。

1930年1月，红六军军长黄公略在赣西南地区发动群众，建立革命武装，将分散的

特73（8-6）
龙源口（1965）

特73（8-8）
井冈山主峰（1965）

井冈春竹（邮资明信片邮资图）

编14
革命摇篮井冈山（1971）

2002-17（5-1）J 黄公略

游击区连成片，形成大块根据地。

毛泽东在《蝶恋花·从汀州向长沙》中所写的"赣水那边红一角，偏师借重黄公略"，正是记叙了井冈山外，革命军队配合"山上"战斗，为革命根据地的创立、巩固和扩大而协同作战的事迹。

井冈山养育了中国革命，中国革命也塑造了这座郁郁葱葱的大山。

在中国革命历史上，从秋收起义到井冈山革命根据地的建立，毛泽东为中国革命开辟了一条"农村包围城市、武装夺取政权"的正确道路。"跟着毛委员上井冈！"，实际上是为中国革命踏出了一条走向胜利的"井冈山道路"。

因有了毛泽东的伟大足迹，才使得照耀井冈山的朝旭永远是那样的红，那样的热，那样的生生不息。

从进攻大城市转为向农村进军，是中国革命具有决定意义的新起点。毛泽东同志领导军民在井冈山建立第一个农村革命根据地，党领导人民打土豪、分田地。古田会议确立思想建党、政治建军原则。随着斗争发展，党创建了中央革命根据地和湘鄂西、海陆丰、鄂豫皖、琼崖、闽浙赣、湘鄂赣、湘赣、左右江、川陕、陕甘、湘鄂川黔等根据地。党在国民党统治下的白区也发展了党和其他革命组织，开展了群众革命斗争。（摘自《中共中央关于党的百年奋斗重大成就和历史经验的决议》）

毛泽东在井冈山（极限明信片）（1983）

1929 年 1 月 14 日，毛泽东、朱德率领红四军主力 3600 余人从井冈山茨坪等地出发，向赣南进军。

毛泽东在辗转进军赣南、闽西途中，曾身患重病，以致共产国际误发毛泽东讣告。但文中却有这样的字句："据中国消息：中国共产党的奠基者、中国游击队的创立者和中国红军的缔造者之一的毛泽东同志，因长期患肺结核而在福建前线逝世。""这是中国共产党、中国红军和中国革命事业的重大损失。""毛泽东同志是被称之为朱毛红军的政治领袖。""作为国际社会的一名布尔什维克，作为中国共产党的坚强战士，毛泽东同志完成了他的历史使命。"

这个所谓的"讣告"，虽因传闻失实而误报，却透露出一个不容忽视的事实，那就是毛泽东在中国革命和中国共产党中的重要地位不仅为国内所认可，也为共产国际所承认。

四、瑞金：暗夜星火红

离开井冈山，大军逶迤山中。毛泽东有词曰："今日向何方？直指武夷山下。"

瑞金位于江西省南部，即赣南。其东，临八闽之秀的武夷山。

从1927年10月毛泽东和工农革命军开创了井冈山革命根据地到1931年10月的4年时间，中国共产党和党领导的红军，在当地工农大众支持下，创建了10多块"工农武装割据"的革命根据地，掀起土地革命的高潮。

在粤闽赣等广大地域，红色政权就像毛泽东所形容的"星火燎原"一样，不断建立起来。在广东，共产党人彭湃创立了海陆丰苏维埃政权，创建了中国南端的一片革命根据地。

由于国民党反动派军队的严密封锁、多次"围剿"，加上交通阻隔，通信不便，各根据地和红军基本上各自为政，难以形成强大的合力，革命形势迫切需要建立一个全国性的政权来加强领导、统一步调、汇聚力量。

当时，这些散布在全国各个地区的革命根据地，实际上已经建立了工农政权，并且有着政治、经济、军事等方面的人民政权的象征。

纪念海陆丰苏维埃政权成立六十五周年（纪念封）（1992）

1994-13T　武夷山

苏区第一枚邮票实寄封

82

闽西交通总局的"赤色邮花"（1930）

闽西交通总局的"赤色邮花"（极限明信片）（1990）

如邮政，是代表政权存在的一个重要载体。留存至今的从江西宁都寄往湖南平江的一封信的信封上面贴有1930年3月赣西南赤色邮政发行的邮票。这是迄今为止所能见到的最早的由中国共产党领导的红色区域发行的邮票。不过，现今留存下来的仅有这枚贴着邮票的实寄封，尚未有单枚邮票面世。

此外，闽西革命根据地也在1930年发行了用于流通的邮票，这就是由闽西交通总局发行的、被称为"赤色邮花"的珍贵的4片（当时的币值单位，相当于"分"）邮票。

在这枚邮票发行60周年的时候，中国人民邮政以这枚邮票为图案发行了一枚邮票以资纪念。在一枚以这枚邮票制作的极限明信片上，除可以看到清晰的邮票图案外，还可以看到所销邮戳也是当时的地名——福建龙岩。"赤色邮花"等赤色邮政发行的邮票正是当时分散的作为革命政权的革命根据地的一个标志。

1930年12月至1931年6月，中国工农红军第四军参谋长徐向前率部连续挫败国民党军队对鄂豫皖苏区第一次、第二次"围剿"；其后，红四方面军于1931年11月7日成立。徐向前担任红四方面军总指挥兼第四军军长重责，组织指挥了一系列战役，粉碎了国民党军队对鄂豫皖苏区的第三次"围剿"。由此，赣南、闽西两块革命根据地基本连成一片，形成拥有21个县城、面积5万平方千米、居民达250万人的中央革命根据地，并且建立了红色的邮政网络，这为中华苏维埃共和国的建立奠定了坚实的基础。

在战火纷飞的日子里，适逢重阳节，毛泽东曾以革命乐观主义的情怀和蔑视顽敌的豪迈气概，写下了"今又重阳，战地黄花分外香"等诗词名句。

文 7（14-7）
《采桑子·重阳》（1967）

地处江西、福建两省交界的瑞金，山势险要，远离中心城市，敌军重兵不易集聚围困，这有利于革命根据地和新生政权的巩固。以瑞金为中心，以井冈山革命根据地为基础，以周边等诸多革命根据地为依托，毛泽东、朱德等领导创建了中国历史上第一个全国性的工农民主政权——中华苏维埃共和国。从此，闽山赣水"那边红一角"，星星之火已然有了燎原之势。

一枚红旗映衬下的邮票，其图案是中华苏维埃共和国临时中央政府所在地——瑞金。

毛泽东在瑞金（极限明信片）（2020）

1931 年 11 月 7 日，中华苏维埃第一次全国代表大会在江西瑞金县叶坪村隆重召开。这一天，正是俄国共产党人发动十月革命 14 周年的纪念日。

毛泽东代表中共苏区中央局向大会作报告。大会通过了《中华苏维埃共和国宪法大纲》《中华苏维埃共和国土地法》《中华苏维埃共和国劳动法》《中华苏维埃共和国经济政策》等法律文件。这次大会向世界庄严宣告：中华苏维埃共和国临时中央政府正式成立。

自此，中国共产党所领导的红色政权正式以国家形态出现。大会决定中华苏维埃共和国的首都为瑞金，随之更名"瑞京"。毛泽东当选为中华苏维埃共和国临时中央政府主席，"毛主席"的称谓即从这个历史时刻开始出现。

1934 年 1 月，中华苏维埃第二次全国代表大会召开。这次会议召开后去掉了中华苏维埃共和国临时中央政府的"临时"两字，正式成为中华苏维埃共和国中央政府。瑞金被瞿秋白称为"赤都"，即红色首都。以瑞金为中心的中央苏区成为毛泽东思想的主要发源地和初步形成地，也是人民代表大会制度和"八一"建军节的诞生地，并成为全国苏区政治、经济、军事和文化的中心。中国共产党领导

2012-14（6-2）T　瑞金

纪 88（5-3）
中华苏维埃共和国临时中央
政府旧址（瑞金）（1961）

纪 26（3-3）
列宁和斯大林在哥尔克（1954）

中央苏区广大军民，在以瑞金为中心的红土地上，进行了治国安民的伟大实践。中华苏维埃共和国是中国历史上第一个全国性的工农民主政权，是中国共产党在局部地区执政的重要尝试。因此，瑞金又有"共和国摇篮"的美誉。

1961 年，中国人民邮政发行《中国共产党成立四十周年》纪念邮票，其中就有瑞金沙洲坝中华苏维埃共和国中央政府大礼堂的图案。那时，中华苏维埃共和国中央政府有着国家形态的全部构成。在这座大礼堂中，大会讨论、通过并颁布了宪法，发行了货币，设计了国旗。

中华苏维埃第一次全国代表大会制定了《中华苏维埃共和国宪法大纲》。

《中华苏维埃共和国宪法大纲》第一页指出："中华苏维埃第一次全国代表大会仅（谨）向全世界与全中国的劳动群众，宣告它在全中国所要实现的基本任务，即中华苏维埃共和国的宪法大纲……中国（华）苏维埃政权所建设的是工人和农民的民主专政的国家。苏维埃全政权是属于工人，农民，红军兵士及一切劳苦民众的。在苏维埃政权下，所有工人，农民，红军兵士及一切劳苦民众都有权选派代表掌握政权的管理；只有军阀，官僚，地主，豪绅，资本家，富农，僧侣及一切剥削人的人和反革命分子是没有选派代表参加政权和政治上自由的权利的。"

《中华苏维埃共和国宪法大纲》从政体体制到公民权利，从经济发展到劳动分配，作了全面、严格的规定。

在国际交往部分，更在第 17 条中写道："中国（华）苏维埃政权宣告世界无产阶级与被压迫民族是与它站在一条革命战线上，无产阶级专政的国家——苏联是它的巩固的联盟。"

列宁、斯大林认为，苏维埃的共和国体制是从资本主义到社会主义的过渡时期中最适当的社会政治组织形式。

中华苏维埃共和国的诞生得到了苏联的帮助。莫斯科不顾外交受损坚决支持中共按照俄国革命的模式发动苏维埃革命，从政治方针一直到具体政策文件的制定，从决定中共领导人到选派代表亲临上海，甚至到苏区就近帮助工作和指导作战，可以说是事无巨细，几乎一包到底。（摘自新华出版社《中苏关系史纲》）

中华苏维埃共和国诞生在闽赣交界的崇山峻岭之中。因此，也有人称之为"山坳里的中国""马背上的共和国""山林里的国度"等。但这个"国体"是非常健全的，它有自己的政府机构，有独立的货币、银行、邮政及通讯社等。中华苏维埃共和国第一届中央执行委员会人民委员会的构成如下。

主席：毛泽东；副主席：项英、张国焘。第一届中央政府之下的九部一局中就有军事人民委员朱德；教育人民委员瞿秋白；外交人民委员王稼祥等。

2011-3（5-5）J　项英

中华苏维埃共和国政府不承认中华民国的货币，遂发行独立货币。纸币的设计使用印有苏联领袖列宁的肖像等。1932 年 2 月 1 日，在瑞金叶坪，中华苏维埃共和国国家银行宣告成立，行长是毛泽民。银行隶属中央政府财政人民委员会。

J134　朱德同志诞生一百周年
（1986）

在中华苏维埃共和国政府机构中还设有邮政机构。邮政是国家的象征，是不可或缺的一个与外界联系和沟通的重要部分。因此，中华苏维埃共和国政府在瑞金叶坪正式设立了中央邮政总局。

J130（2-2）
王稼祥同志在延安（1986）

在 1996 年中国邮政发行的《中国邮政开办一百周年》纪念邮票中，就出现了中华苏维埃共和国邮政总局旧址。

在战争年代，尽管有了邮政机构，但通邮还是很困难。朱德和毛泽东作为红四军军长和政治委员，为了邮政的畅通，亲自签发了手令。在一页规整的"红军第四军司令部用笺"上，有"保

1996-4（4-3）J
中华苏维埃共和国邮政总局
旧址

"战士图"（1932）　　　　　朱德、毛泽东手令　　　　"战士图"（邮资明信片邮资图）
　　　　　　　　　　　　　　　　　　　　　　　　　　　　　　（1985）

中国人民革命战争时期邮票发行 70 周年　　　中华苏维埃共和国邮政总局成立六十周年
　　（邮资纪念封）（2000）　　　　　　　　　　（邮资纪念封）（1992）

护邮局，照常传递"的批示和"军长朱 政治委员毛"的签名。这是一件珍贵的邮政历史文物，也是革命政权职能健全的真实见证。

　　在瑞金，中华苏维埃共和国邮政总局作为国家机构正式发行了邮票。此前，赣西南和闽西等苏区分别发行过"赤色邮花"等邮票，这一次则是由红色政权的中央政府的邮政机构正式发行，并冠以"苏维埃邮政"的称谓。其中，流传至今最为珍贵的邮票就是"战士图"邮票等。

　　在新中国为纪念这个历史遗存的邮票而发行的纪念邮资明信片上使用了这枚邮票的图案作为邮资图。

　　此外，在《中国人民革命战争时期邮票发行 70 周年》的邮资纪念封上，装饰图案展示了这一时期邮政通信的珍贵遗留物，邮资图中有中华苏维埃共和国邮政总局发行的"红旗地球图"邮票图案。

当时，中华苏维埃共和国国家银行行长毛泽民找到了一位叫作黄亚光的美术教员，请他设计了中华苏维埃共和国的第一套邮票。此后，黄亚光还为这个红色政权设计了多套、多枚邮票。

2011-28（4-1）J 红色电波

这些邮票从设计到印制都带有鲜明的战争时代的特征，而中华苏维埃共和国邮政总局旧址则成为供今人瞻仰的又一个红色地标。

此外，新生的中华苏维埃共和国政权也非常关注对外宣传的工具。

在中华苏维埃共和国成立当日，新华社（新华通讯社）的前身——红色中华通讯社同时成立，该社的新闻采编人员克服重重困难，在闽赣边界的樟树林中以"CSR（中华苏维埃无线电广播）"为呼号，播发出了第一条电讯。

这条电讯向全世界宣告了"中华苏维埃共和国及红色中华通讯社成立"这个振奋人心的消息。"共和国摇篮"瑞金，成为新华通讯社的诞生之地。在中国邮政发行的诸多邮票中，新华通讯社也被铭记在了"国家名片"之上。

在中华苏维埃共和国鼎盛时期，党政军群干部有5万余人。这支干部队伍是中华苏维埃共和国时代和工农红军时期的一代精英，他们既是苏维埃政权的开创者，又是新中国的奠基人。

中国共产党第一代中央领导集体成员毛泽东、刘少奇、周恩来、朱德、任弼时等，以及邓小平、陈云、叶剑英、胡耀邦、杨尚昆等人，早在中华苏维埃共和国时期就和毛泽东成为亲密的战友。当年，他们是中华苏维埃共和国党政军的骨干，日后，他们成为中国共产党最有经验、最有威信、最为成熟的领导人和中华人民共和国各个方面的重要领导人。

在中华苏维埃共和国建立前后，党内和国际共产主义运动中存在着把马克思主义教条化、把共产国际决议和苏联经验神化等错误倾向。针对这种错误倾向，毛泽东写下了《反对本本主义》等著作。文章旗帜鲜明地提出"没有调查，就没有发言权"。

毛泽东指出："马克思主义的'本本'是要学习的，但是必须同我国的实际情况相结合。"在毛泽东的倡导下，苏维埃各级政府把"调查研究"作为开展工作和决定政策的基础。由此，形成了党的"从群众中来、到群众中去"的工作路线。毛泽东身体力行，亲自开展调查研究并形成了《寻乌调查》。

普 11（12-4）（12-5） 瑞金沙洲坝
（毛主席曾在此办公）（1961）

普 11（12-6） 瑞金沙洲坝
（毛主席曾在此办公）（1962）

88

毛泽东在中华苏维埃共和国成立时就说过："党开辟了人民政权的道路，因此也就学会了治国安民的艺术。党创造了坚强的武装部队，因此也就学会了战争的艺术。"

在"治国安民"上，苏区生产得到迅速发展，经济日益繁荣。在财力、粮食等方面，苏区群众对政府和红军的贡献很大。1929—1934 年，仅宁化一地每年就能够提供"万担粮"。

在"战争的艺术"上，毛泽东"诱敌深入"的战略方针和游击战、运动战等战术，以及"集中优势兵力，各个歼灭敌人"的作战原则，是四次反"围剿"克敌制胜的法宝。胜利后的苏区扩大到 34 个县，面积近 6 万平方千米，总人口近 300 万人，主力红军、地方武装和机关工作人员也发展到 10 多万人。

瑞金的辉煌（纪念邮资封）（2011）

在瑞金沙洲坝的中央政府所在地，有一座掩映在郁郁葱葱的古树之下的简朴茅屋，当年是中央政府主席毛泽东的办公室。

多少个夜晚，毛泽东在沙洲坝房舍的灯下，思考着中国革命的前途，写下了一篇篇光辉的著作。他认为，瑞金的新生人民政权揭开了"创造中国新社会的序幕"。毛泽东将马列主义普遍真理与中国实际情况相结合，总结了对敌斗争和治国安民的历史经验，初步形成了毛泽东思想的基本架构，开拓了中国革命走向胜利的道路。

一篇富有激情和文采的散文诗，勾勒出今人对于"红都"瑞金的深深情愫——

四面环山满眼葱绿，坐落在狭长丰腴的盆地之中。这里的天空蔚蓝纯净，这里的土地温馨多情，这里的人们坦诚真挚，这就是浸染着鲜血的红色故都。

那些白墙黛瓦庭深梁阔，是先驱者们博大的胸怀，装着劳苦大众无尽的千般苦痛，用满腔的挚诚，喷洒出一片红彤彤的艳阳天，温暖着每一块冰冻的土地。

就是这么一支饱经磨难的队伍，从五百里井冈出发，沿着蜿蜒崎岖的岁月边缘，用鲜活的生命，播撒下一路的艰难跋涉，让风和日丽的日子破土而出。

十万大山挡住了萧瑟的寒风，在板结的褐色山坳里，在大地温暖怀抱里，红色幼苗养精蓄锐盘根错节，孕育出第一个中华苏维埃政权，成就了一个伟大的盛世基业。（摘自《解放军报》"走进瑞金"李秀森）

五、鏖战：反"围剿"大捷

中国共产党有了自己的武装力量，在中国南方的湘鄂赣闽等广大地区建立革命根据地，并于 1931 年在瑞金建立中华苏维埃共和国。从井冈山的红色根据地到神州暗夜的第一颗红色星辰瑞金，国民党反动派始终以反革命的武装力量残酷地"围剿"这个革命政权。

在万马齐喑、风雨如磐的岁月里，毛泽东指挥中国工农红军，粉碎了敌军的 4 次"围剿"，让红色政权屹立数度春秋。

在中国共产党的领导下，革命武装经过 3 年艰苦曲折的游击战争，以及粉碎国民党反动派的多次"进剿""会剿"，至 1930 年夏，中国工农红军已发展到约 10 万人，在 10 余个地区先后开辟了 10 多块革命根据地。中国工农红军迅速发展，革命根据地日益扩大，在多次的顽强战斗中，革命武装力量震动了国民党反动派。1930 年 10 月 7 日，蒋介石占领郑州，结束与冯玉祥、阎锡山的战争。1930 年 12 月 7 日，蒋介石至南昌部署第一次"围剿"，以 10 万兵力进攻中央革命根据地。

毛泽东在他的口述"自传"中说道："现在南京政府彻底感觉到江西苏维埃的革命潜力之大了，在一九三〇年底开始对红军的第一次的'围剿'。国军总共有 10 万人，开始包围红苏区，分五路进犯，当时红军共动员两万人来对付这些军队。靠了巧妙地利用计策战术，我们冲破了第一次'围剿'，获得了绝大的胜利。依据了'迅速集中'和'迅速分散'的战术，我们以主力分别攻击各个部队。让敌军深入苏维埃领土，然后以超越敌军的人数对与大军隔离的部队突然加以攻击，占据了优势的阵地，使我们可以暂时包围敌人，这样反转了数量上远占优势的敌军的战略利益。"

这次战役，敌军采取"长驱直入，分进合击"的战术,对中央革命根据地发动大规模的"围剿"。红一方面军 4 万多人在毛泽东的领导下，采取"诱敌深入"的作战方针，共歼敌 1.3 万多人，粉碎了敌人的第一次"围剿"。

毛泽东说："一九三一年一月，第一次'围剿'完全失败。我相信假若红军在这以前没有能得到以下三个条件，胜利是不可能的。三个条件是：在集中指挥下的我们力量的巩固；'李立三路线'的清算；党部对肃清红军及苏区中的'AB 团'及反革命分子的胜利。"

在 1930 年 12 月 30 日这一天，红军在龙冈伏击张辉瓒并全歼其第十八师师部和两个旅，反第一次大"围剿"就此结束。闻听前方捷报，毛泽东喜形于色，遂在马背上吟成《渔家傲·反第一次大"围剿"》一词——

万木霜天红烂漫，

天兵怒气冲霄汉。

雾满龙冈千嶂暗，

齐声唤，

前头捉了张辉瓒。

在写了胜利报捷的上半阕诗词后，毛泽东笔锋一转，在下半阕再发宏声，准备第二次反"围剿"的迎敌之战——

二十万军重入赣，

风烟滚滚来天半。

唤起工农千百万，

同心干，

不周山下红旗乱。

"休息了只有四个月。第二次'围剿'开始了，由现任军政部长何应钦做最高指挥。他的军力超过二十万。分七路进攻苏区。一时苏区的情势好像很危险。因为苏维埃政权非常弱小，资源有限，而且国军的物力几乎各方面都远胜苏区。但红军仍就（旧）抱定了前次得胜的同一战略应付这一次进攻。"毛泽东回忆道："让敌军的纵队深入苏区后，我们的主力突然集中在敌军第二路，打败好几个团，并摧毁了它主要的进攻的力量。在我们攻击以后，马上接二连三地依次击败了第三、第六和第七路。第四路不战而退，第五路一部分被击溃。在十四日之内红军作战六次，行军八日，以决定的胜利结果这次战争。"（此文发表时已勘核）

1931年2月，国民党当局约20万军队采取"稳扎稳打、步步为营"的作战方针，于4月第二次"围剿"中央革命根据地。红一方面军在毛泽东的指挥下，"诱敌深入"，集中兵力，各个歼灭。到5月中下旬，以连续5场战斗之大捷，取得第二次反"围剿"的胜利。

在毛泽东的诗词中，我们依然读到了充满胜利喜悦的《渔家傲·反第二次大"围剿"》的铿锵诗词——

白云山头云欲立，

白云山下呼声急，

枯木朽株齐努力。

枪林逼，

飞将军自重霄入。

七百里驱十五日，

赣水苍茫闽山碧。

横扫千军如卷席。

有人泣，

为营步步嗟何及！

1931年7月，蒋介石亲自任总司令，携英国、日本、德国等国的军事顾问，率兵30万人，依仗重兵，采用"长驱直入"战术，分3路进攻中央革命根据地。红军依然使用"诱敌深入"的战略方针，"避敌主力，打其虚弱"，前后3个月，歼敌3万多人，粉碎了敌人的第三次"围剿"。此时，鄂豫皖、湘鄂西等革命根据地也取得了反"围剿"斗争的胜利，使红军和革命根据地得到了很大的发展。

毛泽东以调侃的笔调回忆了这次反"围剿"的胜利："（继上次失败一个月后）以三个最有能力的指挥为辅，蒋介石先生率领三十万人做'赤区最后一次的清剿'。蒋企图以

瑞金中华苏维埃临时中央政府旧址（纪念封）（2011）

狂风骤雨的方法扫荡'赤匪'。他开始以每天八十里的行军进入苏维埃领土的心脏。这恰恰给予了红军所最擅长的战斗条件，它立即证明了这个战术的严重错误。以仅有三万人的主力，靠了一串灿烂的战略，我们的部队，在五日之内攻击了五个不同的纵队。在第一战，红军俘获许多部队和大量军火、大炮和军需品。到了九月，第三次'围剿'已经失败，十月间蒋撤回他的军队。"

经过三次反"围剿"的胜利，毛泽东指出："现在，红军进入了一个较为平和及成长的时期，很快地扩展起来了。一九三一年十二月，第一次苏维埃大会召开，建立了苏维埃中央政府，以我为主席，朱德被选为红军总司令……"

接着，"一九三三年四月，第四次'围剿'开始，也许是最艰险的一次。在第一战，敌军两师被缴械，两个师长及三万人被俘。另一师，当时最精锐的一师，接着被消灭，几乎全部被缴械，师长重伤。这些捷战证明了战略有着决定的作用，第四次'围剿'不久就结束了。"

国民党调集 30 个师的兵力，分 3 路向中央革命根据地发动"围剿"。周恩来和朱德根据毛泽东积极防御的战略思想，采取声东击西，大兵团伏击，集中优势兵力，坚决围歼的作战方针，红军先后歼灭了国民党第 59 师、第 52 师、第 11 师大部和第 9 师 1 部，取得了第四次反"围剿"的胜利。

蒋介石当时曾写信给他的战地司令官陈诚，说他认为这次失败是他一生中"最大的耻辱"。

从 1930 年到 1933 年，在四次反"围剿"的激烈战斗中，毛泽东领导红军取得决定

此为华中解放区发行的毛泽东像邮票，所用图案为毛泽东20世纪30年代的形象（1949）

性的胜利，革命根据地犹如井冈山一样，"我自岿然不动"。

在惨烈的反"围剿"战斗中，毛泽东以革命乐观主义精神，在他富有文采的诗词中，刻画了战斗的激烈与残酷："当年鏖战急，弹洞前村壁。装点此关山，今朝更好看。"

之后，中共临时中央在准备部署再一次反"围剿"战斗之刻，奉行了"两个拳头打人""御敌于国门之外"等错误军事方针，将毛泽东排斥在党和红军的领导之外。

在逆境中，毛泽东抓紧时间，认真阅读马列主义著作，总结革命经验。他曾谈起："我没有吃过洋面包，没有去过苏联，也没有留学别的国家。我提出建立以井冈山根据地为中心的罗霄山脉中段红色政权，实行红色割据的论断，开展'十六字'诀的游击战和采取迂回打圈战术，一些吃过洋面包的人不信任，认为山沟子里出不了马克思主义。一九三二年（秋）开始，我没有工作，就从漳州以及其他地方搜集来的书籍中，把有关马恩列斯的书通通找了出来，不全不够的就向一些同志借。我就埋头读马列著作，差不多整天看，读了这本，又看那本，有时还交替着看，扎扎实实下功夫，硬是读了两年书。""后来写成的《矛盾论》《实践论》，就是在这两年读马列著作中形成的。"

几个月后，1933年9月，国民党反动派对中国共产党领导的红色区域发动了第五次"围剿"。由于党内施行了王明"左"倾教条主义和李德等人推行的错误的"军事冒险主义"策略，战事连连失利，中国共产党领导的红色区域日渐缩小。

到1934年9月下旬，中央苏区的34个县仅剩下了赣南和闽西的8个县及周边狭小地区。第五次反"围剿"的失败，致使敌人重兵压境，红军踏上战略转移的漫漫征程，开始了长征。

中国革命翻开了另一页壮烈的诗篇……

2012-14（6-3）T 遵义

第四篇
遵义正道

　　前进的道路中总是充满曲折。这是一种考验，对于政党、对于个人来说，这是必然发生的和必须会有的经历。

　　在毛泽东的奋斗人生中，这是一次巨大的转折；在中国共产党的发展与前行中，这是一次转折，也是一个重要的里程碑。

　　这段苦难而辉煌的历程，犹如"四渡赤水"一般曲折迂回，它决定了中国20世纪的历史走向，也成就了一位带领中国人民抵达胜利彼岸的伟人。

　　这就是中国革命历程中的二万五千里长征，以及事实上确立毛泽东在党中央和红军领导地位的会议——遵义会议……

中国工农红军长征胜利七十周年——送别
（纪念邮票本册内页）（2006）

一、战略转移

毛泽东几乎是在"烽火共红旗一色、鏖战与捷报齐飞"的日子里，走过了4次反"围剿"的征程，并在"马背上"乐观而惬意地"哼出了"一阕又一阕的诗与词。

"到了1933年10月"，毛泽东在他的口述"自传"中话锋一转，痛切地说到了第五次反"围剿"的战斗："到第五次——最后一次'围剿'，蒋动员了近百万的军队并采用了一个新的战略和战术。在第四次'围剿'时，蒋已经采用德国顾问的建议，开始利用封锁和堡垒政策了。到第五次'围剿'，他把全部信赖都放在这上面。用他的军队来实施严密的封锁和整个地包围苏区，他谨慎地推进。一面建造汽车路、堡垒和壕沟，避免主力和红军接触，并且仅仅在堡垒的后面作战，只是完全在飞机、大炮和机关枪的掩护之下，作短短的推进。

"这时期，我们铸了两个大错。第一是在一九三三年'闽变'时，未曾与蔡廷锴的军队密切联合；第二是采取了单纯防御的错误战略，放弃以前用计诱敌的策略。这是一个严重的错误——要想与占优势的军队作阵地战，在这方面，无论在技术上或精神上，红军都非所长。

"因了这些错误的结果，和国军的采取新策略，加以在数量上、技术上远胜于红军的军队，红军不得不于一九三四年进行改变它在江西的生存条件，因为它很快地在恶化起来了。"

在中国邮政发行的"长征"本票册中，邮票的边纸上有这样一幅画面——它被置于一个浓烈的氛围之中：云遮群山，莽莽苍苍，大有"山雨欲来风满楼"之势。这幅画面反映了第五

毛泽东像（1946）

次反"围剿"失败后党和军队所面临的危重局势。

1933年9月，蒋介石调集100万军队、200多架飞机，采用"三分军事，七分政治"的方针，对各革命根据地发动了第五次"围剿"。对中央革命根据地，国民党反动派动用50万兵力，分路"围剿"中央红军。在王明"左"倾教条主义的错误影响下，李德等人在敌人的猖狂进攻面前采取"拼命主义"，然后发展成"逃跑主义"，导致中央红军第五次反"围剿"失败。

国民党反动派军队不断地向中央苏区腹地推进，他们的飞机不时地来到瑞金沙洲坝轰炸，局势越来越紧。1934年7月间，中共中央和中央革命军事委员会迁到瑞金以西的背梅坑，毛泽东也搬往高围乡云石山一座大庙里居住。

在苏皖边区邮政管理局发行的一枚邮票上，可以看到毛泽东当年忧患深重的神情。

依据共产国际关于主力转移时开展游击战争以配合的指示，中央革命军事委员会布置毛泽东写一本关于游击战争的小册子。但他的军事主张并没有被当时把持中央政治和军事大权的领导人所认可，更不用说实行了。因此，中央红军错过了几次扭转战局的时机。

受到"左"倾教条主义者排挤而被剥夺军事指挥权的毛泽东，在前方战事紧急的状况下，没有实权，无法纵马沙场。博古、李德建议他去上海或莫斯科休养。毛泽东说："我不去，我不离开苏区，不离开中国。"在会昌，他写下一首词，并为这首词作了自注："一九三四年，形势危急，准备长征，心情又是郁闷的。这一首《清平乐》，如前面那首《菩萨蛮》一样，表露了同一的心境。"

东方欲晓，

莫道君行早。

踏遍青山人未老，

风景这边独好。

会昌城外高峰，

颠连直接东溟。

战士指看南粤，

更加郁郁葱葱。

文7（14-12）
《清平乐·会昌》（1967）

毛泽东眼见革命成果将被断送，心情苦闷，但他不消沉。他豪迈地宣称自己"踏遍青山人未老"。而"风景这边独好"的独白，则表达出毛泽东乐观豁达的心境，以及对革命道路的坚定信念。

前线的战局越来越不利，东线和北线已经被突破，西线也更加困难。打破敌军的这一次"围剿"已不可能了。党内"左"倾路线的错误，导致中央红军第五次反"围剿"失败，给革命根据地和白区革命力量造成了极大损失。

1934 年 10 月，中央红军主力被迫退出中央革命根据地。中共中央率领中央红军主力和中央机关人员共 86000 余人，开始了长征。

2006 年，中国邮政发行《中国工农红军长征胜利七十周年》纪念邮票。其中，第 1 枚邮票的图案就是题为《送别》的一幅油画。

2006−25（4−1）J 送别

画面上，阴云低垂，江风呜咽。红军踏上了一座浮桥，乡亲们依依不舍前来送行。这个悲切的场景表现的是这样一段史实：从 1934 年 10 月 17 日傍晚至 20 日，4 天的时间里中央红军从于都河的 8 个渡口，每天下午 5 点开始通宵渡河，踏上战略转移的征程。

2016−31（6−1）J
长征出发

十月里来秋风凉，中央红军远征忙；星夜渡过于都河，古陂新田打胜仗。

这是陆定一撰写的《长征歌》中的第一首歌词，也是当年中央红军夜渡于都河，踏上长征路的真实写照。

从 1931 年 11 月开始，毛泽东的处境越来越艰难。尽管他仍出任中华苏维埃共和国中央政府主席，但实际上一直身处逆境，遭受着接连不断的批判和不公正对待。他的许多正确主张被指责为"狭隘经验论""富农路线""保守退却""右倾机会主义"等，甚至被剥夺了工作的权利。面对来自党内的"残酷斗争，无情打击"，如果没有坚定的信念、宽阔的胸襟、钢铁般的意志，一个人是很难承受得住这些打击的。

1934 年 9 月，毛泽东从瑞金来到于都视察，并根据自己的调查为中共中央选择战略转移的行军路线提出建议。

在党中央和工农红军战略转移的征途中，毛泽东的正确路线被排斥在党中央和红军的领导之外。在毛泽东口述"自传"中，则轻轻地以"错误"二字一笔带过。其实，那时正是情势危难，前程未卜之际。

党中央和红军进行战略撤退，走的就是被排挤的毛泽东在何屋选定的渡过于都河的路线。

在艰难的日子里，毛泽东从容沉着、坚持原则。他不放弃自己符合实际的正确主张，同时又顾全大局、遵守纪律、尽可能地继续作出自己的贡献。曾与毛泽东一道工作过的李维汉，对于毛泽东面对不公正对待时的担当作出过总结："他坚持三条：一是少数服从多数；二是不消极；三是争取在党许可的条件下做些工作……在受打击的情况下，仍能维护党的统一，坚持正确的路线和主张。"共产国际干预了当时中共领导人的决策，要求中央红军必须带上毛泽东一起转移。

10月18日傍晚，毛泽东带着警卫员离开于都城，踏上征程。一位红军女干部过了于都河后看到毛泽东，就问："你九月份到于都是有'特别任务'的吧？"毛泽东这才告诉她，他来于都的主要任务是察看地形，选择突围的路线。红军利用枯水期，在选定的地点架了5座浮桥，安然地过了于都河。

当时，敌军已经占领了中央根据地的北大门，接着，又以重兵攻打中央根据地的南大门，企图夺取瑞金。

于都河地处赣南的于都县境内，有山峰坝、东门、南门、西门、孟口、鲤鱼、石尾、渔翁埠8处主要渡口。

在于都县邮政分公司印发的个性化邮票中，邮票图案展现了当年红军长征出发的3个渡口，即东门渡口、西门渡口和南门渡口。

何屋
（个性化邮票）（2004）

东门渡口
（个性化邮票）（2004）

西门渡口
（个性化邮票）（2004）

毛泽东、周恩来、朱德等人就是从东门渡口的浮桥渡过于都河，离开了中央苏区，随军西进。

在西门渡口、南门渡口及其他 5 个渡口，红军西进的队伍陆续渡河。

1934 年深秋，于都乡亲们在河上搭起了浮桥，摇起了渡船，送别红军。这里留下的是长征的"第一渡""第一桥"。

男女老少来相送，热泪沾衣叙情长。紧紧握住红军的手，亲人何时返故乡？（《长征组歌·告别》）

在于都完成转战的安排后，毛泽东还在 10 月 15 日到于都县城谢家祠参加由中共赣南省委召集的省、县、区三级主要干部会议。他在会上说，敌人这次进攻苏区，采用的是堡垒政策，一直打到我们中央苏区门口，企图断水捉鱼，全部消灭红军。我们红军主力部队要冲破敌人的封锁线，到敌人后方去，打击和消灭敌人。……不能只看到暂时的困难，要看到革命是有希望的，红军一定会回来的！

在观寿公祠的大坪前，红九军团参谋长挥泪向乡亲们告别。那个场面大有"风萧萧兮易水寒，壮士一去兮不复还"的悲壮和惨烈。但人民子弟兵郑重地宣告："红军一定会打回来的！"

党中央和人民子弟兵转移，国民党反动派军队"围剿"革命根据地。乡亲们舍不得丢弃红色政权遗留下来的各种物品——从墙上的标语到人民政府发行的邮票。乡亲们把剩下的邮票贴在了抽屉内壁，躲过了敌军的搜查，保存了下来。

闽西革命根据地曾在 20 世纪 30 年代发行"赤色邮花"邮票，其中一版邮票整体为绿色，没有齿孔，面值 4 片（4 个铜板），保留至今。虽年深日久，已破损不堪，但它是珍贵的革命文物，成为中国革命历史博物馆（现中国国家博物馆）中的珍藏。

在长征的最初时日，红军长征史上最悲壮、最惨烈的一战——湘江战役打响。

南门渡口
（个性化邮票）（2004）

中央红军长征第一渡
（风景日戳）（2006）

"赤色邮花"整版票（1931）

革命根据地的山山水水（极限明信片）（2009）

　　路迢迢，秋风凉。敌重重，军情忙。红军夜渡于都河，跨过五岭抢湘江。（《长征组歌·突破封锁线》）

　　在突破敌军重兵组成的第 4 道封锁线时，为掩护党中央、中央革命军事委员会和中央红军大部队渡过湘江，红五军团第三十四师担任后卫，处境最艰险，战斗最激烈，结局最悲壮。这支被称为"钢铁之师"的部队，阻击数倍于己的敌人，坚守到弹尽粮绝，全师将士大部英勇就义。年仅 29 岁的师长陈树湘身中数弹，肠子流出体外，被敌俘获，毅然将肠子绞断壮烈牺牲，实现了"为苏维埃流尽最后一滴血"的铮铮誓言。在生死决战时刻，红军心中装着苏区人民和革命根据地的山山水水。

　　湘江战役之后，中央红军从长征出发时的 86000 余人锐减到 30000 余人。

　　在血与火的洗礼中，红军渡过了湘江，漫长的征程考验着党和红军、人民的革命信念和崇高的理想信仰。

　　2006 年，为纪念"中国工农红军长征胜利七十周年"，中国邮政在发行邮票和小型张的同时，还发行了"本票册"。这个"本票册"规格较大，封面庄严凝重：一组雕塑表现了红军战士前仆后继的英雄气概。火红的色调，好似回到了战火纷飞的年代，不禁让人热血鼎沸；在这种激扬的氛围中，"长征""壮举""奇迹""史诗"8 个大字十分醒目，概括了万里长征的伟大意义。

　　毛泽东说："长征是宣言书"，它向世界宣告，红军是英雄好汉；"长征是宣传队"，它向人民宣布，只有红军的道路，才是解放他们的道路；"长征是播种机"，它散布的革命种子，将在中华大地发芽、长叶、开花、结果……

二、风雨遵义

革命正在胜利前进，红色根据地正在蓬勃发展。机会主义者却把革命的航船引入了歧路，人民的事业又面临着巨大的危险。在这最危急的时刻，遵义会议犹如红日东升，把重重的迷雾驱散。毛泽东——伟大的舵手，拨正船头，升起风帆，引导我们渡过激流险滩，胜利向前！（大型革命音乐舞蹈史诗《东方红》）

渡过湘江后，仅剩30000余人的红军又踏上长征之路。从1934年深秋到1935年深秋，中央红军的万里长征改写了中国的历史。

当时，已经失去军事指挥权的毛泽东随中央红军（即第一方面军）开始长征。1935年的长征途中，毛泽东以"山"为题创作诗词，寄托了自己面对挫折时的坚定志向，寓喻了党和红军的坚强意志：

山，

刺破青天锷未残。

天欲堕，

赖以柱其间！

在湘江战役遭到惨重损失后，红军指战员们开始思考，这一切究竟是怎么发生的？

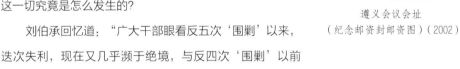

遵义会议会址
（纪念邮资封邮资图）（2002）

刘伯承回忆道："广大干部眼看反五次'围剿'以来，迭次失利，现在又几乎濒于绝境，与反四次'围剿'以前的情况对比之下，逐渐觉悟到这是排斥了以毛泽东同志为代表的正确路线，贯彻执行了错误的路线所致，部队中明显地增长了怀疑、不满和积极要求改变领导的情绪。这种情绪，随着我军的失利日益显著，湘江战役达到了顶点。"

从第五次反"围剿"失败到历时一年的战略转移，红军数万雄兵踏过了千山万水。当年，86000余人大军启程，到湘江战役后剩下30000余人继续长征。这征程的最初时日，历经了艰险，也一次次化险为夷。从失败之师到得胜之旅，从坎坷曲折到踏上坦途大道，终见曙光在前。那么，在革命危难之刻，在群众彷徨之时，是谁巍立中流，砥柱触天，矫正了方向，指明了出路？

在行军途中，毛泽东和同行的王稼祥、张闻天一起分析第五次反"围剿"的军事指挥

J170（2-1）
张闻天同志肖像（1990）

J130（2-1）
王稼祥同志肖像（1986）

普无号（11-7）
遵义会议会址（1970）

错误。张闻天在笔记中写道："长征出发后，我同毛泽东、王稼祥二同志住一起。毛泽东同志开始对我们解释反五次'围剿'中中央过去在军事领导上的错误，我很快地接受了他的意见，并且在政治局内开始了反对李德、博古的斗争，一直到遵义会议。"

在红军夜渡于都河割舍红土地的悲怆之时，在长征初役湘江血战的惨烈之刻，在二万五千里的漫漫征程中，有一个启明星般的地名永垂青史，那就是遵义；有一个名字刻镂在革命的丰碑上，那就是毛泽东。

在地处贵州的遵义城里，有一座漂亮的洋楼，它曾是国民党黔军第二师师长柏辉章的私邸。1935 年 1 月，这里成了红军总司令部的所在地。这幢两层柱廊式的中西合璧的建筑位于遵义市子尹路 96 号。

如今，这座小楼成为人们瞻仰的革命圣地。因为，在岁月峥嵘的 20 世纪 30 年代，为万里长征、中国革命扭转乾坤、拨正方向的一次历史性会议，正是在遵义的这座小楼中召开的。

1960 年，为纪念遵义会议 25 周年，中国人民邮政发行了纪念邮票，其中一枚纪念邮票用深沉的蓝色和细腻的雕刻线条，将这座具有伟大历史意义的建筑刻画在了"国家名片"上。

长征初期，蒋介石调集了 25 个师，数十万军队前堵后追，企图于湘江之侧消灭红军。党内"左"倾教条主义者从进攻中的"冒险主义"变成退却中的"逃跑主义"。博古、李德等人一筹莫展，只是命令部队硬攻硬打。此时，毛泽东虽无军事指挥权，但仍积极建言献策。他和彭德怀建议趁敌人调动之际，寻机歼敌一路或一部，以扭转战局，变被动为主动。但博古、李德等人拒绝了毛泽东和彭德怀的建议，消极避战，向西退却，红军因此丧失了在湘南歼敌的良机。部队行军缓慢，使得敌军能够调集兵力，实行围追堵截。红军虽成功突围，但损失惨重。

1934 年 12 月中旬，红军抵达湘黔边界。危急关头，尚未恢复军事指挥权的毛泽东再次建言，力主放弃到湘西同红二、红六军团会合的原定计划，改向敌军力量薄弱的贵州进军，以摆脱追兵，争取主动，并开辟川黔革命根据地。

1934 年 12 月 12 日，中共中央负责人在湖南通道召开紧急会议。张闻天、王稼祥、周恩来等多数同志赞成毛泽东主张，但李德等人拒不接受，坚持取向湘西。经过激烈争论，毛泽东的建议得到与会多数同志的赞同，但没有就战略方针的转变问题取得一致意见。

12 月 15 日，中央红军占领黎平，打开了通向贵州的通道。12 月 18 日，中共中央政治局召开黎平会议，通过了《中央政治局关于战略方针之决定》。会议接受并批准

了毛泽东这个高瞻远瞩的策略，使红军避免了可能覆亡的危险。会后，中央红军向黔北挺进，连续攻克锦屏等 7 座县城，于 12 月底进抵乌江南岸的猴场。1934 年 12 月 31 日晚至 1935 年 1 月 1 日凌晨，中共中央在猴场召开政治局会议，作出了《中央政治局关于渡江后新的行动方针的决定》。

1935 年 1 月 2 日至 6 日，中央红军全部渡过乌江，向以遵义为中心的黔北地区挺进。

遵义，北倚娄山，南临乌江，是黔北政治、经济、文化的中心。中央红军在突破乌江后，于 1 月 7 日解放了这个黔北重镇。毛泽东、周恩来、朱德等随军委纵队于 9 日下午进入遵义城。

进入遵义后，党和红军进行了深刻的思考。毛泽东、王稼祥等向中共中央提出，应立即召开政治局扩大会议。

经过这次渡乌江、取遵义，连同四次反"围剿"的胜利的事实，张闻天说，毛泽东同志打仗有办法，比我们有办法，我们是领导不了啦，还是要毛泽东同志出来。

这是一个历史性的时刻。

是谁，将革命推向了失败的深渊，失去了红色根据地和红色政权？

是谁，在革命武装力量战略大转移中以精湛的战略战术屡屡取胜？

实践证明了在中国共产党内毛泽东所代表的正确路线，是挽救革命的生命线。

1935 年 1 月 15 至 17 日，中共中央在遵义召开政治局扩大会议。会议总结了第五次

2015-3（2-2）J 遵义会议

J107（2-1）
遵义会议（1985）

反"围剿"失败的经验教训，纠正了党内"左"倾教条主义在军事指挥上的错误。会议委托张闻天起草《中央关于反对敌人五次"围剿"的总结的决议》。

据 1984 年 9 月中共中央党史资料征集委员会公布的《关于遵义政治局扩大会议若干情况的调查报告》记载，出席会议的有中央政治局委员毛泽东、张闻天（洛甫）、周恩来、朱德、陈云、秦邦宪（博古）和候补委员王稼祥、刘少奇、邓发、何克全（凯丰），红军总部和各军团负责人刘伯承、李富春、林彪、聂荣臻、彭德怀、杨尚昆、李卓然、邓小平，共产国际派来的军事顾问李德，翻译伍修权。

在中国邮政为纪念遵义会议八十周年发行的邮票上，出席这次历史性会议的人物身影，全部留在了方寸天地之中。画面以人物不同的形态和丰富的神情，生动刻画出这 20 位共产党人各自的性格特征，充满了浓厚的历史气息。

在长征途中，陈云担任中央革命军事委员会纵队政治委员。在遵义会议上，他坚定地支持毛泽东的正确主张。他不仅做了详尽的会议记录，还在会议结束后撰写了《遵义政治局扩大会议传达提纲》。日后，这些珍贵的文件成为恢复遵义会议真实历史的有力佐证。

在中国人民邮政发行的《张闻天同志诞生九十周年》邮票中，有一枚邮票图案再现了他在遵义会议时期的形象。在会议旧址的背景下，这位 1925 年加入中国共产党，历任中央宣传部部长、中央政治局委员、中央书记处书记和中华苏维埃共和国中央政府人民委员会主席的共产党人，在这个历史转折关头，思考着红军的出路。长征途中，

J170（2-2）
张闻天同志在遵义会议期间
（1990）

张闻天出席遵义会议，在会上作了批判"左"倾军事路线的报告，并起草了《中央关于反对敌人五次"围剿"的总结的决议》，在确立毛泽东在党中央和红军的领导地位方面发挥了重要作用。

遵义会议改组了中央领导机构，取消博古、李德的最高军事指挥权。会后不久，中央政治局常委决定由张闻天负党中央总的责任，即总书记；后成立了由毛泽东、周恩来、

王稼祥 3 人组成的军事指挥小组。

遵义会议通过了《中央关于反对敌人五次"围剿"的总结的决议》。决议指出："军事上的单纯防御路线，是我们不能粉碎敌人五次'围剿'的主要原因。"同时，会议充分肯定了毛泽东在历次反"围剿"战役中所采取的符合中国革命战争规律的、积极防御的战略、战术原则。

遵义会议会址（纪念封）（2011）

遵义会议是中国共产党和工农红军历史上一个生死攸关的转折点，结束了王明"左"倾教条主义在党中央长达 4 年之久的统治，事实上确立了毛泽东在党中央和红军中的领导地位，制定了红军的新战略方针。在危急关头，遵义会议挽救了党，挽救了红军，挽救了中国革命。

在一枚纪念封上，流畅的线条、清新的色彩，勾勒出了遵义会议会址的风貌，恰如压抑中的党和红军到达遵义之后，看到的和感受到的新气象。正像亲历长征的萧华将军在《长征组歌·遵义会议放光辉》中所描绘的："苗岭秀，旭日升。百鸟啼，报新春。遵义会议放光辉，全党全军齐欢庆。万众欢呼毛主席，马列路线指航程。雄狮刀坝告大捷，工农踊跃当红军。英明领袖来掌舵，革命磅礴向前进。"

从此，遵义成为中国共产党和党的领袖毛泽东留下不朽足迹的革命圣地。在中国共产党成立五十周年之际，遵义会议作为中国共产党历史上一个重要的转折点，也在建党这个庄严的主题中，不可或缺地入选了素有"国家名片"之称的方寸画幅之中。

2015 年正值遵义会议八十周年，中国邮政发行了纪念邮票。第 1 枚邮票的图案采用了画家沈尧伊创作的《遵义会议会址》。这幅画以简洁的笔触写实性地再现了遵义会议会址面貌，真实再现了历史遗迹。

在这枚邮票上，还有毛泽东亲笔书写的"遵义会议" 4 个大字。这豪放的笔画，仿佛引领人们回到了那段如虹岁月。

新中国发行的"遵义会议"邮票大多数属

2015-3（2-1）J　遵义会议会址

编 15　遵义会议会址（1971）

普 16（14-10）
遵义会议会址（1975）

普 14（11-5）
遵义会议会址（1971）

于纪念邮票。但在通信中使用最广泛的普通邮票上，遵义会议会址也曾 3 次作为邮票图案。

在《中国工农红军长征胜利七十周年》的"本票册"中，有一页以"遵义会议"为题。其上，我们看到了火红的衬底：那是火焰，照亮了革命的曲折坎坷的前程；那是激流，冲刷了逆历史潮流的污泥浊水。

这套纪念邮票荣获第 27 届全国"最佳邮票"奖。为此，中国邮政特别发行了一枚特殊的小型张。在这枚小型张上，4 枚邮票的图案叠印在一起，居于中心位置的主图完整，打上齿孔，有邮资凭证功能的正是那枚图案为"遵义会议"的邮票。而与这枚邮票叠印在一起的是"送别""飞夺泸定桥""过草地"3 幅表现长征征程的图案。这枚小型张的整体布局恰好表现出这样的观点：在革命武装力量战略转移的伟大长征中，遵义会议是革命取得胜利在路线上和组织上的保证。没有遵义会议的正确决议，没有毛泽东走上党和军队的领导岗位，就不会有从这所小楼透出的革命凝聚力，就不会有万里长征的伟大胜利。

遵义会议之后，中央红军摆脱了敌人重兵的围追堵截，历经了爬雪山、过草地的严峻考验。在毛泽东的领导下，工农红军以灵活多变的运动战的战略战术，或迂回在四渡赤水、二占遵义间，或急行军于强渡金沙江、翻越六盘山的速战中。在二万五千里征途中，革命航船乘风破浪，朝正确的航向前进。征程的艰险和苦难，只是前进道路中的挫折。此后，革命再没

中国工农红军长征胜利七十周年——遵义会议
（纪念邮票本册内页）（2006）

有迷失方向，我们的党、红军和中国革命，再也没有陷于危亡的境地。

一九三五年一月，中央政治局在长征途中举行遵义会议，事实上确立了毛泽东同志在党中央和红军的领导地位，开始确立以毛泽东同志为主要代表的马克思主义正确路线在党中央的

第27届全国最佳邮票评选纪念（小型张）（2007）

领导地位，开始形成以毛泽东同志为核心的党的第一代中央领导集体，开启了党独立自主解决中国革命实际问题新阶段，在最危急关头挽救了党、挽救了红军、挽救了中国革命，并且在这以后使党能够战胜张国焘的分裂主义，胜利完成长征，打开中国革命新局面。这在党的历史上是一个生死攸关的转折点。（摘自《中共中央关于党的百年奋斗重大成就和历史经验的决议》）

三、万水千山

1934 年深秋时节，中国工农红军犹如滚滚铁流，开始了长征。红军后来过草地的跋涉奇迹，验证了这样一个道理——地上本没有路，走的人多了，便成了路。这路就是漫漫长征之路。

工农红军共有 4 路部队踏上了长征征途。

第一路，中央红军，即红一方面军。1934 年 10 月出发，于 1935 年 10 月 19 日到达陕北的吴起镇，行程二万五千里。

第二路，红二十五军（后编入红一方面军）。1934 年 11 月 16 日，他们从河南罗山何家冲出发，于 1935 年 9 月 15 日到达陕西延川永坪镇，同陕甘红军会师，行程近万里，最早到达陕北。

第三路，红四方面军。1935 年 5 月初，他们放弃川陕苏区，从四川彰明、平武等地出发，

2012-14（6-4）T 会宁

于 1936 年 10 月 9 日到达甘肃会宁，与红一方面军会师，行程一万余里。

第四路，红二、红六军团。1935 年 11 月 19 日，他们自湖南桑植县的刘家坪等地出发，于 1936 年 10 月 22 日到达甘肃隆德将台堡（今属宁夏西吉），与红一方面军会师，行程二万余里。

萧华将军曾以长征亲历者名义，创作了闻名遐迩的《长征颂》，后谱成传唱甚广的《长征组歌》，艺术地再现了长征的伟大历程。我们可循此诗句，回望万里长征的步履艰辛。

横断山，路难行。……敌重兵，压黔境。战士双脚走天下，四渡赤水出奇兵。乌江天险重飞渡，兵临贵阳逼昆明。敌人弃甲丢烟枪，我军乘隙赶路程。调虎离山袭金沙，毛主席用兵真如神。

赤水河汩汩流淌，默默远去。平静的河水细波，见证了毛泽东"四渡赤水出奇兵"的用兵如神的初捷。在中国邮政发行的《中国工农红军长征胜利八十周年》纪念邮票中，其中一枚邮票展现了红军四渡赤水、浴血鏖战的场面。

遵义会议之后，在毛泽东的正确指挥下，中央红军在四渡赤水战役中，以运动战战术，仅仅用 5 天时间就迅速夺取桐梓、攻占娄山关、再次攻克遵义城，取得了中央红军长征以来最大的一次胜利。

2016-31（6-3）J 四渡赤水

文7（14-5）《忆秦娥·娄山关》（1968）

面对着娄山关雄浑的山势，毛泽东为这壮观的峰峦气象和红军将士的战绩所感动，于是，赋词述怀：

西风烈，

长空雁叫霜晨月。

霜晨月，

马蹄声碎，喇叭声咽。

雄关漫道真如铁，

而今迈步从头越。

从头越，

苍山如海，残阳如血。

接着，长征路上的一条滔滔激流，横亘在了红军面前，这就是金沙江。

此时，后有数十万追兵，前有金沙江天险，许多人担心部队过不了江，毛泽东却风趣地说："朱德同志说，四川称刘伯承是一条龙下凡，江水怎么会挡得住龙呢？他会把我们带过去的！"

果然，这条"龙"不负众望。1935 年 5 月 3 日晚，在总参谋长刘伯承的指挥下，红军占领了金沙江南岸的渡口。

当时，红军只用了江上的两条渡船偷渡北岸，就歼灭了国民党守军，占领北岸渡口。随后，渡江先遣部队依托有利地形，节节抵抗，迟滞了敌军行动，保障了中央红军主力大部队迅速过江。此役，红军歼灭国民党军一个排和江防大队一部，击溃其两个团，俘 600 余人。至此，中央红军摆脱了数十万敌军重兵的围追堵截，最终实现渡江北上，取得了战略转移中具有决定意义的重大胜利。

巧渡金沙江，这是毛泽东运用"以少胜多，变被动为主动"高超军事指挥艺术的一次光辉胜利。

接着，再踏上征程的红军遇到拦路的另一条大河，那就是大渡河。

1992-18（2-2）J
长征时期的刘伯承

纪 74（3-3）
强渡金沙江（1960）

红军继续北上，先要通过彝族聚居地区，才能到达大渡河畔。毛泽东嘱咐先遣队司令员刘伯承："先遣队的任务不是打仗，而是宣传党的民族政策，用政策的感召力与彝民达到友好。只要我们全军模范地执行纪律和党的民族政策，取得彝族人民的信任和同情，彝民不会打我们，还会帮助我们通过彝族区，抢渡大渡河。"

凉山雕塑——彝海结盟纪念碑
（纪念封邮资图）（2003）

刘伯承严格执行党的民族政策，与彝族果基部落首领小叶丹歃血为盟，并对其他部落做了工作，顺利通过彝族地区，赶到大渡河的安顺场渡口。

1935 年 5 月 25 日，红军到达四川西南的安顺场渡口大渡河边待渡，安顺场渡口在大渡河南岸。大渡河南岸是一个河谷地带，两侧是高山。部队在这样的深沟中没有回旋余地，兵力无法展开。刘伯承率先遣队到达后，找到仅有的两条小船，虽然强渡成功，但短时间内根本无法摆渡几万大军。于是，前有滔滔大河挡路，后有敌军紧追不舍，形势极其严峻。次日中午，毛泽东、周恩来、朱德等人决定夺取泸定桥，以渡大军。

2006-25（4-3）J 飞夺泸定桥

水湍急，山峭耸，雄关险，豺狼凶。……昼夜兼程二百四，猛打穷追夺泸定。铁索桥上显威风，勇士万代留英名。（《长征组歌·飞越大渡河》）

当时，百余米的泸定桥已被敌人拆去 80 余米的桥板，并以密集火力封锁桥面。5 月 29 日中午，在战斗动员中红军组织了突击队。下午 4 时，22 名勇士冒着枪林弹雨爬上光溜的铁索链，向对岸桥头猛扑过去。

紧跟在突击队后面的三连战士每人带着一块木板，边铺木板边冲锋。在红军突击队员爬过最后一段铁索后，敌人放火，妄图以烈火阻击红军夺桥。勇士们高喊："同志们，这是胜利的最后关头，鼓足勇气，冲过去！"勇士们猛冲上去，在桥头与敌人展开白刃战。仅用 2 小时，飞夺泸定桥就取得胜利。

蒋介石曾致电各路将领："大渡河是太平天国石达开全军覆灭之地。""希各军、师长鼓励所部建立'殊勋'。"历史上，石达开曾经兵败于大渡河，留有《翼王亭记》石碑。敌军南追北堵，欲借大渡河天险逼红军走上绝路，成为第二个石达开。

飞夺泸定桥的胜利粉碎了国民党反动派的美梦，也成为红军长征时期的重要里程碑，矗立在中国革命史上。在《中国工农红军长征胜利七十周年》的"本票册"中，"飞夺泸定桥"一页的邮票边纸上以清晰真实的画面，展示了泸定天险的细节，铁索、波涛、残木、炮火，衬映出了红军所创伟绩的艰辛与危难。

中国工农红军长征胜利七十周年——飞夺泸定桥
（纪念邮票本册内页）（2006）

当年，大军过桥之后，刘伯承曾重重地在桥板上连跺三脚，感慨万千地说："泸定桥，泸定桥，我们为你花了多少精力，费了多少心血！现在我们胜利了，我们胜利了！"

朱德在长征回忆中曾题有"万里长征，犹忆泸关险"的诗句。在新中国的十大开国元帅中，有 7 位元帅从泸定桥走过。

1955 年，中国人民邮政发行了《中国工农红军胜利完成二万五千里长征二十周年》纪念邮票，这是新中国为长征发行的第一套邮票。其中一枚邮票的图案采用了画家李宗津创作的油画《强夺泸定桥》。以单色雕刻版印制的邮票呈现出暗紫色的深沉色调，充满战斗的张力，也展现了这一役的艰险与危机。另一枚邮票的画面则采用蓝白相衬的鲜明色调，描绘了毛泽东和红军战士"过雪山"时艰难跋涉的情形。

纪 36（2-1）
强夺泸定桥（1955）

从小学课本上，孩子们所知道的长征几乎就是"爬雪山，过草地"。应当说，除"四渡赤水""巧渡金沙江""飞夺泸定桥"这一类与敌人战斗的壮举之外，万里长征确实还要面对另一个"敌人"，那就是大自然中的无数艰难险阻。其中，最令人瞩目的就是"雪皑皑，野茫茫，高原寒，炊断粮"的雪山和草地了。

纪 36（2-2）
过雪山（1955）

红军都是钢铁汉，千锤百炼不怕难。雪山低头迎远客，草毯泥毡扎营盘。……官兵一致同甘苦，革命理想高于天。（《长征组歌·过雪山草地》）

新中国发行的纪念长征的邮票上，有诸多画面展现了红军战士"爬雪山、过草地"艰苦跋涉的情景。

在强渡大渡河、飞夺泸定桥后，中央红军又翻越了四川的夹金山、梦笔山、亚克夏山等高山。红二方面军则翻越了玉龙雪山、德格雀儿山等崇山峻岭。长征路上，红军要征服十几座雪山。其中，主峰海拔 4900 多米的夹金山，被当地藏族同胞视为连鸟儿也难以飞过的神山。1935 年 6 月 12 日，中央红军来到第一座大雪山夹金山下，拉开了长征路上又一悲壮行程的序幕。

雪山白茫茫，六月若严冬。红军战士们身着单衣、脚穿草鞋，迈开征服雪山的第一步。雪山无路，一条条羊肠小道也被积雪覆盖。雪深过膝，前面的人踏路行进，后边的人跟着走。坡陡路滑，常有人跌入万丈深谷。雪山空气稀薄，指战员呼吸困难，胸口犹如压上千斤巨石，每挪一步都要使出全身力气。如果坐下休息，那就很可能再也站不起来了。军团领导把马让给病号，一人骑马，另一人拽着马尾巴走。毛泽东在这艰苦跋涉的雪山行军中，乐观地道出："更喜岷山千里雪，三军过后尽开颜。"

1935 年 8 月，中共中央率领红军进入川西北若尔盖地区的草地沼泽地带。它位于阿坝藏族羌族自治州东北部，青藏高原东部的边缘地带，平均海拔在 3500 米以上。

进入草地前，红军筹粮，将青稞脱壳搓成粒，碾粉炒熟，做成炒面。在藏民带领下，红军战士寻认野菜，准备烧酒、辣椒以御寒。虽然尽了最大努力，但红军筹到的粮食还是不够全军之需，人均仅能携带 5～10 斤粮食。

茫茫草地，一望无涯，遍地是水草沼泽泥潭，人马根本无路可走，只能踏着草甸跳跃前进着。粮食不足，靠吃野菜、草根、树皮充饥。有的野菜、野草有毒，中毒时有发生。没有能吃的东西了，就将皮带、皮鞋，甚至皮毛坎肩、马鞍子煮着吃。

112

1996-29（2-1）J
红军过草地

2006-25（4-4）J
过草地

2016-31（6-4）J
过雪山草地

晚上露宿，掉队的同志三五人一伙背靠背休息。第二天，收容队再去叫他们时，一推一摸，他们的身体已经冰冷僵硬，一些红军就以这样的"睡姿"离开了这个世界。

张闻天的夫人刘英在回忆录中写道："红军过草地的牺牲最大，这 7 个昼夜是长征中最艰难的日子。走出草地后，我觉得仿佛是从死亡世界回到了人间。"

据史料统计，红军三大主力在爬雪山、过草地期间，非战斗减员在万人以上。在

中国工农红军长征胜利七十周年——过草地
（纪念邮票本册内页）（2006）

海拔 4800 米的亚克夏山北坡垭口上，一座红军烈士墓深卧在积雪云雾之中。12 名红军战士在长征胜利前夕，长眠在了这座雪山之巅。直到 1952 年，他们的尸骨才被发现。于是，便有了这座世界上海拔最高的红军墓。

在极端恶劣的自然环境下，红军怀着革命理想，保持乐观精神，同甘共苦，前仆后继超越人体所能承受的生存极限，写下了"革命理想高于天"的不朽篇章。从雪山到草地，在危难之中夺路而出，踏出了一条通向胜利之路。

在走出雪山、草地的危难之际，对于红军下一步是北上还是南下曾有不同看法。中共中央发布了毛泽东起草的《中共中央为执行北上方针告同志书》，并指出，南下是草地、雪山、老林，人口稀少，粮食缺乏，敌人在那里的堡垒线已经完成，我们无法通过。"对于红军，南下是没有出路的。南下是绝路。""你们应该坚决拥护中央的战略方针，迅速北上，创造川陕甘新苏区去。"

中央红军在毛泽东的率领下，出发北上。

六盘山位于宁夏回族自治区南部和甘肃省东部，呈南北走向，北接贺兰山，南与陇山相衔接。自古以来，这里就是兵家必争之地。1935 年初秋时节，毛泽东率红军在这里打了一个胜仗。此役之后，红军翻越了六盘山。

文 7（14-9）　《清平乐·六盘山》（1967）

沉浸在胜利中的毛泽东，边走边讲六盘山历史上的战争故事。中途歇脚，他仰望天上雁阵，诗兴大发，认为"这真是个好地方，以后可以好好写一写啊。"那首著名的《清平乐·六盘山》就是在这时开始酝酿的——

天高云淡，

望断南飞雁。

不到长城非好汉，

屈指行程二万。

六盘山上高峰，

红旗漫卷西风。

今日长缨在手，

何时缚住苍龙？

2001-25（4-1）T　六盘山高峰

1935年10月5日，毛泽东和红军长征队伍到达六盘山，借宿于宁夏兴隆镇单家集村。进村后，他和张闻天等同志拜访了村中清真寺的阿訇，介绍了党的民族、宗教政策。

10月6日，毛泽东率部队急行军，夜宿张易堡。10月7日，在一个小山头上，毛泽东亲自指挥一纵的3个大队，歼灭了国民党军的两个骑兵连，缴获战马百余匹。以这批战马为基础，红军组建了第一支骑兵侦察连。

聂荣臻回忆道："随后，毛泽东同志也上了我们站的这个山头。他叫把各大队的领导干部都召集来，决定要消灭这股敌人。他亲自命令一大队和五大队从两侧迂回兜击，四大队从正面突击。三个大队像猛虎扑食似地（的）扑下山去，把敌人解决了，缴获了一百多匹马。大家对打骑兵有信心了。我们用缴获的马匹装备了纵队的侦察连，我们也开始有自己的骑兵部队了。"

接着，东北军和马鸿宾的3个骑兵团又尾追而来。毛泽东认为，让敌军骑兵一直跟着红军进陕北苏区于我们不利。他提出要"切尾巴"。彭德怀指挥第一、二纵队，果断击溃了国民党骑兵2000多人，使他们不敢侵扰。毛泽东兴奋地赋诗一首，书赠彭德怀：

山高路远坑深，

大军纵横驰奔。

J155（2-1）　请为人民鼓咙胡（1988）

谁敢横刀立马？

唯我彭大将军！

一部题为《砥砺——中共中央在延安十三年》的大型文献纪录电影中，有一段关于吴起镇张湾子村的拍摄。那里有一户张姓人家。1935 年 10 月 18 日晚，这家人接待了毛泽东。他们为客人做饭。毛泽东吃了 3 碗荞麦面，并住宿了一夜。

10 月 19 日，毛泽东随部队进驻吴起镇。红军一进吴起镇，看到一间窑洞门口挂着工农民主政府的牌子，觉得真是到家了。

在六盘山上，当红军望到长征胜利的曙色时，苦难历程中血与火的场景又一一浮现，血战湘江、四渡赤水、娄山关大捷、巧渡金沙江、飞夺泸定桥、爬雪山、过草地、上六盘，毛泽东豪情满怀地诘问世界与人寰——

"自从盘古开天地，三皇五帝到于今，历史上曾经有过我们这样的长征吗？！"

在长征胜利时刻即将到来之际，毛泽东又奋笔疾书，以诗的豪情，留下千古绝唱《七律·长征》——

红军不怕远征难，

万水千山只等闲。

五岭逶迤腾细浪，

乌蒙磅礴走泥丸。

金沙水拍云崖暖，

大渡桥横铁索寒。

更喜岷山千里雪，

三军过后尽开颜。

毛泽东诗词
（邮资明信片邮资图）（2005）

1936 年 10 月，中国工农红军第一、二、四方面军的胜利会师，是中国革命转危为安的关键，它标志着中国革命的战略重心从南方长江流域胜利转移到西北黄河流域。

《长征组歌》的最后一首歌曲是"大会师"，喜庆颂扬的音乐唱出了革命军民的心声——

红旗飘，军号响。战马叫，歌声亮。铁流两万五千里，红军威名天下扬。各路劲旅大会师，万水千山齐歌唱。歌唱领袖毛主席，歌唱伟大的共产党。

1996-29（2-2）J 三军大会师

2016-31（6-5）J 胜利会师

J107（2-2）
红军胜利到达陕北（1985）

在毛泽东的率领下，中央红军翻越六盘山，又经过千里行军和英勇作战，从甘肃进入陕北，于 1935 年 10 月 19 日与陕北十五军团胜利会师。陕甘革命根据地为中共中央和各路红军长征提供了落脚点，为八路军主力奔赴抗日前线提供了出发点。

回望长征路，中央红军从 1934 年 10 月至 1935 年 10 月，历时 367 天，纵横 11 个省份，长驱二万五千里，途中共跋涉 18 座山脉、600 里人迹罕至的茫茫草地、24 条河流，打过大小战役 300 多次。长征的胜利，是人类历史上的英雄史诗、伟大奇迹。一年之中，中央红军历经曲折，战胜艰难险阻，保存和锻炼了革命力量，将中国革命的"大本营"转移到了西北。

中国国家博物馆保存的 1935 年 5 月发布的《中国工农红军布告》首次使用了"长征"一词。此前，中央红军从江西出发时的目标是到湘西与红二、红六军团会合，"创立新的苏维埃根据地"，提法是"突围行动""长途行军"；遵义会议后，提出的是"西征"。这张布告首次使用了"红军万里长征"一词——

中国工农红军，解放弱小民族；一切夷汉平民，都是兄弟骨肉。……红军万里长征，所向势如破竹。……

布告所示之"万里"，是从瑞金算起的行程；"长征"则表现出红军从四渡赤水、巧渡金沙江到爬雪山、过草地，摆脱几十万敌军的围追堵截，变被动为主动后的振奋和自豪。

历经苦难的伟大长征以胜利会师告终。

试想，会师的那一刻是一个何等辉煌的场面！

那是铁流的会合，那是胜利的凯旋。在这个激动人心的时刻，一幅题为《大会师》的图画艺术化地再现了当时的情景。在这幅气势宏大的图画中，红旗猎猎，军民欢腾，胜利的气息直面而来。

2006 年，在中国邮政发行的《中国工农红军长征胜利七十周年》小型张上，这幅画作为邮票的图案居于小型张的中心位置。而在小型张边纸上，配以毛泽东手书写的诗词——《七律·长征》。

2006-25M
中国工农红军长征胜利七十周年（小型张）

毛泽东同志在长征期间出神入化的军事指挥艺术，是马克思主义精髓和毛泽东战略思想的成功结合，也是融汇了中华文明和传统文化的民族精神的体现。

"天道远，人道迩，非所及也。"人类生存的价值在于改变"天赐"的命运。正如毛泽东所说，只有人民，才是创造历史的动力。而在遵义会议中，我们党敢于面对失败，纠正错误，只有共产主义战士才敢作出这样的内省并毅然走上新道路。这是忠诚于信仰和灵魂的君子之勇。

在长征中，草地上被红军踏出的那条艰难而危险的长路，象征着毛泽东和红军与天斗、与地斗、与人斗的奋战精神。这就是"天行健，君子以自强不息"。地上，本没有的路，走的人多了，也便成了路。这路，就是长征之路；这路，就是自强不息的精神之路。

当《中国工农红军长征胜利七十周年》小型张镶嵌在邮票"大本册"的大型纸幅上之刻，那黄灿灿的草木背景，犹如 1935 年金秋丰收和长征胜利时的一派热烈景象，象征着长征精神可千秋万代而不褪色，永葆青春。

坚韧不拔、自强不息是中华民族的进取精神。正如毛泽东所说，人总是要有一点精神的。长征，正是在自强不息精神的激励中抵达胜利彼岸。外国军人曾经这样评价长征，中国红军表现出来的精神是全世界的珍贵财富，值得世界各国军人景仰和学习。

凄风若雨，风雨度春秋。经过一年多长征转战，1934 年 10 月从中央苏区瑞金等地出发的 86000 多人，于 1935 年 10 月进入陕北，只剩下了不足万人。亲历长征的大将陈赓回忆道："我当大队长，骑着马在前面走，不敢回头看，因为一看就把整个大队看完了。"周恩来面对部队严重减员，也心情沉重地说："我们红军像经过了一场暴风雨的大树一样，虽然失去了一些枝叶，但保存下了树身和树根。"从 1934 年 10 月开始到 1936 年 10

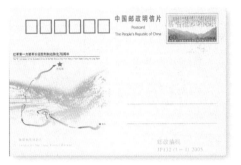

JP132　红军第一方面军长征胜利到达陕北 70 周年
（邮资明信片）（2005）

月结束的长征，中国工农红军突破了几十万敌军的包围封锁，唱响战略转移的凯歌，这
是人类近现代战争史上凡人谱写出的英雄史诗。红军长征胜利到达陕北之后，毛泽东同
志就长征作过这样的总结："长征是宣言书，长征是宣传队，长
征是播种机。长征是以我们胜利、敌人失败而告终。"长征的胜
利向全中国和全世界宣告，中国共产党及其领导的人民军队，是
一支不可战胜的力量。

1998-5（4-1）J
军事家

　　红军长征的胜利，是中国革命转危为安的关键。长征的胜利表
明，中国共产党及其领导的工农红军是一支不可战胜的强大队伍，
长征中红军所表现出的对革命的必胜信念和一往直前、不怕牺牲的
英雄气概，成为激励共产党人和人民军队前进的巨大动力。

　　对于长征，毛泽东在回顾他的战斗历程时，曾云淡风轻、简明
准确地概括了这个伟大壮举的全过程：

　　一九三五年一月，红军主力抵达贵州遵义。接下去四个月，红军几乎一直在流动之中，
并发生了最激烈的战争。经过许许多多困难，跨越几个最高最险的山道，经过凶恶土番所
居的地方，经过无垠的草原，经过严寒和酷热，经过风雪和暴雨，背后面对着全部国军的
一半的追击，经过所有这些天然的障碍，沿途并与广东、湖南、广西、贵州、云南、西康、
四川、甘肃和陕西的地方军队作战，最后，在一九三五年十月，红军到达了陕西，并建立
了在中国伟大的西北的根据地。

2016-31（6-6）J　缅怀先烈
不忘初心 走好新的长征路

中国工农红军长征胜利七十周年——大会师
（纪念邮票本册内页）（2006）

　　毛泽东接着说："这次红军光荣的进军和胜利地到达陕西，第一是因为共产党的正确领导，第二是因为苏维埃人民基本干部的伟大的技巧、英勇、坚决和几乎是超人的忍耐力和革命的热忱。中国的共产党在以前、现在和将来，将永远忠诚于马列主义，并对每一个机会主义者作斗争。这种决心解释了它的不可克服性和它的最后胜利的必然性。它的不可克服性的另一理由，就是在革命干部中的人材（才）的特别精干、英勇和忠诚。许多，许多优秀的同志，许多献身于革命的人，都在一个宗旨下工作，造成了红军和苏维埃运动，而他们和那些未来的同志，将要领导革命到最后胜利。"

中国人民抗日战争暨世界反法西斯战争胜利七十周年
（极限明信片）（2015）

第五篇

中流砥柱

抗日战争时期，九一八事变后，民族矛盾逐渐超越国内阶级矛盾上升为主要矛盾。在日本帝国主义加紧侵略我国、民族危机空前严重的关头，党率先高举武装抗日旗帜，广泛开展抗日救亡运动，促成西安事变和平解决，对推动国共再次合作、团结抗日起了重大历史作用。七七事变后，党实行正确的抗日民族统一战线政策，坚持全面抗战路线，提出和实施持久战的战略总方针和一整套人民战争的战略战术，开辟广大敌后战场和抗日根据地，领导八路军、新四军、东北抗日联军和其他人民抗日武装英勇作战，成为全民族抗战的中流砥柱，直到取得中国人民抗日战争最后胜利。这是近代以来中国人民反抗外敌入侵第一次取得完全胜利的民族解放斗争，也是世界反法西斯战争胜利的重要组成部分。（摘自《中共中央关于党的百年奋斗重大成就和历史经验的决议》）

一、"中华民族到了最危险的时候"

在中国共产党和中国工农红军对国民党反动派进行反"围剿"殊死决战的时刻，日本帝国主义在中国东北发动了九一八事变，这事关整个中华民族的生死存亡。

一首凄切悲愤的歌曲唱遍大江南北、长城内外：

我的家在东北松花江上，

那里有森林煤矿，

还有那满山遍野的大豆高粱。

我的家在东北松花江上，

那里有我的同胞，

还有那衰老的爹娘。

九一八，九一八，

从那个悲惨的时候，

九一八，九一八，

从那个悲惨的时候，

脱离了我的家乡，

抛弃了那无尽的宝藏。

流浪，流浪……

这首歌曲引起中国大众强烈共鸣。1938年7月7日晚，武汉举行了抗日周年的盛大活动，10多万群众分乘几百条木船，举着火把汇聚在长江上。这时，不知是谁领头唱起了《松花江上》，立即引起大家呼应，十几万人的歌声掀起了巨大声浪，汇成了人间罕见的、血泪凝聚的感情的交响乐。

爱国作曲家张寒晖，将东北沦陷的民族悲剧谱写进了凄切的音符中，发出"中华民族到了最危险的时候"的第一声长叹。

1931年9月18日深夜，日本关东军按照预定的阴谋计划，炸毁沈阳北郊柳条湖附近南满铁路的一段路轨，反诬是中国军队所为，以此为借口，突袭东北军驻地北大营和沈阳城，制造了震惊中外的九一八事变。

2015-20（13-1）J
"九一八"历史博物馆

聂耳和《义勇军进行曲》（极限明信片）（1982）

长城（中华邮政）（1948）

长城（西北人民邮政）（1949）

普22（3-2）万里长城（1981）

122

短短 4 个多月内，辽宁、吉林、黑龙江 3 省 100 多万平方千米的大好河山，全部被日本占领。

1932 年 3 月 1 日，晚清废帝溥仪"执政"的伪满洲国在吉林长春成立，成为 20 世纪日本帝国主义侵占统治中国的傀儡政府。

在中国邮政发行的《中国人民抗日战争暨世界反法西斯战争胜利七十周年》纪念邮票上，沈阳"九·一八"历史博物馆的建筑就被作为了邮票的图案。

在民族危难时刻，艺术家田汉写出了"中华民族到了最危险的时候"的词句。人民音乐家聂耳谱写出了充满同仇敌忾豪迈气概的《义勇军进行曲》。铿锵有力的战斗音符，鼓舞了中国人民的战斗意志，宣示了中国人民抗击侵略者的坚定决心。

歌声中，号召全民族"把我们的血肉，筑成我们新的长城"。

这时，立于千年风雨中的长城成为中华民族的象征与符号，彰显了全民族抗战以雪国耻的坚强和勇毅。"长城"作为一个永恒的主题，经常出现在"国家名片"的方寸画幅中。

3 枚由中国不同历史时期的不同邮政机构发行的邮票，皆以八达岭长城的峻峭形象为图案，表现了中华民族坚韧不屈的风骨风范和自强不息的精神。在一枚邮票小型张上，边纸上绘出长城万里走向的刚劲线条，昭示了中华民族的坚强意志。

九一八事变以后，中日民族矛盾逐渐上升为主要矛盾，中国国内的阶级关系开始发生重大变动。在民族危机的严重关头，中国共产党率先举起了武装抗日救国的旗帜。

T38M　万里长城（小型张）（1979）

九一八事变的第3天，即1931年9月20日，中共中央发表《中国共产党为日本帝国主义强暴占领东三省事件宣言》，响亮提出："反对日本帝国主义强占东三省！"11月27日，中华苏维埃共和国临时中央政府发表对外宣言，号召全国人民动员起来，武装起来，反对日本帝国主义的侵略。

毛泽东曾说："当时民族政治的情势，也影响了我们移到西北去活动的决议。在日本侵略'满洲'和上海之后，苏维埃政府早在一九三二年二月就和日本正式宣战了。自然，这种宣战，在当时是不能发生效力的。"

九一八事变是中国人民抗日战争的起点。随着中华民族不屈不挠的抗战开始，世界反法西斯战争也在中国揭开了序幕。

在日本侵略军侵占东北的过程中，相继兴起为数众多的抗日义勇军。中共中央先后派出周保中、赵一曼等共产党员到东北加强党组织的力量，开始了东北抗日游击战争的历程。

纪16（4-1）
卢沟桥风云（1952）

1937年7月7日，在北平西南永定河的卢沟桥畔，在"卢沟晓月"石碑前，日本侵略者又发射了一颗侵略的子弹。

卢沟桥事变的枪声，引起中国军民的同仇敌忾。枪口对外，瞄向日本侵略者，自此，在中华大地上，全民族抗战开始了。

当时，抗日的战火主要集中在华北地区。接着，8月13日停泊在长江和黄浦江的日本海军舰队向上海闸北一带开火，淞沪会战爆发，抗战的烽火从北到南开始燃遍中国。

中国人民浴血奋战14年，终在1945年9月取得了抗日战争和世界反法西斯战争的伟大胜利。抗战14年，中国军民前赴后继、浴血奋战，以血肉之躯筑起了捍卫祖国的钢铁长城。中国人民的抗日战争，铸就了伟大抗战精神，成为中华民族走向复兴的历史转折点，

七七抗战十周年纪念（小全张）（1947）

2005-16J 中国人民抗日战争暨世界
反法西斯战争胜利六十周年

124

2005-16M 中国人民抗日战争暨世界
反法西斯战争胜利六十周年（小型张）

同时也成为世界反法西斯战争胜利的重要组成部分。这是 20 世纪人类历史上的重大事件。

为纪念中国人民抗日战争暨世界反法西斯战争胜利六十周年，中国邮政于 2005 年 8 月 15 日发行了一套纪念邮票，由 4 枚邮票和一枚小型张组成。邮票的名称分别为"全民抗战""中流砥柱""诺曼底登陆""攻克柏林"，这套邮票的小型张名为"和平与正义"。

胜利之刻，回望"中华民族最危险的时候"，九万里山河呼唤着全民族步调一致，同仇敌忾，一致抗日。

面对内战没有停止、人民没有自由的时局，毛泽东看到了挽救民族危亡的出路。他说："跟着我们又发表宣言，号召中国各军结成联合战线以抵抗日本帝国主义。早在一九三三年，苏维埃政府就宣布它情愿根据三个条件和任何军队合作，这三个条件是：停止内战和对苏维埃及红军的攻击；保障群众结社、集会、言论的自由和民主的权利；武装人民对日抗战。"

1939 年，以象征"黄河"为主题，一位音乐家创作了激情澎湃的《黄河大合唱》，他就

J111
冼星海诞生八十周年（1985）

是人民音乐家冼星海。

同时，这位作曲家还谱写了一曲《救国军歌》，唱出了全民族的心声：

枪口对外，齐步前进，

不伤老百姓，不打自己人……

二、"枪口对外"：抗日民族统一战线

"枪口对外"，这是在民族危亡时刻的一个凝聚民族意志和民族团结力量的响亮口号。

在中国共产党和工农红军遭到国民党反动派围追堵截的时刻，苦难的中国又遭遇到了日本帝国主义的铁蹄践踏，山河破碎，到了民族危亡的关键时刻。

1935年12月17日，中共中央在瓦窑堡召开了中央政治局扩大会议。毛泽东在《论反对日本帝国主义的策略》报告中，明确提出党的基本策略任务是建立广泛的抗日民族统一战线。在一枚纪念邮票上，可以看到抗战期间毛泽东身着棉衣面对河山的神态。

1936年5月5日，中共中央发布《停战议和一致抗日通电》，从反蒋抗日到逼蒋抗日，这是党根据国内阶级关系变化的实际状况而作出的重大政策调整。

1936年10月18日，毛泽东在为徐向前起草的致黄埔军校一期同学胡宗南的信中指出："宗南学兄军长勋鉴：黄埔一别，忽已十年，回念旧情，宛然如昨。目前日寇大举进迫，西北垂危，山河震动。兄我双方亟宜弃嫌修好，走上抗日战线，为挽救国家民族于危亡而努力……深愿与贵军缔结同盟，携手前进。蒋（介石）校长现已大有觉悟，甚为佩服。吾辈师生同学之间倘能尽弃前嫌，恢复国共两党之统一战线，共向我全民族最大敌人日本帝国主义决一死战，卫国卫民复仇雪耻，当在今日。……"

在国家蒙耻、人民蒙难之际，蒋介石提出"攘外必先安内"政策，对中国共产党和工农红军进行了五次"围剿"。

2013-30（4-2）J　北国风光

1936年12月4日，蒋介石亲赴西安，逼迫张学良、杨虎城率部"剿共"。在这种形势下，12月12日，时任西北"剿总"副总司令的张学良和时任国民革命军第十七路军总指挥的杨虎城为劝谏蒋介石改变政策，停止内战，

西安事变70周年
（纪念邮资封邮资图）（2006）

一致抗日，在西安采取了"兵谏"，这就是当年震惊中外的西安事变。

在中国邮政为纪念西安事变70周年发行的纪念邮资封上，邮资图就是当年的"兵谏亭"，也就是"捉蒋"之地。

12月12日凌晨，东北军一部包围了临潼华清池，扣留了蒋介石。随后，张学良、杨虎城通电全国，提出"停止内战、一致抗日"等八项主张。

1936年12月12日，西安事变发生后，张学良连夜电告中共中央。毛泽东和周恩来立即复电，拟派中共代表前往议商大计。13日，中共中央召开中央政治局常委扩大会议，指出西安事变是有革命意义的，应该支持；并强调不应把反蒋与抗日并立。17日，应张学良邀请，周恩来作为中共中央代表到达西安。经过共同努力和谈判，迫使蒋介石作出了"停止'剿共'，联红抗日"的承诺。

西安事变的和平解决，扭转了时局。至此，十年内战基本结束。中国共产党力主西安事变和平解决，充分表现了团结抗日的诚意。

中国邮政在西安事变六十周年之际发行了纪念邮资明信片。明信片上以当时的历史建筑和新闻报道为图案，其中报纸上有"争取中华民族生存，张杨昨发动对蒋兵谏"的标题。

然而，西安事变后，蒋介石为报西安受辱之仇，将张学良羁押软禁近50年；杨虎城被囚禁12年，于1949年9月被残杀在重庆戴公祠中。

爱国将领杨虎城将军24岁就立下报国宏愿，他曾赋诗言志："西北山高水又长，男儿岂能老故乡。黄河后浪推前浪，跳上浪头干一场。"

JP57　西安事变六十周年（邮资明信片）（1996）

1993-16J
杨虎城诞生一百周年

126

1993 年，正值杨虎城将军百年诞辰，中国邮政以松柏绿丛衬托杨虎城将军戎装肖像为图案，发行了纪念邮票。

为促进国共合作的实现，中共中央致电国民党五届三中全会，提出五项要求：停止内战，集中国力，一致对外；保障言论、集会、结社之自由，释放一切政治犯；召开各党各派各界各军的代表会议，集中全国人才，共同救国；迅速完成对日作战之一切准备工作；改善人民生活。

中国共产党电文发表后，在全国引起巨大反响，也得到国民党内抗日派的赞同。在国民党五届三中全会上，他们联名提出要求恢复孙中山的"联俄、联共、扶助农工"三大政策。

T84 黄帝陵（1983）

四万万中国人有着同一个祖先、同一种文化、同一段历史。因此，在外侮侵华、民族生死存亡的关键时刻，需要的是"不打自己人"。

中华民族的始祖黄帝，相传生于山东寿丘，逝于河南荆山，葬于陕西桥山。祭祀黄帝，是中华民族传统的祭祀大典，旨在新睦九族，和合万邦，消弭战祸，趋于大同。

中华民国元年（1912 年）清明时节，孙中山委派代表团专程赴黄帝陵致祭，他在祭文中写道：

"中华开国五千年，神州轩辕自古传。创造指南车，平定蚩尤乱。世界文明，唯有我先。"

1937 年清明节，在全民族抗日战争爆发前夕，中国共产党和国民党派代表共祭中华始祖黄帝之陵。中国共产党领袖毛泽东亲笔撰写了《祭黄帝陵文》：

赫赫始祖，吾华肇造，胄衍祀绵，岳峨河浩。聪明睿智，光被遐荒，建此伟业，雄立东方。世变沧桑，中更蹉跌，越数千年，强邻蔑德。琉台不守，三韩为墟，辽海燕冀，汉奸何多！以地事敌，敌欲岂足，人执笞绳，我为奴辱。懿维我祖，命世之英，涿鹿奋战，区宇以宁。岂其苗裔，不武如斯，泱泱大国，让其沦胥。东等不才，剑屦俱奋，万里崎岖，为国效命。频年苦斗，备历险夷，匈奴未灭，何以家为。各党各界，团结坚固，不论军民，不分贫富。民族阵线，救国良方，四万万众，坚决抵抗。民主共和，改革内政，亿兆一心，战则必胜。还我河山，卫我国权，此物此志，永矢勿谖。经武整军，昭告列祖，实鉴临之，皇天后土。尚飨！

巍巍黄帝陵与几座碑亭相对而立，一石碑上镌刻着的"桥陵龙驭"四字雄浑遒劲，另一石碑写有"古轩辕黄帝桥陵"字样，是清乾隆年间所立。还有一石碑镌刻"汉武仙台"四字。碑侧一座高土台，传说是汉武帝征讨朔方归来，在此祭祀黄帝，并筑台祭天。

在中国共产党和国民党共祭奠始祖黄帝 3 个月后，1937 年 7 月 7 日深夜，在北平的南大门卢沟桥附近，日本侵略者突然向驻守在这里的中国军队发动进攻，中国军队奋起抵抗。驻守卢沟桥军队反抗日本侵略者的枪声，标志着中国人民开始了全民族抗战。

中华民族已处在生死存亡的关键时刻，只有全民族团结抗战，才是中国生存和发展的唯一出路。

J117（2-1）
卢沟桥中国军队奋起抗日（1985）

7 月 8 日，也就是卢沟桥事变爆发的第二天，中共中央率先向全国发出通电，大声疾呼："全中国的同胞们！平津危急！华北危急！中华民族危急！只有全民族实行抗战，才是我们的出路。"号召"全中国同胞，政府与军队，团结起来，筑成民族统一战线的坚固长城，抵抗日寇的侵掠！"

毛泽东深知，单靠共产党的力量是不够的，必须推动社会各方面的力量，共同努力，在全国造成一种声势。毛泽东指定南汉宸，以毛泽东及红军代表的名义同华北当局及各界领袖协商团结抗日的具体办法。他在 7 月 14 日至 20 日间，4 次写信或致电阎锡山，要求"密切合作，共挽危局"；他又指定张云逸奔走于国民党两广当局，"求得他们赞助坚决抗战与国共合作的方针，求得他们开展爱国运动，积极救亡"。

7 月 14 日，毛泽东等致电在西安的叶剑英，要他通过西安行营转告蒋介石："红军主力准备随时出动抗日，已令各军十天内准备完毕，待令出动。"

7 月 17 日，蒋介石在庐山发表了谈话，宣布："如果战端一开，就是地无分南北、年无分老幼，无论何人，皆有守土抗战之责任。"

毛泽东很快表示："这个谈话，确定了准备抗战的方针，为国民党多年以来在对外问题上的第一次正确的宣言……"7 月 18 日，毛泽东发表演说。据当时报纸记载："演词激昂，听众均摩拳擦掌，热血沸腾，愿赴抗日战场，与日寇决一死战。"

7 月 19 日，《新中华报》载："各地的大资产阶级，国民党的各地党部，国民革命军的将领及各地方的军政长官，也表示了他们的积极，提出了抗战的要求。全国各党各派各界各军到处要求行动的统一，并且到处组织了这类统一救亡的组织，这使全国抗日救亡运动前进了一大步。"

毛泽东发表《反对日本进攻的方针、办法和前途》，提出共产党人"愿同国民党人和全国同胞一道为保卫国土流最后一滴血，反对一切游移、动摇、妥协、退让，实行坚决的抗战"。

局势越复杂，毛泽东越能在千头万绪中迅速抓住要领。1937 年 8 月 22 日，中共中央政治局扩大会议在洛川召开。为适应战争形势，会议决定中央革命军事委员会成员增加为 11 人，书记是毛泽东，副书记是朱德、周恩来。会议还通过了《中国共产党抗日救国十大纲领》《中共中央关于目前形势与党的任务的决定》和毛泽东为中央宣传部门起草的宣传鼓动提纲《为动员一切力量争取抗战胜利而斗争》。洛川会议标志着党的全面抗战路线正式形成。

9 月 22 日，国民党中央通讯社发表《中共中央为公布国共合作宣言》，9 月 23 日，蒋介石发表实际上承认共产党合法地位的谈话，宣告了国共两党重新合作和中国抗日民族统一战线的形成。

火炬图（山东战时邮政）（1942）

在抗日战争时期，中国共产党领导的红色区域"山东战时邮政"发行了"火炬图"邮票，虽印制简陋，但依然显示出了抗日烽火燃起的大势。

2015 年，正值中国人民抗日战争暨世界人民反法西斯战争胜利七十周年。面对这一重大主题，中国邮政以前所未有的规模发行了纪念邮票。这套邮票的设计别出心裁，采用了全国各地 13 座抗战纪念馆的建筑外貌作为邮票图案。地无分南北西东，走过这 13 座抗战纪念馆，无疑就是重温了中国抗战的悲壮历史。

此外，还有一枚邮票小型张，画面中飘扬的红绸、坚不可摧的长城和钢铁般的战士，表现了革命英烈英勇顽强、不畏牺牲的精神，也体现了中国和世界人民"铭记历史、缅怀先烈、珍爱和平、开创未来"的坚定决心。

抗战是全民族的正义之战。为纪念中国人民抗日战争暨反法西斯战争胜利七十周年，中国香港和中国澳门的邮政部门相继发行了纪念邮票。

2015-20M　中国人民抗日战争暨
世界人民反法西斯战争胜利
七十周年（小型张）

2015-20J　中国人民抗日战争暨世界人民
反法西斯战争胜利七十周年

　　2015年8月18日，香港邮政部门发布公告，宣布纪念邮票将隆重发行："一款以'中国人民抗日战争胜利70周年纪念'为题的邮票小型张及相关集邮品将于9月2日推出发售。邮票小型张把当年抗日战争的情景与今日香港的繁华景象作对比，借此强调和平稳定得来不易，必须好好珍惜。"

　　澳门邮政也于2015年9月3日发行了2枚纪念邮票，分别以"七七事变""全面抗战"为题，在象征着和平的绿底色的衬托下，凸显出了似用黄河泥土雕塑而成的抗敌壮士的英武形象。

中国人民抗日战争胜利70周年纪念（中国香港）（2015）

中国人民抗日战争胜利七十周年
（中国澳门）（2015）

此外，2015年正值创作了经典名作《黄河大合唱》的作曲家冼星海110周年诞辰，澳门邮政为这位诞生在澳门的作曲家发行了纪念邮票。邮票小型张上就有作曲家冼星海指挥演唱《黄河大合唱》中"保卫黄河"的激昂形象。

冼星海诞辰110周年
（中国澳门）（2015）

冼星海曾先后在海内外音乐院校学习。回国后，他参加抗日救亡音乐活动，作品有《救国军歌》《黄河大合唱》《到敌人后方去》《游击军歌》《在太行山上》等500余首乐曲及交响曲《民族解放》、交响组曲《满江红》、管弦乐《中国狂想曲》等。

冼星海的作品对广大群众的抗日热情起到了巨大的鼓动作用，毛泽东称誉他为"人民的音乐家"。

冼星海诞辰110周年（小型张）
（中国澳门）（2015）

三、中流砥柱：英勇抗敌的劲旅

1935年的9月18日，红军部队在哈达铺休整。街头的邮局里有一些旧报纸。毛泽东看到报纸上登有阎锡山进攻陕北红军的消息。至此，党中央和红军才获悉陕北有一块革命根据地，有一支红军队伍。于是，毛泽东在团级干部会上明确指出："到陕北去，去找那个刘志丹。"

陕甘革命根据地的坚持斗争，还体现在当年发行的邮票上。1935年中华苏维埃西北邮政发行的印刷简陋的邮票上，已经出现了代表党的领导和革命政权的党徽及"中华苏维埃"字样。

锤镰图（中华苏维埃西北邮政）
（1935）

五星图（中华苏维埃西北邮政）
（1935）

2007-18（2-1）J
杨尚昆在延安

9月27日，中央红军到了通渭县榜罗镇。中共中央政治局常委会议正式决定率部到陕北落脚。

而后，红军来到地处陕、甘、宁三省交界处的铁边城。在这里，中共中央召开政治局常委会议，由总书记张闻天主持会议。毛泽东、王稼祥、博古、林彪、聂荣臻、杨尚昆等参加会议。会上，张闻天指出，

2013-27（2-1）J
两当兵变前的习仲勋

2002-17（5-5）J 刘志丹

2012-18（5-3）J 谢子长

关于在陕北建立苏区问题，毛泽东在榜罗镇曾经提出建议，大家是同意的，政治局同志也无异议，应批准。毛泽东在会上还指出，我们已到了陕西，我们要到前面的保安县，要把保安变为苏区。

1935 年 10 月 19 日，中央红军到达保安县吴起镇，与陕北红十五军团会师。到达吴起镇的当天，毛泽东致电彭德怀："吴起镇已是苏区边境，此地以东即有红色政权，保安城闻有红色部队，但吴起镇、金汤镇之间之金佛坪有地主武装百余守堡，拟派队消灭之。"中央红军在这里迅速"落地生根"，并于 1935 年 11 月下旬取得了直罗镇战役的胜利，"给党中央把全国革命大本营放在西北的任务，举行了一个奠基礼"。

20 世纪 30 年代，刘志丹、谢子长、习仲勋等在陕西、甘肃组建红军，开展武装斗争，并创建了陕甘革命根据地。

多年来，刘志丹等人与国民党反动派军队艰苦搏斗，却受到了党内"左"倾错误路线的迫害。1935 年 10 月 20 日，毛泽东等人听取陕北红二十六军骑兵团政委汇报，了解到西北苏区错误肃反的严重形势，指示"刀下留人，停止捕人"。

当时，担任红十五军团副军团长兼参谋长的刘志丹因受到诬陷被关押。毛主席到达陕北后，刘志丹才被释放。1936 年 4 月，刘志丹率队东征，在战斗中光荣牺牲。毛泽东为他题词："群众领袖，民族英雄。"保安县是刘志丹的故乡，后保安县更名为志丹县。

1936 年 6 月，中共中央机关迁移到保安县。为了广泛传播中共的抗日主张，扩大对外影响，中共通过宋庆龄在上海联络，安排接受北平燕京大学新闻学讲师、美国记者埃德加·斯诺到访陕北。

埃德加·斯诺历经周折，途经西安、延安，于 1936 年
7 月来到陕北保安县，对中国共产党领导人及红军将士进行
了为期 4 个月的深入采访。在保安的窑洞里，毛泽东接受过
埃德加·斯诺的多次采访，进行了长时间谈话，详细阐述了
中国抗日形势、方针，苏维埃政府对内政策，中国共产党与
共产国际、苏联的关系等，并应埃德加·斯诺要求，毛泽东
生平唯一一次畅谈了个人经历。

J112（3-3）
埃德加·斯诺（1985）

对于这次采访，埃德加·斯诺进行了充分准备。他携带照相机、胶卷及便携式摄像机，
拍摄了 30 卷照片，留下了一些中共领导人和红军将士们的珍贵的影像资料。

在一个天气晴好的日子里，埃德加·斯诺邀请毛泽东站到窑洞外，给他拍摄照片。
毛泽东同意了，将平时不修边幅的上衣脱下，换上一件崭新的红军制服，将领子扣好。经
过几次访谈，互相已经很熟悉的埃德加·斯诺当场称赞起来。镜头里的毛泽东头发有些凌乱，
埃德加·斯诺建议毛泽东戴上帽子，把头发压一压。没想到，毛泽东的帽子已经陈旧褪色，
显得松软耷拉。为难之际，埃德加·斯诺想起自己来到保安县后中央交际处接待人员曾发
给他一身红军服装，还有一顶新帽子。他把新八角帽给毛泽东戴上。新帽子与新衣服正好
搭配协调，很精神。这时，接近晌午，阳光有些强烈。毛泽东侧身站在一排窑洞前，埃德加·斯
诺抓紧时间，按下快门，留下了这张日后传播甚广的肖像照。

这是毛泽东在保安县留下的最著名的一张照片：身着红军军服，
头戴红星八角帽，深沉的目光中充满了对中国革命前途的期冀和坚定。
这张照片也是埃德加·斯诺的摄影名作。

清瘦的面容、刚毅的神情、紧锁的眉头、深邃的目光，照片表
现了毛泽东领导中国革命经过长征到达陕北后，身处一隅，胸怀天下
的精神气概。毛泽东很认可这张照片，这张照片也多次出现在"国家
名片"上。

J21（6-2）
毛主席在陕北（1977）

1935 年 10 月，中共中央和红一方面军到达陕北，长征结束。
同年 12 月 27 日，毛泽东在陕北瓦窑堡党的活动分子会议上作
了《论反对日本帝国主义的策略》报告，向全国、全世界阐明
中国共产党的抗日民族统一战线的新策略。

普无号（11-4） 延安（1969）

延安古称延州，城区有宝塔山、清凉山、凤凰山三山鼎峙，有延河、汾川河二水交汇，历来为兵家必争之地。

延安素有"塞上咽喉""军事重镇"之称，有"三秦锁钥，五路襟喉"之誉。邮票上的延河、清凉山和巍巍宝塔，浸染在一派金黄之中，弥漫着黄土高原地貌特征的气息。

当时，毛泽东和党中央领导机关还在保安县。经过 4 天行军，在 1937 年 1 月 13 日下午 4 时左右，毛泽东、张闻天、林伯渠等中央领导人来到延安城北 10 余里的杨家湾。

自此，毛泽东和党中央到达延安，受到了延安人民的热烈欢迎。有一幅油画就是以"陕北人民迎救星"为题，描绘了毛泽东初到陕北的热烈场面。

普 11（12-7）（12-8）（12-9）　延安宝塔山（1961）

第二天上午，在延安举行了"欢迎党中央、毛主席进驻延安大会"。

毛泽东发表了讲话，号召军民团结一致，抗日救国；加紧生产，支援前线；加强统一战线，一致对外，中国人不打中国人。

会后，毛泽东和党中央机关驻扎到凤凰山麓。从此，这座高原古城成为中共中央所在地，成为抗日战争、解放战争的指挥中心与战略大后方。延安自此成为举世闻名的革命圣地，宝塔山成为中国走向光明的一个象征。

在陕甘宁边区邮政管理局发行的邮票上，最引人注目的图案就是延安宝塔山。

为了国共两党能更好地抵抗日本侵略者，1937 年 8 月 15 日，国民政府军事委员会向全国下达了抗日总动员令；8 月 18 日，南京国民政府同意将红军主力改编为国民革命军第八路军；8 月 25 日，中共中央革命军事委员会发布（国民革命军第八路军）《改编令》，数万名红军将士摘下红五星徽，换上了国民革命军军服。

延安宝塔山（1946）

在民族危亡时刻，毛泽东在延安坚持抗日民族统一战线政策，领导八路军、新四军和敌后游击队成为抗日战争的中流砥柱。

J117（2-2）　八路军和民兵战斗在长城内外（1985）

人民军队依靠人民，怀有一腔热血的人民大众踊跃参军，掀起全民族抗战的热潮。

在毛泽东关于"人民战争""持久战""游击战"的战略和战术的指引下，以及八路军总司令朱德的指挥下，八路军越战越勇。

百姓全民动员，八路军东渡黄河歼敌寇。

平型关大捷及百团大战等八路军取得的辉煌战绩，极大地鼓舞了中国军民和第二次世界大战中反法西斯正义力量的抗战士气。

1937年9月，八路军改番号为第十八集团军，归第二战区序列。此时，侵华日军攻占了晋北重镇大同及周围各县。9月21日，日军步炮6个大队分两路向平型关一线进犯，企图突破防线攻占太原，占领山西全省。为阻止日军突破平型关防线，阎锡山致电朱德总司令要求八路军配合作战。

1937年9月25日，由115师师长林彪、副师长聂荣臻指挥，集中兵力对日军进行了一次成功伏击战，八路军在平型关取得首战大捷。

战争硝烟已去，中国人民在当年鏖战之地建立了平型关大捷纪念馆，以铭记当年之辉煌战果。

平型关大捷是全民族抗战爆发后中国军队主动对日作战取得的第一个重大胜利，极大地振奋了全国军民的抗战信心，提高了共产党和八路军的声望，并赢得了国际舆论的称赞和好评。

1938年4月21日，毛泽东同张闻天、刘少奇向八路军总部发出具有战略意义的指示："党与八路军部队在河北、山东平原地区，应坚决采取尽量广大发展游击战争的方针，尽量发动最广大的群众走上公开的武装抗日斗争。"具体规定："应即在河北、山东平原划分若干游击分区，并在各区成立游击司令部，有计划地有系统地去普

纪115（4-4）
光荣参军（1965）

纪16（4-4）
领袖策划反攻（1952）

纪41（4-3）
八路军东渡黄河（1957）

1995-17（8-3）J
百团大战

纪16（4-2）
平型关胜利（1952）

J20（5-3）
游击健儿勇（1977）

纪16（4-3）
欢送新四军抗日（1952）

1995-17（8-4）J
敌后游击战

遍发展游击战争，并广泛组织不脱离生产的自卫军。"

山西前方的八路军总部根据这个指示精神，立刻电令部队迅速从太行山区向冀南、豫北平原及铁路沿线展开。不久，又令八路军第四纵队挺进冀东、热南、察东北创建抗日根据地。从此，抗日游击战争在华北平原上逐步开展起来。

华北平原的游击战争取得成功后，中共中央立刻把它推广到新四军中。毛泽东指出："在敌后进行游击战争虽有困难……敌情方面虽较严重，但只要有广大群众活动地区，充分注意指挥的机动灵活，也会能够克服这种困难，这是河北及山东方面的游击战争已经证明了的。"

在华北大平原上开展的"地道战""地雷战"等游击战有力地打击了日本侵略者的嚣张气焰，"游击战"尽显军威，让敌寇闻风丧胆。

至今，河北保定清苑区冉庄地道战纪念馆中还留存着当年"游击战"的抗战遗迹和光荣战绩。

毛泽东在他的著作《论持久战》中强调："此阶段中我之作战形式主要是游击战，而以运动战辅助之。"他指出："此阶段的战争是残酷的，地方将遇到严重的破坏。但是游击战争能够胜利。"

全民族抗战初期，当中国军队连连失利时，毛泽东始终认为："最后胜负要在持久战中去解决。"

1938年5月26日至6月3日，他作了《论持久战》的长篇讲演，回答了困扰人们思想的种种问题，在国内外产生了重大影响。

在《论持久战》中，毛泽东指出："中日战争不是任何别的战争，乃是半殖民地半封建的中国和帝国主义的日本之间在二十世纪三十年代进行的一个决死的战争。"日本战争力量虽强，但它是一个小国，军力、财力都感缺乏，经不起长期的战争；而中国是一个大国，地大人多，能够支持长期的战争。日本的侵略行为损害并威胁其他国家的利益，因此得不到国际的同情与援助；而中国的反侵略战争能获得世界上广泛的支持与同情。毛泽东总结道：这些特点"规定了和规定着战争的持久性和最后胜利属于中国而不属于日本"。他得出结论："中国会亡吗？答复：不会亡，最后胜利是中国的。中国能够速胜吗？答复：不能速胜，抗日战争是持久战。"

在抗战时期，在延安窑洞的昏黄灯光下，毛泽东夜以继日完成了这部重要的军事论著。

一位外国记者评论说："不管他们对于共产党的看法怎样，以及他们所代表的是谁，大部分的中国人现在都承认毛泽东正确地分析了国内和国际的因素，并且无误地描绘了未来的一般轮廓。"

毛泽东的这部著作在国民党将领中产生了不小的影响。程思远回忆道："毛泽东《论持久战》刚发表，周恩来就把它的基本精神向白崇禧作了介绍。白崇禧深为赞赏，认为这是克敌制胜的最高战略方针。后来白崇禧又把它向蒋介石转述，蒋也十分赞成。在蒋介石的支持下，白崇禧把《论持久战》的精神归纳成两句话：'积小胜为大胜，以空间换时间。'并取得了周公的同意，由军事委员会通令全国，作为抗日战争中的战略指导思想。"

在抗战中，毛泽东和他的战友朱德总司令指挥战局，布局虎将，调动兵力。

在晋察冀边区临时邮政总局发行的一枚题为《抗战军人》的纪念邮票上，就刻画了战士冲锋陷阵的英武形象。

在晋冀鲁豫边区邮政管理总局发行的一枚庆祝抗战胜利的邮票上，图案中间是毛泽东和朱德的侧面像。

在抗战中，中国共产党人作出了巨大牺牲。其中，英勇殉国的左权将军，是八路军前方总部参谋长。他协助指挥八路军开赴华北抗日前线，粉碎日伪军"扫荡"，取得了百团大战等许多战役的胜利。朱德赞誉他是"中国军事界不可多得的人才"。

彭雪枫是从长征的千山万水走过来的中国工农红军和新四军的杰出指挥员，是坚定的

抗战军人（1938）

抗战胜利一周年纪念（1947）

2005-26（5-2）J　左权

共产党人。彭雪枫是抗日战争中新四军牺牲的最高将领之一。他投身革命20年，被毛泽东、朱德誉为"共产党人的好榜样"。

延安是中国革命的灯塔。翻检邮票，我们屡屡看到延安宝塔山那象征着一个时代的巍峨身影。延安宝塔山有1200多年历史，共9层，极具中国特色。

2005-26（5-3）J 彭雪枫

编16（1971） 革命圣地延安

J99（2-2）
票中票（延安宝塔山）（1983）

毛泽东同志诞生九十周年
（极限明信片）（1983）

延安的宝塔山不高，但在百姓心中的地位很高。在中国革命史册里，延安宝塔山像一座灯塔，它的高度无法丈量。

翻检邮票，我们屡屡看到毛泽东在延安时的形象出现在邮票的方寸天地中，毛泽东在延安生活和战斗了3个春秋。

陕甘宁边区邮政管理局于1946年4月发行的邮票，就以延安宝塔山为图案，这是中国邮票上最早出现的延安和延安宝塔山形象。新中国邮票上也常以这枚充满岁月沧桑感的珍贵邮票作为图案，意在寄望后人不忘毛泽东开创的延安革命根据地，以及传承与弘扬延安精神。这枚邮票曾以"票中票"的形式留在了"国家名片"上。

1945年4月，在党的七大上，毛泽东满怀信心地说："终究我们是要胜利的，马克思主义者要坚信这一条。"

1945年8月15日，日本天皇裕仁以广播形式发布《终战诏书》，宣布日本无条件投降。这是中华民族浴血奋战的结果，是中国军民付出3500多万伤亡代价和巨大经济损失所换来的胜利。

"日本投降了！"这一天终于来到了。胜利的消息传来，延安城内外一片欢腾，毛泽东和边区人民一起，沉浸在民族解放战争胜利的喜悦之中。

抗日战争是中国历史上极其辉煌的篇章。它是中国人民在近代反抗外敌入侵第一次取得完全胜利的民族解放战争，是中华民族从衰败走向复兴的转折点。

在《论联合政府》中，毛泽东写道："这个战争促进中国人民的觉悟和团结的程度，是近百年来中国人民的一切伟大的斗争没有一次比得上的。"

作为中国共产党一切工作指针的毛泽东思想，正是在革命战争岁月里逐渐成熟的。

在战争硝烟之中的延安，以及在毛泽东和党中央的指挥下，八路军、新四军成为抗敌制胜的劲旅，中国共产党是中国全民族抗战中的"中流砥柱"。

2012-14（6-5）T　延安

第六篇

延水流长

"几回回梦里回延安，双手搂定宝塔山。千声万声呼唤你——母亲延安就在这里！"

这是一位在革命圣地延安战斗过的诗人再回延安时，从心底涌现的浸透深情的热情字句！

宝塔山，高高耸立在清凉山旁，俯瞰着延安的历史变迁。

延河水，静静流淌在古桥下，远望下游王家坪新桥，正在交接历史与未来。

这片黄土地孕育着金黄小米、土黄窑洞和一张张坚毅的黄色面孔；鲜红旗帜又召唤着红色战士、红色激情、红色梦想。在如此富有内涵的强烈色调映衬下，历史的气息扑面而来，似在叙说昨日的辉煌……

一、杨家岭的晨曦，枣园的灯

诗人贺敬之在《回延安》一诗中，回望了延安的一个个圣地——

"杨家岭的红旗啊高高地飘，革命万里起高潮！宝塔山下留脚印，毛主席登上了天安门！枣园的灯光照人心，延河滚滚喊'前进'！"

在宝塔山下、延水河畔，党的领袖和人民走过了民族解放战争和人民解放战争两大历史进程。在延安，毛泽东身边的每一抔黄土，每一捧清水，都浸透了革命的火热和战斗的炽烈。

1964年7月1日，中国人民邮政发行了《革命圣地——延安》特种邮票。这6枚邮票，以延安革命遗址为图案，可以让我们以邮票上的圣地为"入口"，领略20世纪40年代中国革命和毛泽东人生的辉煌历程。

当年走进延安的热血青年，立刻会被一个充满生机和活力的新天地所深深打动。他们觉得自己到延安的选择是正确的。

为诺尔曼·白求恩拍下著名照片的摄影家吴印咸回忆道："深厚坚实的黄土，傍城东流的延河，嘉岭山上高耸入云的古宝塔，以及那一层层、一排排错落有序的窑洞，这一切都使我感到新鲜。特别是这里的人们个个显得十分愉快、质朴，人们之间的关系又是那么融洽。我看到毛泽东主席、朱德总司令等人身穿粗布制服出现在延安街头，和战士、老乡唠家常，谈笑风生。""我被深深地感动了。我觉得我已经到了另一个世界，这正是我梦寐以求的理想所在。"

对于初到延安的革命青年，毛泽东指出，青年走出校门要向社会学习，指出那是"无字之书"。革命的道路如同河流一样曲折蜿蜒，

J97（4-2）
毛泽东同志一九四五年在延安（1983）

特65　革命圣地——延安（1964）

要准备走"之"字路,走"之"字路,这是世界上任何事物发展的原则。

作家刘白羽回忆道:"当讲到'前途是光明的,道路是曲折的'时,毛主席安详而沉静地朝前望着,举起右手掌慢慢向前方推去,这是推动历史前进啊!这时你的心情特别庄严,什么艰难险阻、困苦重重,都不在话下。就是付出生命,也会马上站起,毅然决然走上前。"

1935 年 12 月 9 日,北平学生一二·九抗日救亡运动爆发。1939 年 12 月 9 日,延安举行纪念一二·九运动 4 周年大会。

毛泽东出席大会时环顾会场,脱口而出:"满堂青年,朝气蓬勃。"自此,奉送给青年人的"朝气蓬勃"这个词由此诞生。

朝气蓬勃的延安,成为朝气蓬勃的青年人干朝气蓬勃事业的广阔舞台。

J125
"一二·九"运动五十周年(1985)

在延安,知识青年参加共产党,参加军队,参加边区政府工作,为新中国的诞生、为中国共产党文化的建设作出不可磨灭的贡献。正如毛泽东在《青年运动的方向》中所说:"中国反帝反封建的人民队伍中,有由中国知识青年们和学生青年们组成的一支军队。"

这和共和国成立之初毛泽东形容年轻人的词汇一样,青年正是"早晨八九点钟的太阳"。

2001-1(5-5)J 中华复兴

太阳刚刚升起来。毛主席走出窑洞,来到他亲手耕种的地里。毛主席一手扶着水桶,一手拿着瓢。瓢里的水缓缓地流到小苗上。毛主席身边的小八路端着水,望着小苗笑。他好像在说:"小苗啊小苗,你喝了延河的水,长吧,快长吧!"远处,八路军战士也在忙着挑水浇苗。杨家岭的早晨,一片金色的阳光。

这是 20 世纪 70 年代、80 年代小学一年级《语文》课本上的一篇课文。那个沐浴着一片阳光的杨家岭,就出现在《革命圣地——延安》邮票中一枚色彩鲜丽的邮票上,邮票图案的前景则是杨家岭的大礼堂。

延安西北方向约 3000 米处就是杨家岭村。杨家岭最宏伟的建筑就是大礼堂。飘扬的红旗点缀着青灰的墙体,上面刻着"中央大礼堂"字样。礼堂内屋顶成穹状,主席台上有旗帜和标语。大礼堂并不大，却处处透着庄严朴素的气氛。沿礼堂外的土坡拾级而上，苍翠的松间有一孔孔窑洞，那是毛泽东、朱德、周恩来、刘少奇等领导人的居所。

1938 年 11 月至 1943 年 5 月，毛泽东就居住在这里。3 间狭小的窑洞，一间是警卫室，一间是办公室，还有一间是卧室。办公室内只有木桌、椅子、电话、书架。在这样艰苦的环境中，毛泽东运筹帷幄，秉笔著述，指引和领导着中国的革命征程。一枚邮票的图案描绘了毛泽东在窑洞里专心写作的情景。

纪 115（4-1）
毛泽东在著作（1965）

据警卫员回忆，在写作《论持久战》的那几天，毛泽东废寝忘食，炭火燎了鞋子他也没有察觉。《毛泽东选集》中的 159 篇文章，在延安书写的就有 112 篇；其中，在杨家岭就写了 40 篇。《五四运动》《青年运动的方向》《被敌人反对是好事而不是坏事》《〈共产党人〉发刊词》《中国革命和中国共产党》《新民主主义论》《抗日根据地的政权问题》《目前抗日统一战线中的策略问题》等名篇，就是在这孔窑洞中诞生的。

窑洞外不远处是毛主席的菜地。1940 年 5 月 31 日，南洋爱国华侨陈嘉庚先生来到延安。他在海外为祖国的抗战筹集了大量资金。回国之后，蒋介石在重庆花费了 800 大洋宴请陈嘉庚。到延安，毛泽东用自己种的蔬菜招待了陈嘉庚，这顿饭只花了两毛钱。吃过了两顿截然不同的饭，陈嘉庚感慨地说："得天下者，共产党也！中国的希望在延安。"

杨家岭原是一个寂寂无闻的陕北小山村，因中国共产党和毛泽东的到来而发生了许多震惊中外的大事、要事。

J106（2-1）
陈嘉庚像（1984）

在杨家岭，党中央、毛泽东作出了在战争年代推动中国历史进程的一个个重大决策（如精兵简政、延安整风），召开了中国共产党历史上一次次重要会议（中共六届七中全会和中国共产党第七次全国代表大会等）。

1942 年 2 月至 1945 年 4 月，中国共产党以延安为中心，在全党范围内开展了一场整风运动。1942 年 2 月，毛泽东先后作了题为《整顿党的作风》《反对党八股》的讲演，提出"反对主观主义以整顿学风、反对宗派主义以整顿党风、反对党八股以整顿文风，这就是我们的任务"。

延安整风运动贯彻"惩前毖后，治病救人"的宗旨，着重提高认识，团结同志。在全党整风的基础上，1944年5月至1945年4月，经过深入讨论和反复修改，党的扩大的六届七中全会原则通过了《关于若干历史问题的决议》，对党的历史上若干重大问题作出了正式结论。至此，整风运动胜利结束。

整风运动是一次全党范围内的马克思主义思想教育运动。整风运动实现了在以毛泽东为核心的中共中央领导下全党的新的团结和统一，这对于完成民族革命和中国革命的历史任务和建立中华人民共和国有着深远的影响。

在杨家岭，毛泽东还会见了一些来到延安的外国友人。

最早与毛泽东和中国共产党接触的是美国记者埃德加·斯诺。这位在1928年就来到中国的美国人，对于中国共产党、延安和毛泽东，报以极大的热情。

1936年6月，在宋庆龄的安排下，埃德加·斯诺首次访问了延安，并和毛泽东交谈。自此，他与毛泽东成为终身好友。他的《红星照耀中国》（《西行漫记》）、《毛泽东自传》等多部描写中国革命、中国共产党、中国解放区及毛泽东的著作传遍世界。

1938年3月底的一天晚上，毛泽东在他的窑洞办公室会见了刚刚到达延安的加拿大共产党员诺尔曼·白求恩大夫。

甫一坐定，白求恩就掏出加拿大共产党党员证，双手递给毛泽东。毛泽东热情地说："我们应该将你转入中国共产党，这样你和这个国家就密不可分了。"

毛泽东和白求恩就中国抗战局势、国共两党关系、世界反法西斯形势，以及医疗和白求恩工作等问题，进行了亲切交谈。

在日记中，白求恩写到了这次会见："我在那间没有陈设的窑洞里，和毛泽东面对面地坐着。倾听他从容不迫的谈话的时候，我想起了长征。我现在才明白，为什么毛泽东那样感动着每一个和他见面的人。这是一个巨人，他是我们世界上伟大的人物之一。"

纪84 诺尔曼·白求恩（1960）

对于白求恩这位不远万里来到中国的国

J166　诺尔曼·白求恩诞生一百周年（1990）

J50　诺尔曼·白求恩逝世四十周年（1979）

际友人，毛泽东十分钦佩和关心。他亲自打电报给聂荣臻司令员，指示："请每月付给白求恩 100 元。"这虽被白求恩回电拒绝，但是它代表了毛泽东和中国人民的心意。

在得知白求恩同志以身殉职之后，毛泽东心情十分沉重。

1939 年 12 月 21 日，他在杨家岭写下了《纪念白求恩》一文。他写道："一个外国人，毫无利己的动机，把中国人民的解放事业当作他自己的事业，这是什么精神？这是国际主义的精神，这是共产主义的精神，每一个中国共产党员都要学习这种精神。"最后，毛泽东发出号召："一个人能力有大小，但只要有这点精神，就是一个高尚的人，一个纯粹的人，一个有道德的人，一个脱离了低级趣味的人，一个有益于人民的人。"

1990 年是国际友人诺尔曼·白求恩诞生一百周年，中国人民邮政与白求恩的祖国加拿大邮政联合发行了纪念邮票，采用同图异国的联合发行方式，庄重地纪念这位国际共产主义战士。

在杨家岭，毛泽东会见了美国记者安娜·路易斯·斯特朗，提出了"一切反动派都是纸老虎"的著名论断。

那一天，斯特朗乘坐大卡车到了杨家岭。窑洞前的大树下，有石桌、石凳。斯特朗向毛泽东发问："共产党能够支持多久？"毛泽东答："就我们自己的愿望说，我们连一天也不愿意打，但是如果形势迫使我们不得不打的话，我们是能够一直打到底的。"

斯特朗又问到毛泽东对美国使用原子弹的看法。于是，面对美国记者，毛泽东道出了那个著名观点："一切反动派都是纸老虎。看起来，反动派的样子是可怕的，但是实际上并没有什么了不起的力量。从长远的观点看问题，真正强大的力量不是属于反动派，而是属于人民。"

毛泽东还说："拿中国的情形来说，我们所依靠的不过是小米加步枪，但历史最后将

J112（3-2）
安娜·路易斯·斯特朗（1985）

毛泽东在延安
（极限明信片）（1993）

证明，这小米加步枪比蒋介石的飞机加坦克还要强些。"毛泽东接着说："决定战争胜败的是人民，而不是一两件新式武器。"

一个月后，安娜·路易斯·斯特朗采访毛泽东的文章在解放区的报纸上发表。接着，各地报刊相继转载。毛泽东关于"一切反动派都是纸老虎"的论断，关于"小米加步枪比蒋介石的飞机加坦克还要强些"的论断传遍国内外。

有些美国军人也对延安产生了浓厚的兴趣。埃文斯·卡尔逊在去延安前说："如果我能亲眼看看，我就能证实真实的情况。"1938年5月，卡尔逊到延安，同毛泽东进行了长时间的交谈。毛泽东对抗战必胜的坚定信念和对美好未来的憧憬给卡尔逊留下了深刻印象。

在延安，毛泽东会见了大批中外记者，其中包括英国记者贝特兰，美国记者王公达，中国记者舒湮、邓静溪等。毛泽东向他们详细介绍了中国抗战的形势、前途，以及八路军、游击战争在抗日持久战中的重要作用。

一位记者这样评论毛泽东："他的外表很像朴实的农夫，但他的举止却似文雅的书生。"同毛泽东谈话"听起来似乎觉得'平淡无奇'，过后想起来却又'隽永有味'"。

毛泽东在延安13年，虽几易其居，但枣园是他在延安的一个主要驻足之地。从1943年10月至1946年1月，毛泽东在枣园生活了2年多时间。因此，枣园被人们称为"圣地中的圣地"。

枣园位于延安城西北8000米处，原是陕北军阀高双成的庄园，园内有枣树，以及梨树、桃树、杏树等千余株，春英夏荫，秋实冬雪；因枣树多而得"枣园"名。其环境清静与秀美，宜于思考决策，终成为中央书记处所在地。

枣园有5处院落。毛泽东住上方院落，左边住着周恩来和张闻天，右边住着朱德；其下方则是任弼时、刘少奇、彭德怀居住的窑洞。延安老乡亲切地说："枣园上空有七颗明亮的星，那是真正的北斗星。"

在枣园，毛泽东和党中央领导全国军民取得抗日战争的最后胜利，又在争取民族团结、和平建国的方针下，为解放战争的胜利奠定了基础。

在枣园，毛泽东和党中央领导全党继续开展整风运动和解放区军民大生产运动。在这里，毛泽东还接见了美国总统罗斯福的私人代表、美驻华大使赫尔利及包瑞德，为和平建国殚精竭虑；1945 年 8 月，他又从枣园出发赴重庆与蒋介石谈判。

在枣园，窑洞灯火闪烁，通宵明亮。《革命圣地——延安》邮票上的那间窑洞，就是毛泽东的办公室。

在枣园窑洞里，毛泽东写下了《关于领导方法的若干问题》《评国民党十一中全会和三届二次国民参政会》《组织起来》《学习和时局》《评蒋介石在双十节的演说》《文化工作中的统一战线》《论联合政府》《抗日战争胜利后的时局和我们的方针》《关于重庆谈判》《建立巩固的东北根据地》等许多指导中国革命的重要文章，仅收入《毛泽东选集》的就有 28 篇。

枣园的灯光照亮了中国革命的前程，陕北的山沟里孕育出了中国的马克思主义。

党中央和毛泽东十分重视通讯工作，认为这是革命的"千里眼和顺风耳"。早在中华苏维埃共和国时期，就创建了红色中华通讯社。长征之后，通讯社到达延安。为适应革命形势需要，1937 年 1 月，红色中华通讯社更名为新华社。在敌人分割封锁之下，新华社成为解放区与外界通信、联络和发布新闻的唯一渠道。当年，毛泽东曾为新华社题词："深入群众，不尚空谈。"

1945 年 7 月 1 日，国民参政员黄炎培等 6 人来到延安，受到毛泽东、周恩来、朱德、林伯渠等人的隆重欢迎。在短短几天中，黄炎培深感延安有一股清新蓬勃之气，抗日胜利之后定将赢得民主革命在全国的胜利，遂又坦陈了

普 14（11-10）
革命圣地——延安枣园
（1972）

147

普无号（11-6）
延安枣园（1970）

2011-28（4-2）J
抗战号角

1993-8（4-4）J
爱国民主人士——黄炎培

心中的远虑。

黄炎培说："我生六十多年，耳闻的不说，所亲眼看到的，真所谓'其兴也勃焉，其亡也忽焉'，一人，一家，一团体，一地方，乃至一国，不少单位都没有能跳出这周期率的支配力。大凡初时聚精会神，没有一事不用心，没有一人不卖力，也许那时艰难困苦，只有从万死中觅取一生。既而环境渐渐好转了，精神也就渐渐放下了。……一部历史，'政怠宦成'的也有，'人亡政息'的也有，'求荣取辱'的也有，总之没有能跳出这周期率。"他说："中共诸君从过去到现在，我略略了解的了。就是希望找出一条新路，来跳出这周期率的支配。"

听了黄炎培的这番见解，毛泽东严肃答道："我们已经找到新路，我们能跳出这周期率。这条新路，就是民主。只有让人民来监督政府，政府才不敢松懈。只有人人起来负责，才不会人亡政息。"

这就是著名的"窑洞对"。毛泽东的这个回答，始终是新中国建立政权、巩固政权的至理名言。

1947 年中共中央撤离延安后，国民党军队对延安进行了毁灭性的破坏，枣园也遭到严重损坏。新中国成立后，枣园旧址得以恢复，成为一个受人缅怀、发人深思的革命圣地。

毛泽东对延安充满眷恋之情。他多次说过，陕北是个好地方，延安是个好地方。但新

枣园（普通邮资明信片加印）（2013）

中国成立后，国事繁忙，他再也没有到过延安，没有回过枣园。延安乡亲深深眷恋自己的领袖。一首小诗，朴实真挚地表达了延安人民对毛泽东的热爱与怀念——

　　单调的窑洞，简朴的陈设，

　　这里曾居住过一代伟人。

　　窑洞的主人早已离开，

　　离开后就再没有回来；

　　留下这油灯、石砚、稿纸，

　　默默地讲述着那个时代。

今天，我们仰望延安宝塔山，瞩目枣园的灯光，那是中国革命走向最后胜利的曙光，也是共和国最初的一抹朝霞。

在延安城西北 4000 米处，有一个叫王家坪的地方。1937 年 1 月至 1947 年 3 月，这里是中共中央革命军事委员会和八路军总部所在地。

1946 年 1 月，中央革命军事委员会主席毛泽东为了方便工作，从枣园搬到王家坪居住。这里有军委大礼堂、军委作战研究室及毛泽东、朱德、彭德怀、叶剑英、王稼祥等人的居所。在此期间，毛泽东发表了《以自卫战争粉碎蒋介石的进攻》《集中优势兵力，各个歼灭敌人》等重要文章。

延安宝塔山
（邮资明信片邮资图）（2009）

走进王家坪军委总部大门，迎面是 7 间高大宽敞、四角翘起的大瓦房，这就是 1943 年由三五九旅木工伍积禅设计的军委大礼堂。毛泽东和朱德等党中央领导人多次在这里召开会议。

在陕西延安的一枚临时邮政日戳上，至今仍铭刻着"王家坪"的地名。

王家坪（邮政日戳）（2015）

1943 年，八路军总部在王家坪军委大礼堂召开欢迎边区第一届劳动英雄代表大会，朱德致辞。他说："世界上真正的英雄是广大的劳动群众。在我们解放区，依靠广

朱德（山东战时邮局）（1945）

大群众的自力更生，才有今天的丰衣足食。"

在抗战期间山东战时邮局发行的邮票上，图案为朱德总司令的肖像。

在 1943 年，以国民党少将观察员身份受命派驻延安的徐复观，有近半年时间在延安生活，并与毛泽东多次交谈。他认为："延安的物质困难，但他们的视野甚大，做法相当有效率；万不可存轻视之心，并应虚心研究他们的长处。"他还断定，国民党若不改建为代表社会大众利益的党，共产党即会夺取全面政权。他写下见识深刻的观察报告，也深得蒋介石的关注和赞许。

1944 年，中外记者参观团和考察团来到延安，边区政府在王家坪召开了欢迎大会。中外记者和观察员在参观、考察、思考、分析之后得出结论："蒋介石的封建中国是不能同中国北部充满生气的现代人民政府长期共存的。共产党一定会在中国扎根。""中国的命运不决定于蒋介石，而是决定于他们。"

延安，就是中国的前途。

对于"中国向何处去"这个重要问题，早在抗战初期就有尖锐的、不同的政治见解。

全民族抗战爆发以后，中国共产党从原来遭受国民党反动派严密封锁的狭小天地中走出来，走上全国政治的大舞台，受到越来越密切的关注。对时局和中国未来前途的看法，中国共产党必须旗帜鲜明地提出自己有别于其他政党的政治主张。

但国民党内的顽固派还在鼓吹"一个主义""一个政党"的主张。1938 年 12 月，国家社会党张君劢发表了《致毛泽东先生一封公开信》，要求共产党取消边区、取消八路军和新四军。同时，他还咄咄逼人地写道："窃以为目前阶段中，先生等既努力于对外民族战争，不如将马克思主义暂搁一边。"蒋介石也在 1939 年 9 月发表题为《三民主义之体系及其实行程序》的长文，鼓吹所谓"以党治国""以党建国""要使抗战胜利之日，即为建国完成之时"。这就把"中国向何处去"这个问题，尖锐地提到每一个关心国家命运的人的面前。

中国共产党二十六周年纪念
（1947）

在这个困惑和动荡的局势面前，在这个民族和国家还处在危机之中的关键时刻，毛泽东心明眼亮，清醒把握时代的方向，他高高地举起了"新民主主义"这面大旗。

1940 年 1 月，在延安陕甘宁边区文化协会第一次代表大会上，毛泽东作长篇讲演，题目是《新民主主义的政治与新民主主义的文化》。"这个长篇讲话，从下午一直讲到入夜点起煤气灯的时分。""拥挤在会场里的五六百听众，被他的精辟见解和生动话语所鼓舞、所吸引，聚精会神，屏息静听，情绪热烈，不时响起一阵阵的掌声。"一个月后，这篇演讲发表时，题目改为《新民主主义论》。

毛泽东开宗明义地提出了"中国向何处去"的问题，并明确回答："我们要建立一个新中国。"他说："我们共产党人，多年以来，不但为中国的政治革命和经济革命而奋斗，而且为中国的文化革命而奋斗；一切这些的目的，在于建设一个中华民族的新社会和新国家。"毛泽东系统地阐述了新民主主义的理论和纲领。

关于中国革命的历史特点，毛泽东主要概括两点。第一，中国革命是无产阶级的社会主义的世界革命的一部分，而且是伟大的一部分。第二，中国革命的历史进程必须分两步走。第一步是进行新民主主义的革命，第二步才是进行社会主义的革命。

在《新民主主义论》中，毛泽东说，我们要建立的"这个新社会和新国家中，不但有新政治、新经济，而且有新文化"。文章为这个新国家描绘出一幅完整的宏伟蓝图。

毛泽东写道："统一战线和武装斗争，是战胜敌人的两个基本武器。"这是他对中国共产党 18 年来斗争历程进行的重要总结。

毛泽东这些具有历史意义的重要文章，都是在极其简陋的环境中写出来的。他住在延安窑洞里，办公室里有一个旧书架、一张作为办公桌的旧方桌。他习惯于通宵工作，到天快亮时才睡，上午 10 时又起来继续工作。

个 44　薪火相传（2016）

当时担任他的保卫参谋的蒋泽民回忆道："毛泽东写文章是非常辛苦的。延安地区没有电，夜晚毛泽东写文章时点两根蜡烛照明，烛光昏暗而又跳动，很影响视力，容易使眼睛疲劳。毛泽东写累了，就揉揉酸胀的双眼，再继续写。一夜之后，他的脸上沾上了一层烟尘。

"毛泽东写文章用的是毛笔。写前打好腹稿，然后挥笔而就，疾书成文。他写东西时，桌子上一般不放书籍和报纸，不参照别人的东西。"

毛泽东在窑洞写作（明信片）（2013）

纪51（2-1）
马克思、恩格斯侧面像（1958）

抗战胜利纪念（晋察冀边区邮政）
（1945）

抗日民族战争胜利纪念
（山东战时邮政）（1945）

他接着说道："他埋头书写很长一段时间后，往往要停下笔休息几分钟，或者点燃一支烟吸，或者站起来，到门外的空场上走一走。如果他表情是平静的，面带微笑，和我们或公务员唠几句嗑，那么，他已经完成一部分文稿了。

"毛泽东写好文章，有的进行反复修改后，让我们送给中央首长传阅，有关军事方面的文章都要送给朱德看，政治方面的文章送给王稼祥看，认真听取他们的意见。""经过反复讨论后，把大家的意见集中起来，他再一次修改。"

毛泽东作出的巨大的理论创造，在于他始终立足于无限丰富的中国革命斗争实践，在于他勤奋刻苦地钻研马克思主义著作。"读马克思主义理论就在于应用……"

1945年8月15日，日本天皇裕仁以广播形式发布《终战诏书》。日本无条件投降。9月2日，日本代表在投降书上签字。侵华日军128万人向中国投降。至此，中国抗日战争胜利结束，世界反法西斯战争也胜利结束。日本代表在投降书上签字的第二日即9月3日，成为中国人民抗日战争胜利纪念日。中央革命军事委员会和八路军总部在王家坪大礼堂举行了庆祝抗战胜利大会。多个解放军区发行了"抗战胜利纪念"邮票。

山东战时邮政总局发行了《抗日民族

战争胜利纪念》邮票，图案描绘了毛泽东挥指千军的气势磅礴场面。

毛泽东（1948）

披着杨家岭的朝霞，点亮枣园的灯光，毛泽东在延安的清凉山上，在黄土高原的窑洞里，为推翻旧中国，建立新中国，又开始新的"长征"。

延安是继瑞金之后的又一个由工农群众自己当家作主的政权所在地。中国人民在战争中积累经验，在挫折中历练智慧。20 世纪 40 年代，在西北延安，毛泽东思想的旗帜已经高扬在上空，历史正在书写新的一章。

在全民族抗战期间，在建立抗日民族统一战线的第二次国共合作期间，中国共产党将自己已经具有国家形态的政权，改称作"边区"。然而，这个"边边角角"的边区，在毛泽东和党中央的耕耘中，极目所见的是"解放区的天是明朗的天"！

二、"解放区的天是明朗的天"

"解放区的天是明朗的天"，是在战争年代就流行甚广的一首歌曲中的歌词。

1943 年春，在延安鲁迅艺术学院工作的作曲家刘西林，在大秧歌运动中创作了一部秧歌剧《逃难》。剧情很简单，讲述了国民党统治区的一家 3 口人，为了躲避天灾人祸，逃难来到了中国共产党领导的边区，幸福安家的故事。根据剧情需要，作曲家将民间曲调《十二月》填上了新词，创作了主题歌《解放区的天是明朗的天》。

透过这首脍炙人口的歌曲，思绪又回到了那个火热的年代。那是 1942 年春夏之交，延安的文艺工作者纷纷下乡体验生活，掀起了新秧歌运动的热潮。秧歌剧《夫妻识字》《兄妹开荒》以及歌曲《边区的太阳红又红》等，就是当时耳熟能详的经典代表作。

能够创作出为群众所喜闻乐见的优秀作品，并且传留至今，这是文艺工作者深入工农兵生活后结出的硕果。在1942 年春天，毛泽东把目光瞄向了文艺。

他认为，文艺也是革命的"武器"。"要使文艺很好地成为整个革命机器的一个组成部分，作为团结人民、教育人民、

编 35
街头剧《兄妹开荒》（1972）

文 3（3-3）（1967）
摘自《在延安文艺
座谈会上的讲话》一文

打击敌人、消灭敌人的有力的武器，帮助人民同心同德地和敌人作斗争。"这段文字曾作为邮票图案出现在邮票上。

这段话的出处，正是毛泽东在延安的一个具有划时代意义的座谈会上讲出来的。

毛泽东和凯丰（时任中共中央宣传部部长）联手发出邀请延安文艺工作者参加文艺座谈会的请柬。

1942 年 5 月 2 日至 23 日，在延安整风期间，延安文艺座谈会在杨家岭的中央大礼堂召开，凯丰主持，毛泽东作了讲话。朱德、陈云、任弼时、王稼祥、博古等人出席了会议。

在《纪念〈在延安文艺座谈会上的讲话〉发表三十周年》的邮票印制之前，邮票图稿设计者运用版画形式，以细腻的线条和庄重的色调描绘了这次重要会议的会址风貌。

全民族抗战开始后，文艺工作者创作了一批优秀作品，极大地鼓舞和激发了军民抗日的斗志。但是各根据地，特别是陕甘宁边区文艺界仍然存在一些问题，一些人主张艺术脱离政治，艺术高于政治，作家可以不要马克思主义的立场观点，导致了文艺工作者创作的文艺作品脱离实际、脱离群众。

为了纠正这些问题，毛泽东用几个月时间进行了广泛的调查研究，为开好文艺座谈会做了充分准备。座谈会共举行过 3 次全体大会，先后有几十位文艺工作者发言，讨论热烈，充满民主气氛。毛泽东参加了会议的全过程，仔

延安文艺座谈会会址
（邮票图稿）（1972）

2012-11（2-1）J
座谈会旧址

毛泽东发出的延安文艺座谈会请柬（1942）

细聆听了大家的发言。在 5 月 23 日的最后一次全体大会上，毛泽东作了总结发言，与 5 月 2 日所作的引言一起，在 10 月 19 日《解放日报》正式发表，这就是《在延安文艺座谈会上的讲话》。

毛泽东在讲话中强调："为什么人的问题，是一个根本的问题，原则的问题"。他明确阐述道："我们的文学艺术都是为人民大众的，首先是为工农兵的，为工农兵而创作，为工农兵所利用的。"

1967 年，为纪念毛泽东《〈在延安文艺座谈会上的讲话〉发表二十五周年》的邮票上，其中 1 枚就以毛泽东的这一段论述的文字作为图案。

在讲话中，毛泽东希望文艺工作者改掉唯心论、教条主义、空想、空谈、轻视实践、脱离群众等缺点，创作出为人民大众所欢迎的优秀作品。

毛泽东的《在延安文艺座谈会上的讲话》提出的文艺"为工农兵服务"的方向，推动了各抗日根据地文艺工作的开展，使文艺工作者注重自身的改造与提高。

毛泽东的《在延安文艺座谈会上的讲话》提出的文艺"为工农兵服务"的方向是对中国文艺方向的一个具有开创性的定位，是对马克思主义文艺理论的丰富和发展，是毛泽东文艺路线最终形成的一个标志。

随后，延安和各根据地出现了革命文艺大繁荣的蓬勃局面。

1972 年，正值延安文艺座谈会召开三十周年，一套邮票上的图案生动地描绘了当年的情景：有文艺座谈

文 3（3-1）
摘自《在延安文艺
座谈会上的讲话》一文（1967）

J18（2-2）
文艺为工农兵服务（1977）

纪 81（2-1）
文艺为工农兵服务（1960）

155

编 33-38
纪念《在延安文艺座谈会上的讲话》
发表三十周年（1972）

会召开的杨家岭中央大礼堂，有在延安宝塔山前高歌革命歌曲的激昂场面，有唱遍解放区的秧歌剧《兄妹开荒》的演出场景，有当年八路军女战士在田间表演快板书的情景，有现代京剧《红灯记》主人公李玉和的形象，有芭蕾舞剧《红色娘子军》中女主角吴清华的形象。文艺界还涌现出一大批文艺作品，如新歌剧《白毛女》、京剧《逼上梁山》和《三打祝家庄》；以及一批流传至今的抗战歌曲和冼星海创作的气壮山河的《黄河大合唱》，小说《小二黑结婚》《李有才板话》《高干大》《太阳照在桑干河上》等，这展示了1942年春天之后的陕甘宁边区文艺界，繁花似锦，欣欣向荣。

毛泽东的《在延安文艺座谈会上的讲话》中关于继承传统文化的论述，加深了我们对于悠久的中华文化的认知与理解。

T45 京剧脸谱（1980）

毛泽东指出："我们必须继承一切优秀的文学艺术遗产，批判地吸收其中一切有益的东西，作为我们从此时此地的人民生活中的文学艺术原料创造作品时候的借鉴。有这个借鉴和没有这个借鉴是不同的，这里有文野之分，粗细之分，高低之分，快慢之分。"

毛泽东指出，中国几千年的文化主要是封建文化，对封建文化一定要进行具体分析，"必须将古代封建统治阶级的一切腐朽的东西和古代优秀的人民文化即多少带有民主性和革命性的东西区别开来。""剔除其封建性的糟粕，吸收其民主性的精华，是发展民族新文化提高民族自信心的必要条件。"毛泽东提出并倡导的"民族的科学的大众的文化"，也就是"中华民族的新文化"。

T167（4-4）
孙立计破祝家庄（1991）

诞生在延安的京剧《逼上梁山》《三打祝家庄》等，就是对中国传统的京剧艺术，继承、光大、发扬的艺术典范。在延安的舞台上，出现了中国传统京剧精湛的唱腔和美不胜收的脸谱。这是毛泽东文艺思想的形象体现。

"民族的"文化就是反对帝国主义压迫、坚持中华民族尊严和自信的文化，具有独立的民族的特性。中国共产党人必须将马克思主义和民族的特点结合起来，经过一定的民族形式，才有用处，决不能主观地、公式化地应用它。

"科学的"文化就是反对一切封建思想和迷信思想，主张实事求是，主张客观真理，主张理论和实践的一致性。"中国现时的新文化也是从古代的旧文化发展而来，因此，我们必须尊重自己的历史，决不能割断历史。"

"大众的"文化是民主的，应为广大工农群众服务的，并逐渐成为他们的文化。对于中国优良的历史传统，"我们是要继承的，但是目的仍然是为了人民大众"。对于过去时代的历史文化形式，"我们也并不拒绝利用，但这些旧形式到了我们手里，给了改造，加进了新内容，也就变成革命的为人民服务的东西了。"

歌剧《白毛女》在延安诞生并在各个边区上演，引起了巨大的轰动。

《白毛女》是文艺借鉴外来形式的一个经典创造。中国的人物，革命的剧情，运用了西方的歌剧形式，以脍炙人口的民族化的音乐语言，唱出了人民的心声，以致让观众与剧中人物和情境融为一体，台下的战士竟要上台枪毙剧中的恶霸地主黄世仁。

在中国人民邮政发行的纪念邮票中，就有这部歌剧以西方芭蕾舞形式演绎的《白毛女》的场景。

延安文艺座谈会是延安整风运动的重要组成部分。

整风运动是一次深刻的马克思主义思想教育运动，收到巨大成效。它坚持马克思主义同中国实际相结合的正确

J18（2-1）
《在延安文艺座谈会上的讲话》
永放光辉（1977）

文 5（9-8）
芭蕾舞《白毛女》（1968）

157

编 53-56
革命现代舞剧《白毛女》（1973）

1992-5J
纪念《在延安文艺座谈会上的
讲话》发表五十周年

方向，使实事求是的马克思主义思想路线在全党范围内深入人心。在整风运动中，围绕怎样以从实际出发的观点来对待马克思主义原理，怎样使马克思主义的基本原理和中国革命的实际相结合，以及怎样对待党的历史中一些重大问题展开了大讨论。通过这些讨论巩固了马克思主义思想在党内外的阵地，使干部在思想上大大地提高一步。通过整风运动，实现了在以毛泽东同志为核心的党中央领导下全党新的团结和统一，为抗日战争的胜利和新民主主义革命在全国的胜利，奠定了重要的思想政治基础。

多年来，中国邮政多次发行毛泽东《在延安文艺座谈会上的讲话》的纪念邮票，彰显了毛泽东思想深远的历史意义和现实意义。这些邮票的图案，无一例外地出现了延安宝塔山的庄严背景。

同时，正如原名为《边区的天是明朗的天》，后又改名为《解放区的天是明朗的天》中的歌词所唱，当时的边区是旧中国黑暗中的一缕曙光。因此，中外开明人士才发出了"希望在延安，未来属于中国共产党"的感叹。

边区的"晴朗"表现在政体上。诚如这首歌所唱的，"民主政府爱人民"，以及在著名的"窑洞对"中，毛泽东说的："这条新路，就是民主。"

延安有一幢"民主大楼"，那就是《革命圣地——延安》特种邮票中的"陕甘宁边区参议会会场"。这座建筑位于延安市南关。有参议会礼堂和驻会议员住宿的土窑洞。

这座礼堂在 1941 年 10 月建成，为砖木石结构，正面墙用磨制石块砌筑，门面开阔，门额上方有陕甘宁边区参议会副议长谢觉哉所题写的"陕甘宁边区参议会"8 个大字。礼堂可容纳 1200 余人。在战争年代，这座精心建筑的大礼堂，彰显了党和政府对民主议政的高度重视。

1941 年 11 月，陕甘宁边区第二届参议会第一次会议在这座礼堂举行。与会议员219 人，其中共产党员 123 人、民主党派 25 人、无党派人士 61 人。

特 65（6-5） 陕甘宁边区参议会会场（1964）

毛泽东在开幕会和闭幕会上发表演说，阐明中国共产党抗日民族统一战线的基本政策，批评一些共产党员不善于同党外人士实行民主合作，还保存一种狭隘的关门主义或宗派主义的错误思想和作风。大会通过了《陕甘宁边区施政纲领》《陕甘宁边区保障人权财权条例》和《陕甘宁边区各级参议会选举条例》等文件。

诚如一枚邮票上所绘的延河水汩汩流淌，党中央和毛泽东也是以"从善如流"的开阔胸怀，在边区实行民主政治。这次大会以无记名投票方式，选举高岗为边区参议会议长，谢觉哉、安文钦为副议长；毛泽东所赞扬的开明绅士李鼎铭担任边区政府副主席。

在毛泽东的指导下，边区的民主政治建设取得了令人瞩目的成就，制定了《陕甘宁边区施政纲领》，即《五一施政纲领》，共21条。纲领规定，中国共产党与各党派、群众团体按照"三三制"组织抗日民主政权，保证一切抗日人民的人权、政权、财权及言论、出版、集会、结社等自由民主权利。于是，在延安，在各个边区，才有了"边区的天是明朗的天"的歌词。

J124（2-2）
林伯渠同志在延安（1986）

参加长征到达陕北后，林伯渠先任中华苏维埃中央政府财政部长，继任陕甘宁边区政府主席。在艰苦的条件下，他领导边区军民，贯彻党中央的十大政策，建立"三三制"政权，实行精兵简政，领导边区开展大生产运动，把边区建设成为模范抗日根据地。

在一枚《林伯渠同志诞生一百周年》纪念邮票上，邮票图案为陕甘宁边区政府主席林伯渠站立在延安宝塔山和窑洞背景前。

2002-24（2-2）J
抗日战争时期的彭真同志

中共中央晋察冀分局书记彭真，也积极发展和巩固抗日根据地。他创造性地提出并实施了根据地党的建设、政权建设、武装建设及土地、经济、劳动、金融等方面的政策，使晋察冀边区被誉为"敌后模范的抗日根据地及统一战线的模范区"。在延安汇报工作经验时，毛泽东高度评价彭真的汇报，称这个汇报"是马克思主义的"。

1940年秋，国民党停发八路军和新四军军饷，

J28（2-2）
发展经济，保障供给（1978）

并对陕甘宁边区实施经济封锁。为了战胜困难，坚持抗战，毛泽东在《经济问题与财政问题》的报告中阐明了"发展经济，保障供给"总方针，号召军民自力更生，在陕甘宁边区开展大生产运动。

边区军民响应党中央和毛主席的号召，开展了声势浩大的大生产运动。

王震率领的八路军三五九旅开赴南泥湾开垦荒田。经过 3 年奋战，把南泥湾改造成"陕北的好江南"，成为大生产运动的模范。

1943 年，在军民大生产运动中，枣园举行军民纺线比赛，周恩来和任弼时都被评为"纺线能手"。毛泽东也与陕北农民一起为"自己动手、丰衣足食"而劳作。

毛泽东指出："我们曾经弄到几乎没有衣穿，没有油吃，没有纸，没有菜，战士没有鞋袜，工作人员在冬天没有被盖。国民党用停发经费和经济封锁来对待我们，企图把我们困死，我们的困难真是大极了。但是我们渡过了困难。"能渡过这个困难，正是因为我们的党和党的领袖始终与人民在一起，从人民大众中汲取力量。南泥湾成为大生产运动的一面旗帜。

南泥湾八路军三五九旅旅部旧址
（普通邮资明信片加印）（2013）

南泥湾精神
（普通邮资明信片加印）（2013）

很多流传至今的歌曲，如《军民大生产》《南泥湾》等，都展现了在抗日战争最艰苦年代边区人民大生产运动的场景，大生产运动让边区的天依然是"明朗的天"——"解放区大生产，军队和人民齐动员。自己动手丰衣足食，加紧生产为抗战"。

歌词赞誉的就是指养育了革命、孕育了胜利的黄土地上的延安。

在延安，边区政府实行民主议政、官民平等政策，使得边区政治氛围宽松；开展自力更生的大生产运动，让边区经济走向富足；明确了为工农兵服务的文艺方向，让边区文化氛围更加浓厚。

在延安，人们时时可见毛泽东在窑洞前、在延水畔与普通百姓和战士亲切交谈的祥和场面，也常常听到毛泽东送警卫战士陈昌奉去学习文化的动人故事。

美国记者埃德加·斯诺曾经写道："我到后不久，就见到了毛泽东。他是个面容瘦削、看上去很像林肯的人物，个子高出一般的中国人，背有些驼，一头浓密的黑发留得很长，双眼炯炯有神，鼻梁很高，颧骨突出。我在一刹那间所得的印象，是一个非常精明的知识分子的面孔。可是在好几天里面，我总没有证实这一点的机会。我第二次看见他是傍晚时候，毛泽东光着头在街上走，一边和两个年轻的农民谈着话，一边认真地在做着手势。我起先认不出是他，后来等到别人指出才知道。南京虽然悬赏二十五万元要他的首级，可是他毫不介意地和旁的行人一起在走。"

在没有毛泽东标准像照片的时候，有过一些他的画像。如 1937 年 6 月出刊的中共中央机关刊物《解放》周刊，刊发了署名"坦克"创作的木刻版画《毛泽东像》。根据作品右下角字母印记推测，应该是著名艺术家温涛在延安创作的。

1938 年 9 月至 11 月，党的扩大的六届六中全会在延安召开，全会批准了以毛泽东为代表的政治路线，进一步巩固了毛泽东在全党的领导地位。此后，在延安革命队伍里，在越来越多的场合，人们纷纷表达对于毛泽东的敬仰爱戴之情。

据师哲的回忆，大约在 1940 年 3 月，他从苏联回到延安，在任弼时的办公室里，第一次见到了毛泽东的巨幅照片，他这样描述道："头戴八角帽，身穿军装，魁梧、年轻、英俊、目光深邃，充满自信。我不好意思开口询问，但心想这一定就是人们所敬仰的毛泽东。"此照片是埃德加·斯诺在陕北拍摄的，由共产国际托苏联驻外使馆花 4000 美元购得版权。后来，又有了限于当时延安的印刷条件，当年廖承志在香港用最好的图纸印制的大幅毛泽东挂像，这些挂像在被运回延安后，人们才有了统一的毛泽东标准像。

毛泽东像（明信片）（2013）

毛泽东像（1947）

毛泽东像（1949）

162

编17 首都天安门（1971）

毛泽东在陕北
（极限明信片）（2013）

这幅照片最早出现在邮票上，是山东解放区分区渤海邮政管理分局于1947年4月发行的以平版石印在薄白纸上的毛泽东像邮票。

1949年8月5日，华东解放区在上海三一印刷公司印制了一套9枚的毛泽东像邮票，即被集邮界称作"三一版毛像"的邮票。

1949年10月1日，中华人民共和国举行开国大典，悬挂在天安门城楼上的毛泽东肖像，也是源于这幅照片。

"边区的天是明朗的天"！这是毛泽东在延安13年，与党和军民共同创造的最美丽、最温馨、最难忘的新面貌。这不仅仅是边区革命根据地的大好景象，也是取得民族解放战争和新民主主义革命胜利的有力保证。

在延安，毛泽东身边有一位叫张思德的中央警备团战士。他担任过中央警备团警卫班长和毛泽东内卫班警卫。他是四川省仪陇县六合场人，1933年参加中国工农红军，参加过长征。他作战勇敢，多次负伤。1944年9月5日，他在陕北安塞县山中执行烧炭任务时，因炭窑崩塌不幸牺牲。作为一名共产党员，他成为实践党和人民军队全心全意为人民服务宗旨的光辉典范。

9月8日，毛泽东在中央直属机关为张思德同志举行的追悼会上，作了题为《为人民服务》的著名讲演，号召全党全军向张思德同志学习。

毛泽东说："我们的共产党和共产党所领导的八路军、新四军，是革命的队伍。我们这个队伍完全是为着解放人民的，是彻底地为人民的利益工作的。张思德同志就是我们这个队伍中的一个同志。"

他说："人总是要死的，但死的意义有不同。中国古时候有个文学家叫作司马迁的说过：'人固有一死，或重

于泰山，或轻于鸿毛。'为人民利益
而死，就比泰山还重；替法西斯卖力，
替剥削人民和压迫人民的人去死，就
比鸿毛还轻。张思德同志是为人民
利益而死的，他的死是比泰山还要
重的。"

　　"为人民服务"是中国共产党人
所奉行的一个崇高理念和行为准则。

　　延安是共产党人的精神家园。
在延安的岁月里，毛泽东高瞻远瞩的
伟大决策、历经危难而坚定的伟大情
怀、军民同心同德所向披靡的伟大创
举、黄土地山山水水给一代代人的伟
大哺育，以及形成的党的宝贵精神财
富——延安精神，将永垂青史，激励
永远！

163

张思德（邮资明信片）（2009）

为人民服务（个性化邮票附票）（2011）

三、党的七大：毛泽东思想的确立

　　在抗战的艰苦岁月中，毛泽东曾经回顾了党的历史。

　　毛泽东指出："遵义会议以后，党的路线是正确的。但中间也有过波折。"在 1937
年 12 月召开的中共中央政治局会议上，就有了王明错误路线与毛泽东正确路线的分歧。

彭德怀后来回忆道："我认真听了毛主席和王明的讲话，相同点是抗日，不同点是如何抗法。王明讲话是以国际口吻出现的，其基本精神是一切经过统一战线，一切服从统一战线。""对无产阶级在抗日民族战争中如何争取领导权的问题，他是忽视的。""假如真的按照王明路线办事，那就保障不了共产党对八路军、新四军的绝对领导；就不可能有敌后抗日根据地和民主政权的存在；同时也区别不开谁是统一战线中的领导阶级，谁是无产阶级可靠的同盟军，谁是消极抗日的右派，谁是动摇于两者之间的中间派。这些原则问题，在王明路线中是混淆不清的。"

尽管王明的错误主张影响了不少与会者，但从全局来看，它在党内并没有取得统治地位。经过十多年成功和失败正反两方面的经验和教训，中国共产党已经逐步成熟起来。王明提出的那些不符合中国国情的错误主张在实际工作中因为行不通而遭到抵制。

任弼时受中共中央派遣前往苏联，代表中共中央向共产国际递交了题为《中国抗日战争的形势与中国共产党的工作和任务》的书面报告，并向共产国际执委会作了详细的口头报告，使共产国际对中国的实际情况有了较多了解，对中国共产党有了新的认识。

1938 年 8 月，中共驻共产国际代表王稼祥带着共产国际的新指示回到延安。9 月 14 日至 27 日，中共中央召开政治局会议，为召开党的扩大的六届六中全会做准备。

会议第一天，王稼祥传达共产国际指示。他说："根据共产国际讨论时，季米特洛夫的发言，认为中共一年来建立了抗日统一战线，尤其是朱德、毛泽东等领导了八路军，执行了党的新政策。共产国际认为，中共中央的政治路线是正确的，中共在复杂环境及困难条件下真正运用了马列主义。"

J101（3-1）
任弼时同志在长征途中（1984）

季米特洛夫（保加利亚，1987）

王稼祥继续传达，季米特洛夫在他临走时的特别嘱咐，中共中央"在领导机关中要在毛泽东为首的领导下解决"。

王稼祥传达的共产国际的这些指示极为重要：一是肯定了"中共中央的政治路线是正确的"；二是肯定了中共中央的领导机关要"以毛泽东为首"。这为党的扩大的六届六中全会的胜利召开，明确了方向，扫除了障碍。李维汉后来回忆："季米特洛夫的话在会上起了很大作用，从此以后，我们党就进一步明确了毛泽东的领导地位。"

1938年9月29日至11月6日，中国共产党在延安召开扩大的第六届中央委员会第六次全体会议。这是自1928年党的六大以来到会人数最多的一次中央全会。

会议第一天，毛泽东、王稼祥、王明、周恩来、朱德、康生、彭德怀、博古、刘少奇、陈云、项英、张闻天被选举为全会主席团成员。时值抗战之刻，大会主席团决定以毛泽东名义给蒋介石写一封信，鼓励他坚持团结，坚持抗战到底。10月4日，这封亲笔信由周恩来带到武汉交给蒋介石。

在这次会议上，毛泽东作了题为《论新阶段》的政治报告。

报告首先明确指出，中国抗日战争将进入一个新阶段，要使全党切实担当起历史重任。他号召全党要努力学习马克思列宁主义理论，研究民族的历史和当前运动的情形。

毛泽东指出："今天的中国是历史的中国一个发展；我们是马克思主义的历史主义者，我们不应该割断历史。从孔夫子到孙中山，我们应当给以总结，承继这一份珍贵的遗产。这对于指导当前的伟大的运动，是有重要的帮助的。"

毛泽东论述道："共产党员是国际主义的马克思主义者，但马克思主义必须通过民族形式才能实现。没有抽象的马克思主义，只有具

普16（14-11）
革命圣地——延安（1975）

2011-24M
辛亥革命一百周年（小型张）（2011）

165

中国共产党二十八周年纪念（1949）

体的马克思主义。所谓具体的马克思主义，就是通过民族形式的马克思主义，就是把马克思主义应用到中国具体环境的具体斗争中，而不是抽象地应用它。成为伟大中华民族之一部分而和这个民族血肉相联（连）的共产党员，离开中国特点来谈马克思主义，只是抽象的空洞的马克思主义。因此，马克思主义的中国化，使之在其每一表现中带着中国的特性，即是说，按照中国的特点去应用它，成为全党亟待了解并亟待解决的问题。"

"马克思主义中国化"，这是毛泽东从亲身经历中国革命失败的惨痛教训中，以及同党内各种错误倾向进行的斗争中得出的重要结论。

1945 年，中共中央筹备召开党的七大。在即将取得抗日战争最后胜利的时刻，毛泽东和党中央为避免内战，为争取民主团结、和平建国，同国民党顽固派进行了针锋相对的斗争。党的七大召开，非常及时，非常重要。

1945 年 4 月 23 日至 6 月 11 日，中国共产党第七次全国代表大会在延安杨家岭中央大礼堂隆重召开，出席大会的正式代表 547 人，候补代表 208 人，代表全党 121 万名党员。

中央大礼堂的主席台上悬挂着毛泽东、朱德的巨幅画像。晋察冀边区为纪念"抗战胜利二周年"而发行的纪念邮票图案上，就有两位领袖并列的形象。

中国共产党第七次全国代表大会会场的后墙上挂着"同心同德" 4 个大字。两侧墙上张贴着"坚持真理""修正错误"等标语。靠墙边插着 24 面红旗，象征着中国共产党 24 年奋斗的历程。在主席台的正上方，悬挂着一条引人注目的横幅："在毛泽东的旗帜下胜利前进。"

抗战胜利二周年纪念（1947）

当 547 名正式代表和 208 名候补代表带着全党 121 万党员的重托走入会场后，庄严肃穆的礼堂充满了团结喜悦的气氛。在雄壮的《国际歌》音乐响起后，任弼时宣布大会开始。

在暴风雨般的掌声中，毛泽东致开幕词。

他说："我们这次大会是关系全中国四亿五千万人民命运的一次大会。中国之命运有两种：一种是有人已经写了书（指蒋介石的《中国之命运》）的；我们这个大会是代表另一种中国之命运，我们也要写一本书（指毛泽东的《论联合政府》）出来。我们这个大会要打倒日本帝国主义，把全中国人民解放出来。这个大会是一个打败日本侵略者、建设新中国的大会，是一个团结全中国人民、团结全世界人民、争取最后胜利的大会。"

毛泽东作了题为《论联合政府》的书面政治报告。报告总结了中国新民主主义革命20多年曲折发展的历史经验，使全党对中国民主革命的发展规律有了明确认识，为在抗战胜利后取得新民主主义革命在全国的胜利，具有重要意义。

在这次会议上，毛泽东明确指出"马克思主义的精髓是对具体的问题作具体的分析，这是列宁讲的，我们恰恰缺乏这一点"。

毛泽东接着说道："我这个人凡事没有办法的时候，就去问问同志们，问老百姓。""我们的阵地只能一个一个地夺取，我们的力量只能一点一点地聚集。""我们要以科学的精神、革命的现实主义，切切实实、一点一滴、一个一个地夺取敌人的阵地。"

毛泽东富于感染力的讲话，常常被一阵阵掌声打断，会场气氛非常热烈。

大会最后通过了政治决议案，并指出："完全同意毛泽东同志的政治报告，并认为必须将报告所提出的任务，在全党的实际工作中予以实现。"

毛泽东在大会上说了一段充满革命激情的鼓舞人心的话："我们共产党现在是一个很大的党，一个二十四年来有了很多经验的党，一个准备胜利的党。我们要在全国胜利，我们要有这个志向。全党要团结起来，为全国人民解放而奋斗！"

党的七届一中全会选举毛泽东、朱德、刘少奇、周恩来、任弼时为中央书记处书记，即人们俗称的"中央五大书记"。

毛泽东被选为中央委员会主席、中央政治局主席、中央书记处主席。

中国共产党第七次全国代表大会（邮资明信片）（2011）

纪26（3-1） 列宁遗像（1954）

延安的曙光（明信片）（1972）

168

毛泽东
1893 - 1976
纪念毛泽东同志诞生120周年

纪念毛泽东同志诞生 120 周年
（明信片）（2013）

从党的七届一中全会召开，到毛泽东辞世，这期间他一直担任中共中央委员会主席。

在中国共产党第七次全国代表大会上，刘少奇作了《关于修改党章的报告》。报告中说："党章的总纲上确定：以马克思列宁主义的理论与中国革命的实践之统一的思想——毛泽东思想，作为我们党一切工作的指针，反对任何教条主义或经验主义的偏向。"这是这次会议修改党章的一个最大的历史特点，也是这次会议的一个具有历史意义的重大成果。

关于在《中国共产党章程》总纲中写入"毛泽东思想"，胡乔木曾中肯地评价："为什么要提毛泽东思想？有这个需要。如果中国共产党不提毛泽东思想，很难在全党形成思想上的统一。""毛泽东思想是中国人民自己的、中国共产党自己的革命道路的象征。通过这个，实现党的统一和团结。党内各方面的关系，党同群众之间的关系，都在毛泽东思想基础上确定下来。为什么四十年代中国党能够在那么困难的条件下取得那么大的胜利？根本原因是党正确解决了这个问题。"

二十四年来，中国共产党因为理论上的准备不足，在革命斗争中、工作中吃过不少苦头，走过不少弯路。事实证明：只有马克思列宁主义的理论与中国革命的实践之统一的思想——毛泽东思想，才能作为党的一切工作的指南针。毛泽东思想是接受了以往的经验教训，经历了无数艰难困苦和迂回曲折的探索后形成的。如果说，毛泽东思想是全党智慧的结晶，那么，毛泽东所作的贡献无疑是最主要的，所以，用毛泽东的名字来作为这种思想的代表是很恰当的。

党的七大使中国共产党在政治上、思想上、组织上达到了空前的团结统一。这次会议作为"团结的大会，胜利的大会"被载入史册。

1945 年 10 月，山东战时邮局为党的七大发行了纪念邮票。邮票上方印有"中共七代大会纪念"字样，邮票图案是毛泽东头像。尽管在战争年代，该邮票的设计和印制都极为简单，甚至简陋，但它仍是一个珍贵的革命文物。

中共七代大会纪念（1945）

《中共中央关于党的百年奋斗重大成就和历史经验的决议》写道："习近平总书记指出，党之所以能够领导人民在一次次求索、一次次挫折、一次次开拓中完成中国其他各种政治力量不可能完成的艰巨任务，根本在于坚持解放思想、实事求是、与时俱进、求真务实，坚持把马克思主义基本原理同中国具体实际相结合、同中华优秀传统文化相结合，坚持实践是检验真理的唯一标准，坚持一切从实际出发，及时回答时代之问、人民之问，不断推进马克思主义中国化时代化。"

中国人民解放军进军图（华东区）（1949）

第七篇

决战南北

抗日战争胜利，中国向何处去？毛泽东和中国共产党及全国人民所期冀的"和平建国"愿景，被蒋介石反动派政府和军队所践踏。全面内战爆发的危局将中国推到了两种命运的决战之中。

决战南北的人民解放烽火再次席卷中国大地。这是毛泽东和人民军队"横扫千军如卷席"的征程。

"面对国民党反动派悍然发动的全面内战，党领导广大军民逐步由积极防御转向战略进攻，打赢辽沈、淮海、平津三大战役和渡江战役，向中南、西北、西南胜利进军，消灭国民党反动派八百万军队，推翻国民党反动政府，推翻帝国主义、封建主义、官僚资本主义三座大山。党领导的人民军队在人民支持下，以一往无前的英雄气概同穷凶极恶的敌人进行殊死斗争，为夺取新民主主义革命胜利建立了历史功勋。"（摘自《中共中央关于党的百年奋斗重大成就和历史经验的决议》）

历史性的挥手（明信片）（2013）

一、挥手之间：为了"和平建国"

"人群又一次像疾风卷过水面，向着飞机涌了过去。主席站在飞机舱口，取下头上的帽子，注视着送行的人们，像是安慰，像是鼓励。人们不知道怎样表达自己的心情，只是拼命地一齐挥手，像是机场上蓦地刮来一阵狂风，千百条手臂挥舞着，从下面，从远处，伸向主席。

"主席也举起手来，举起他那顶深灰色的盔式帽；但是举得很慢很慢，像是在举起一件十分沉重的东西。一点一点的，一点一点的，举起来，举起来；等到举过了头顶，忽然用力一挥，便停止在空中，一动不动了。

"这是一个特定的、历史性的动作，概括了当那个伟大的历史转折时期到来的时候，领袖、同志、战友，以及广大革命群众之间，无间的亲密，无比的决心，无上的英勇。"

这是亲聆毛泽东延安文艺座谈会讲话的作家方纪写的一篇散文，题目叫作《挥手之间》。

这篇文章记叙了毛主席在抗战胜利以后，为谋求和平建国大业，在 1945 年 8 月，毅然决定应蒋介石之邀赴重庆进行国共两党谈判。这个历史性的"挥手"，正是毛泽东从延安出发时的一个难忘的情景。

在日本侵略者宣布投降的前夕，1945 年 8 月 13 日，毛泽东在延安干部会议上作了

延安火炬（明信片）（1972）

题为《抗日战争胜利后的时局和我们的方针》的讲演。

1945 年 8 月 14 日，蒋介石出人意料地向延安发来电报，邀请中国共产党主席毛泽东赴重庆谈判，共商国是。

蒋介石的电文是："万急，延安。毛泽东先生勋鉴：倭寇投降，世界永久和平局面，可期实现，举凡国际国内各种重要问题，亟待解决，特请先生克日惠临陪都，共同商讨，事关国家大计，幸勿吝驾，临电不胜迫切悬盼之至。蒋中正未寒。"接着，20 日、23 日又连续发电邀请。

此时，蒋介石虽未放弃"剿共"意图，但他对发动内战也有顾忌：经过 14 年抗战，全国人民心向和平建国，民主党派和国民党内部皆有此愿。国际上的英、美、苏 3 国，都表示反对中国发生内战。同时，国民党精锐军队迅速集结"剿共"也尚需时间。于是，蒋介石一边调兵遣将，一边摇晃着象征和平的"橄榄枝"。

在全国人民沉浸在全民族抗战胜利的日子里，由于共同的敌人日本帝国主义已经战败，被逐出中国；国共两党再次成为国内外关注的焦点，人们担心内战的重演。

8 月 23 日，中共中央政治局在延安召开扩大会议，会议认为，抗战胜利后应当力争一个有利于人民的和平建设时期，避免内战或使全面内战尽可能推迟爆发。

为了统一党内的思想，8 月 26 日，中央召开了中共中央政治局会议，会议通过了毛泽东起草的"未宥"电，即《中共中央关于同国民党进行和平谈判的通知》，并在当天向各中央局和各大战略区发出。电报指出："现在苏美英三国均不赞成中国内战，我党又提出和平、民主、团结三大口号，并派毛泽东、周恩来、王若飞三同志赴渝和蒋介石商量团结建国大计。"

1945 年 8 月 28 日，毛泽东等人从延安乘专机赴重庆，才有了延安机场上那历史性的"挥手"。

当日，下午 3 时 37 分，在国民政府军事委员会政治部部长张治中、美国驻华大使赫尔利陪同下，毛泽东和周恩来、王若飞从延安飞抵重庆。这是一个万众瞩目的时刻。到机场迎接的有蒋介石的代表周至柔，还有邵力子、张澜、沈钧儒、左舜生、章伯钧、陈铭枢、黄炎培、郭沫若等。飞机在重庆九龙坡机场缓缓降落。《大公报》的记者子冈作了报道：

"人们不少有接飞机的经验，然而谁也能说出昨天九龙坡飞机场迎接毛泽东是一种新的体验。没有口号，没有鲜花，没有仪仗队，几百个爱好民主自由的人士却都知道这是维系中国目前及未来历史和人民幸福的一个喜讯。

"第一个出现在飞机门口的是周恩来，他的在渝朋友们鼓起掌来。他还是穿那一套蓝的布制服，到毛泽东、赫尔利、张治中一齐出现的时候，掌声与欢笑声齐作，延安来了九个人。

"毛泽东先生，五十二岁，灰色通草帽，灰蓝色的中山服，蓄发，似乎与惯常见的肖像相似，衣服宽大得很。这个在九年前经过四川境的人，今天踏到了抗战首都的土地了。"

毛泽东在机场向记者发表书面谈话："现在抗日战争已经胜利结束，中国即将进入和平建设时期，当前时机极为重要。目前最迫切者，为保证国内和平，实施民主政治，巩固国内团结。"

这天晚上，他们出席蒋介石在住处举行的欢迎宴会，并且留住在林园。第二天，同蒋介石进行第一次商谈，并确定双方的谈判代表：中共方面是周恩来和王若飞，国民党方面是王世杰、张群、张治中、邵力子。

30 日晨，毛泽东、周恩来进城，分别拜会了宋庆龄、张澜和赫尔利等，然后住入红岩八路军办事处。

重庆谈判
（圣多美和普林西比，2020）

9月1日，毛泽东出席了中苏文化协会举办的有宋庆龄、孙科、冯玉祥、陈诚、陈立夫、沈钧儒、马寅初、郭沫若、茅盾等300多人参加的酒会。

毛泽东来到重庆，在社会上激起了巨大的反响。《新华日报》刊发读者胡其瑞等4人的来信，称："毛泽东先生应蒋主席的邀请，毅然来渝，使我们过去所听到的对中国共产党的一切诬词和误解，完全粉碎了。毛先生来渝，证明了中共为和平、团结与民主而奋斗的诚意和决心。这的确反映和代表了我们老百姓的要求。"

为避免内战、争取和平，毛泽东在第一次国共合作的20余年后的一个炎热的夏末之时，来到了山城重庆。在桂园的一张桌子前，中国共产党同国民党政府进行了一次历史性会谈。

毛泽东到达重庆后，蒋介石做出以礼相待的姿态。但整个谈判过程充满了激烈的政治斗争，焦点是军队和解放区域政权问题。至9月21日，谈判一度陷于停顿，一周后才恢复谈判。10月上旬，毛泽东明确表示："团结合作、和平建国"问题具有重大的历史意义，强调双方谈判，以"和为贵"。

每天晚上，毛泽东从桂园回来后，首先要和周恩来、王若飞、胡乔木一起研究当天谈判的情况，揣摸（摩）国民党代表的心理，把握谈判的动态，制定出有关的政策。他们研究得很深很细，不放过任何一个细节，常常研究到深夜。待忙完这些事后，毛泽东要通览全天的各大小报纸，不仅要看《新华日报》，还要看国民党办的各家报纸。一般的报道，他通览一遍放下。重要的文章和报道，他要认真反复地看，通过报纸，了解各界人士对谈判的反映，掌握时局的发展。（摘自蒋泽民《忆毛泽东在延安》）

重庆谈判是一场复杂而艰苦的斗争。1945年10月10日，国共双方签署了《政府与中共代表会谈纪要》，即"双十协定"。重庆谈判从1945年8月29日开始，至10月10日结束，为期43天。在谈判中，毛泽东高瞻远瞩，从整个民族利益出发，既坚持原则，又灵活对话，终在重庆签署了国共"双十协定"，就"和平建国"基本方针、政治民主化、国民大会、党派合作、边区地方政府等12个问题阐明双方见解。有的达成协议，有的搁置分歧。国民党方面接受中共提出的"和平建国"的基本方针，承认要避免内战。

毛泽东像（1949）

　　在重庆谈判期间，毛泽东和周恩来等中共代表广泛和各民主党派、无党派人士及各界人士交谊叙旧，并就"和平建国"等国家大事要事沟通交谈。

　　伟大的人民教育家陶行知，既是中国现代教育的先驱，也是赞同中国共产党"和平建国"的爱国者。他毕生从事平民教育事业，百折不挠"为中国教育寻觅曙光"。在新民主主义革命时期，他提出教育必须为民族革命和民主革命服务。在陶行知先生逝世之际，毛泽东写了悼词"痛悼伟大的人民教育家陶行知先生千古"。

　　为纪念陶行知诞生一百周年，中国人民邮政发行了2枚邮票。一枚为"陶行知肖像"，另一枚为"求真与做人"。

　　在重庆谈判后不久，毛泽东创作于1936年、震撼中外的雄浑豪迈的《沁园春·雪》一词在重庆的报纸上刊登出来——

J183
陶行知诞生一百周年（1991）

北国风光，

千里冰封，

万里雪飘。

望长城内外，

惟余莽莽；

大河上下，

顿失滔滔。

山舞银蛇，

原驰蜡象，

欲与天公试比高。

须晴日，

看红装素裹，分外妖娆。

江山如此多娇，

引无数英雄竞折腰。

惜秦皇汉武，

略输文采；

唐宗宋祖，

稍逊风骚。

一代天骄，

成吉思汗，

只识弯弓射大雕。

俱往矣，

数风流人物，

还看今朝。

文7（14-4）
《沁园春·雪》（1968）

在重庆谈判期间，蒋介石曾从一件小事上，对毛泽东刮目相看。他对陈布雷说："毛泽东此人不可轻视。他嗜烟如命，手执一缕，绵绵不断。但他知道我不吸烟后，在同我谈话期间竟绝不抽一支。对他的决心和精神不可小视啊！"

1945年10月11日，毛泽东在张治中陪同下飞回延安。周恩来、王若飞仍留在重庆同国民党继续商谈尚未解决的问题。

当时，在重庆谈判的代表王若飞、秦邦宪（博古），为向党中央汇报请示，于1946年4月8日和新四军军长叶挺、工委书记邓发等人乘坐美式运输机由重庆返回延安。因云雾蔽日，飞机误撞山西兴县黑茶山，包括4名美军机组人员在内的17人全部遇难。毛泽东为"四八"烈士题词："为人民而死，虽死犹荣。"

1996-24（2-2）J
抗日战争时期的叶挺将军

就在毛泽东返回延安的那天夜里，蒋介石辗转难眠，他在日记里写下"甚叹共党之不可与同群"之语，表达了他准备与中共决裂的决心。1946年6月，国民党政府撕毁《停战协定》，悍然向解放区发动了进攻，全面内战爆发。

在延安，毛泽东与朱德、周恩来等中共领导人一起，领导中国人民解放军进行了积极防御，并集中优势兵力，

纪109（3-1）
决战前夕（1965）

歼灭敌人。

在延安的窑洞里，毛泽东深思熟虑，为两种命运的最后决战，为全国的解放战争，制定了从战略防御到战略进攻的雄谋大略。

1947年3月，国民党军胡宗南部大举进攻延安，面对10倍于己的强大敌人，党中央和毛泽东做出决定：主动撤离延安。同时决定由毛泽东、周恩来、任弼时等率中共中央和人民解放军总部机关留在陕北，指挥解放战争。

面对全军将士一片誓死保卫延安的呼声，毛泽东冷静地说："存人失地，人地皆存；存地失人，人地皆失。我们若不管自己力量的大小，和敌人生杀硬拼，这是错误的。我们党的历史上有过舍不得丢掉坛坛罐罐的'御敌人于国门之外'的教训。当前，蒋介石进攻边区，纠集了25万人马，并且有飞机、坦克；而我们装备极差，弹药奇缺，仅有25000余人，如果死守一城一地，那是自背包袱啊。"

1947年3月14日下午，毛泽东在王家坪住所对一批从前线下来的旅团干部说："蒋介石要进攻延安了，我们要搬家了，要给他们腾延安嘛，大家都要忙一点。"毛泽东说着爽朗地大笑起来。

接着，他又问："我们要撤离延安，大家有没有意见？"有人说："我们舍不得离开延安。"毛泽东说："我军作战历来不在于一城一地的得失，主要是消灭敌人的有生力量。我们要用一个延安换取全中国，你们干不干？"又说："延安就这么几孔窑洞，你们都舍不得给人家，将来人家要给你北平、南京、上海、武汉，全中国都是我们的！"就在这一天，就这样在轻松的对话中，毛泽东对于"转战陕北"的重大战略决策，作了全面阐释。

夜深了，毛泽东还在给旅团干部做工作。"你们要想通，回去给战士们说清楚，延安永远是我们的，少则一年，多则两年，我们还要回到延安！"这次谈话后不久，在机关、学校、群众全部撤离延安后，毛泽东于1947年3月19日傍晚离开王家坪，踏上了转战陕北的征程。

在人民解放战争的战略防御战中，人民群众是党和人民军队的坚强后盾。

转战陕北（极限明信片）（1993）

J12（3-1）
刘胡兰烈士像（1977）

J12（3-2）
"生的伟大，死的光荣"（1977）

1993-17（2-1）J
毛泽东在陕北

西柏坡（个性化邮票）（2003）

中国共产党二十六周年纪念
（1947）

当时，国民党山西政府主席阎锡山派军"进剿"晋察冀边区。1947年1月12日在文水县云周西村，共产党员刘胡兰被捕，她拒绝投降，死在了敌人的铡刀之下，年仅15岁。

3月26日，在转战陕北途中，毛泽东闻悉刘胡兰英勇就义事迹。他问："她是党员吗？"任弼时说："是个优秀共产党员，才15岁。"毛泽东深受感动，挥笔写下了"生的伟大，死的光荣"8个大字。

转战陕北仅仅一年时间，1948年4月21日，西北野战军就收复延安，延安重新回到了人民的手中。

在解放战争节节胜利的形势下，毛泽东没有再回到延安。1948年3月23日，他和周恩来、任弼时率中共中央机关和解放军总部，告别了战斗、生活了13年的陕北，东渡黄河，经晋绥解放区，向着一个在中国革命历史上具有决定性意义的重要战略"据点"行进，那就是西柏坡。有一枚邮票采用的是一幅油画，画面展现出了毛泽东行进在征途中，迈着矫健的步伐，英姿勃勃的情景。

1935—1948年，毛泽东在战争的硝烟中转战南北。在落脚陕北这片黄土地之时，他为民族和人民的解放事业，为创建一个崭新的人民共和国作出了杰出的历史性的贡献。同时，在他推翻旧世界、创造新世界的历史进程中，也留下了宝贵的思想遗产。

延安时期是毛泽东思想成熟和发展的重要时期，也是毛泽东著述最多、内容最为丰富的一个时期。正是在延安，经过长期革命斗争的实践，形成了毛泽东思想。

从延安到天安门，中

国的命运与毛泽东和毛泽东思想紧密相连。可以说，没有毛泽东和毛泽东思想就没有新中国的诞生，也就没有中国的今天和明天。

二、两种命运的决战

1946 年 6 月，蓄谋已久的蒋介石以围攻中原解放区为起点，发动全面内战。

蒋介石冒天下之大不韪发动这场内战，主要是由于他自恃拥有远较共产党方面强大的军事力量和经济力量，其中包括美国给予的大量援助，以为可以凭着这些力量很快消灭中国共产党领导的人民军队和解放区。当时，国民党军队总兵力约 430 万人；而中国共产党方面，解放区人民军队总兵力只有约 127 万人。

在蒋介石发动全面内战的第二个月，也就是 1946 年 7 月 20 日，毛泽东明确指出："我党我军正准备一切，粉碎蒋介石的进攻，借此以争取和平。我们人心归向，士气高涨，经济亦有办法。因此，我们是能够战胜蒋介石的。全党对此应当有充分的信心。"

毛泽东在全面内战开始时，依托解放区的有利条件，实行内线作战，主动放弃一些城市和地方，集中兵力不断歼灭敌人的有生力量。这种战略战术，逐步缩小了双方军事力量上的差距，改变了战略上敌攻我防，敌主动、我被动的不利态势。1946 年 7 月到 10 月的 4 个月，在解放战争历史上具有极为重要的地位。

这是党和军队处于艰难鏖战的日子。这种艰难不仅存在于战场之上，而且随时随地也会处于人们难以想象的状况之中。

有一个解放区邮票用纸的故事让人惊奇和感叹。解放战争初期，辽东邮政管理局设计印制了一批毛泽东与朱德肖像邮票，即安东第一版毛泽东、朱德像邮票，原计划 1946 年 10 月 25 日发行，但 10 月 24 日，国民党军突然进犯，我方进行转移，印好的邮票只能封存在库房。

1947 年 6 月 10 日，安东二次解放。但此时邮资调整，邮票已不适用。应急加盖改值，仍不敷需要。于是，东北辽东邮政决定重印安东第二版毛泽东、朱德像邮票。但在国民党的封锁下，纸张无法运抵。于是，部队把刚刚缴获的一批诚字明星信笺广告纸送来。这批广告纸，一面是浓妆艳抹的明星美女图，另一面是白纸。

印制时，领导严令：用明星信笺广告纸印制的邮票必须以单枚的形式发行，其整版票要严格管理。因此，人们很难在单枚邮票背面色彩中看出美女图案。考虑到以明星信笺广告纸印领袖肖像邮票毕竟不严肃，遂邮票停止发行，回收销毁。多年后，一位集邮家收集到恰好能拼出一幅完整明星信笺的邮票，于是，我们才得以看到当时印制邮票的艰难和无奈。

当毛泽东知道了这版邮票的消息时，他哈哈大笑后说道："反动派的纸张也可以为我所用嘛。"

毛泽东、朱德像邮票（安东一版）
（计划 1946 年发行）

邮票背面明星信笺广告纸邮票
（安东二版）（1947）

从 1930 年开始发行的由中国共产党领导的红色区域邮票，由于是在艰难的战争年代中设计、印制、发行的，受条件所限，邮票设计简单，用纸和印刷都很简陋。有的以用过的电报纸张背面印刷邮票，有的甚至使用蜡版誊画印制邮票。但邮票图案均充满了革命气息，反映了中国共产党领导下的中国革命战争的艰苦历程。这个时期的邮票是中国邮票中一个特殊品类，是一种极为珍贵的邮票藏品。因为，它远远超出"邮资凭证"功能，成为见证革命历史的宝贵文物。

1946 年 10 月，毛泽东《三个月总结》中指出，必须在今后 3 个月内，继续过去 3 个月歼敌 25 个旅的战绩，这是改变敌我形势的关键。在总结头几个月战争实践经验时，毛泽东第一次明确提出了中国人民解放军当时还处于战略防御阶段；第一次提出了在国共双方力量对比发生了有利于人民解放军的变化后，人民解放军将转入战略进攻，而实现这种战略转折的关键在于不断消灭敌人的有生力量。

在解放战争的炮火中，人们清楚地看到和谈的大门已被蒋介石完全封死。中国共产党从抗战胜利后一年多来的残酷现实中得出了结论：中国人民只剩下一条路可走，那就是经过战争推翻蒋介石的统治，下定决心领导中国人民去夺取全国解放战争的最后胜利，只有这样才能获得真正的和平。

经过一年的作战，中国人民解放军于 1947 年 7 月开始转入战略进攻，以三路大军挺进中原开始，并在南线和北线逐步展开。

这一时期解放区邮政发行的邮票上，出现了人民军队勇往直前进行战略进攻的画面。

毛泽东关于战略进攻的部署，在中国人民解放军的进击之势中，迅猛推进。在 10 个月中，战略进攻的部署全部变为现实。

1947 年年底，毛泽东庄严地宣布："中国人民的革命战争，现在已经达到了一个转折点。""这是一个历史的转折点。这是蒋介石二十年反革命统治由发展到消灭的转折点。这是一百多年以来帝国主义在中国的统治由发展到消灭的转折点。"

中国人民解放军从战略防御转入战略进攻，是毛泽东在转战陕北的极端艰苦而险恶的环境中指挥的。那时，周恩来担任中央革命军事委员会副主席兼代总参谋长，许多重大战略决策由他们两人商议后付诸实施。周恩来曾说，毛主席在世界上最小的司令部里，指挥了最大的人民解放战争。

军队向前进
（华北区）（1949）

随着战略进攻号角的吹响，夺取全国政权的任务已摆在中国共产党人的面前。形势的发展，促使毛泽东除继续指挥人民解放军作战外，必须进一步思考研究建设新中国有关的一系列重大政策问题。

1947 年 7 月 21 日到 23 日，毛泽东在陕北靖边县小河村主持召开了一次中共中央扩大会议。小河村坐落在靖边县城东南约 30 千米的地方，依山傍水，绿树掩映，是一个风景优美的小山村。

工农兵
（华中区）（1949）

会议提出计划用 5 年时间解决同蒋介石斗争的问题，以及解决土地制度改革问题，为党的十二月会议的召开做准备。

接着，毛泽东率部先后迁到朱官寨、神泉堡和杨家沟。

在这段日子里，由于陕北和全国的战局已大有好转，毛泽东在一个相对比较安定的环境中，考虑局势发生根本转变后面临的新情况和新问题，以便作出重大决策。毛泽东工作最紧张的日子是 10 月上旬，毛泽东用了短短 10 天的时间，修改并审定了《中国土地法大纲》，为中共中央起草了公布大纲的决议，明确提出土地制度的改革是"完成中国革命的基本任务"。其中，最重要的是毛泽东起草的《中国人民解放军宣言》。

《中国人民解放军宣言》第一次响亮地提出了"打倒蒋介石，解放全中国"的口号。毛泽东选定 10 月 10 日这个被南京政府定为"国庆"的日子，由新华社向全国、全世界广播《中国人民解放军宣言》。"打倒蒋介石，解放全中国"的口号，立刻在举国上下乃至国际社会上引起了巨大的轰动。

1947 年 12 月 25 日，中共中央在陕北米脂县杨家沟召开扩大会议。参加会议的有毛泽东、周恩来、任弼时、陆定一、彭德怀、贺龙、林伯渠、张宗逊、习仲勋、马明方、张德生、甘泗淇、王维舟、李井泉、赵林、王明、谢觉哉、李维汉、李涛。这是中国共产党在解放战争期间举行的一个具有重要历史意义的会议。这次会议是在 12 月召开的，史称"十二月会议"。

在会议上，毛泽东作了主题为《目前形势和我们的任务》的书面报告。这是一个纲领性的文件，它是在中国人民革命战争进入转折点的历史时刻，在中国共产党宣布"打倒蒋介石，建立新中国"庄严目标的情况下提出来的。它所回答的问题是：怎样打倒蒋介石，怎样建立一个新中国。

为了进行解放战争的战略进攻，实现"打倒蒋介石"的目的，毛泽东的报告总结了人民军队的作战经验，提出了十大军事原则，提出了"建立新中国"的关于政治、经济、统一战线等纲略，提出"联合工农兵学商各被压迫阶级、各人民团体、各民主党派、各少数民族、各地华侨和其他爱国分子，组成民族统一战线，打倒蒋介石独裁政府，成立民主联合政府"这一政治纲领。

一个有远见卓识的强有力的领导人，最可贵的就是能在关键性的时刻，及时抓住并解决关键性的问题，指明继续前进的方向。毛泽东就是这样的领导人。当历史悄悄地发展到一个转折关头时，一般人即便模糊地有一些感觉，往往仍局限于自己原有的看法，很难立刻敏锐地察觉这个转折时刻已经来临，更难立刻认识到伴随这种新局面而来的一系列新的情况和问题；而毛泽东却能比一般人更早地、毫不含糊地看清楚这一切，并且在深思熟虑后立刻提纲挈领地提出在这种新局面下应该采取的方针和政策。经过他对情况的周密分析和明确论断，使人顿时有豁然开朗之感。这确是他的过人之处。（摘自《毛泽东传》）

十二月会议后，战争形势继续以最快的速度向有利于人民解放军的方向发展。在解放战争已进入战略性反攻阶段的关键时刻，毛泽东和他的战友们，以及中共中央来到了距离北京很近的一个小村庄。在那里，他们为夺取人民解放战争全面胜利和建立全国政权而进行了"最后斗争"。这里指的就是河北建屏县的西柏坡（今平山县）。

"中国命运定于此村""新中国从这里走来"，这是人们在战事甫定、国泰民安的和平年代，再回首西柏坡时留下的感慨。

在党中央和毛泽东撤离延安转战陕北时，刘少奇、朱德和董必武等人组成中央工作委员会，率部分中央机关前往华北，进行中央委托的工作。

1947年5月，刘少奇、朱德等人到河北平山县考察，确定将平山县中部的西柏坡村作为中央工作委员会的办公地点。7月12日，中央工作委员会在西柏坡正式成立。为适应战争环境需要，中央工作委员会当时对外称"工校"和"劳大"，刘少奇任校长，朱德为董事。

转战陕北的毛泽东，一直关注中央工作委员会在晋察冀的工作。他多次给刘少奇发电，指示："将晋察冀军事问题解决好""将土地会议开好"……

中央工作委员会进驻西柏坡之后，遵照毛泽东关于"将晋察冀军事问题解决好"的指示，指挥晋察冀野战军一起打了4次规模较大的胜仗，歼敌62000余人。其中以聂荣臻、萧克、杨得志、罗瑞卿、杨成武等将领指挥的解放石家庄的战役尤为著名。

朱德总司令欣然写下了《七律·攻克石门》的诗句：

石门封锁太行山，

勇士掀开指顾间。

中国共产党诞生
二十八周年纪念（1949）

2003-25（4-1）J
毛泽东在西柏坡

183

普16（14-12）
中国共产党七届二中全会
会址——西柏坡（1975）

尽灭全师收重镇，

不叫胡马返秦关。

攻坚战术开新面，

久困人民动笑颜。

我党英雄真辈出，

从兹不虑鬓毛斑。

毛泽东、周恩来、任弼时率中共中央机关和人民解放军总部，于 1948 年 4 月 13 日到达河北阜平县晋察冀军区司令部所在地。5 月 27 日，毛泽东等人来到西柏坡村，与刘少奇、朱德、董必武领导的中央工作委员会会合。中共中央五大书记在历时一年多的分别之后，终在西柏坡胜利"会师"。

至此，党中央机关完成战略性的伟大转移。从此，西柏坡成为人民解放战争时期中国革命的领导中心。

党中央和毛泽东在西柏坡，指挥了决定中国命运的三大战役的战略部署。

1948 年秋，人民解放战争进入夺取全国胜利的决定性阶段。在以毛泽东为首的党中央领导下，连续组织了辽沈、淮海、平津三大战役。

为纪念解放战争三大战役胜利 50 周年，中国邮政发行了一套纪念邮票，全套 5 枚。其中，第 1 枚邮票"运筹帷幄"，描绘了毛泽东等老一辈革命家研究决战谋略的场面。

战略决战，分批歼敌，党中央和毛泽东决定把第一个歼击目标选在东北战场。从这里，人民解放军开始了战略决战的征程。

战略决战的三大战役中的第一役，是辽沈战役。

1948 年 9 月 12 日，辽沈战役的炮声打响。东北野战军先后分路奔袭北宁线铁路，并切断了北宁线铁路。一部主力进抵锦州城下，经塔山阻击战，鏖战 6 昼夜，打垮国民党军的

朱德（1945）

1999-19（2-1）J
聂荣臻元帅

西柏坡
（纪念邮资封邮资图）（2002）

数十次冲击，成功阻其东进。自 10 月 9 日起，东北野战军进攻锦州。经过激战，于 15 日攻克该城，全歼守敌近 9 万人。

在辽沈战役中，林彪和罗荣桓一起参与指挥作战。他们坚决执行毛泽东和中央革命军事委员会关于"先打锦州，把敌军困在东北予以全歼"的战略决策，并在夺取锦州中发挥了重要作用。

1998-24（5-1）J 运筹帷幄

10 月 17 日，被困长春的国民党第六十军起义，新编第七军也放下武器投诚，长春宣告和平解放。10 月 26 日至 28 日，东北野战军主力在新立屯、黑山地区全歼廖耀湘兵团 10 万余人。11 月 2 日，我军解放沈阳、营口。在辽沈战役中，人民解放军共歼灭国民党精锐部队 47.2 万余人。辽沈战役至此胜利结束，东北全境宣告解放。

1998-24（5-2）J 攻克锦州

淮海战役是第二个战略决战的大战役，是在以徐州为中心，东起海州、西至商丘、北起临城（今薛城）、南达淮河的地区，发起的一场规模巨大的战役。

1992-17（2-1）J
人类庄严－典型

当年，粟裕在济南战役中，发现敌人避免在不利条件下与我军打大规模的仗，这正说明我军对敌进行战略决战的时机已经成熟。当济南城内巷战仍在激烈进行之时，1948 年 9 月 24 日 7 时粟裕发电给中央革命军事委员会，"建议即进行淮海战役"。中央革命军事委员会和毛泽东经过慎重考虑，于 9 月 25 日 19 时复电，同意粟裕建议："我们认为举行淮海战役，甚为必要。"

1948 年 11 月 6 日，淮海战役开始。

战役的第一阶段，华东野战军在江苏邳州碾庄圩地区歼灭黄百韬兵团约 10 万人。中原野战军也完成对徐州的战略包围。

战役的第二阶段，中原野战军及华东野战军一部，在宿县西南的双堆集地区包围并歼灭自确山东援的黄维兵团约 12 万人。在杜聿明指挥的徐州国民党军队 3 个兵团向西突围时，华东野战军主力将这股敌人合围于永城东北的陈官庄地区，并歼灭其中的孙元良兵团两个军大部约 4 万人。

战役的第三阶段，华东野战军发起对杜聿明部的总攻，全歼邱清泉、李弥两个兵团约

20 万人。至此，淮海战役以大获全胜而结束。

人民解放军经过 66 天紧张艰苦的战斗，歼灭国民党军队 55.5 万人，这一胜利使长江以北的华东、中原地区基本上获得解放。

1949 年 5 月 1 日，华东解放区邮电管理局发行《淮海战役胜利》纪念邮票，共有 11 枚之多。

邮票图案的左部为高举毛泽东旗帜的人民解放军胜利前进，右部为淮海战役胜利进程的示意简图。图案还绘有举手投降的国民党军和大批战利品。邮票上部边框内为"淮海战役胜利纪念"文字，下部边框内为淮海战役结束日期"1949.1.10"。

1948 年 11 月 29 日，解放战争中三大战役的最后一战平津战役打响。按照毛泽东和中央革命军事委员会"先打两头、后取中间"的顺序，首先攻克西线的新保安、张家口；在东线，全歼天津守军 13 万余人，解放天津。经过解放军和地下党的耐心工作，傅作义

1998-24（5-3）J　决战淮海

淮海战役胜利纪念（1949）

1998-24（5-4）J　解放北平

率部接受改编，北平和平解放。平津战役历时 64 天，歼灭和改编国民党军队 52 万余人，解放了华北大部分地区。1949 年 1 月 31 日，北平守军全部按要求撤至城外，接受改编，人民解放军先头部队入城。

平津战役刚开始时，党中央决定以林彪、罗荣桓、聂荣臻组成平津前线总前委，统一领导与指挥东北野战军与华北军区部队并肩作战。聂荣臻分析局势，认为傅作义赖以起家的第 35 军已被歼灭，如天津再被拿下，傅作义后退无路，有可能走和平解放之路。北平若能完好接管，实是民族之大幸。于是，聂荣臻发电西柏坡，向党中央和毛泽东建议：打下天津，争取和平解放北平。毛泽东亲自签回电，完全同意。天津解放后，聂荣臻与林彪等同傅作义进行了多次和平谈判。北平遂宣告和平解放。

毛泽东对"北平方式"给予很高评价："和平解放，不仅减少敌我伤亡，更重要的是保护了中华民族的历史文物古迹。这样做对我们的子孙后代大有好处，全世界的友人都会拥护。"

纪 115（4-3）
人民战争胜利（1965）

J126　贺龙同志诞生九十周年（1986）

　　辽沈、淮海、平津三大战役，历时 142 天，共争取起义、投诚、接受和平改编与歼灭国民党正规军 144 个师，非正规军 29 个师，合计 154 万余人。国民党赖以维持其反动统治的主要军事力量基本上被摧毁。三大战役的胜利，为中国革命在全国的胜利奠定了基础。

　　三大战役之外的战场，也是捷报频传。1948 年 3 月，徐向前指挥临汾战役，以新组建部队攻克设防坚固的临汾城；接着，又指挥晋中战役，以 6 万兵力歼国民党军 13 万余人，解放 14 座县城；同年 10 月，又指挥了太原战役。

　　贺龙则率华北野战军第十八兵团等部，由陕入川，配合刘伯承、邓小平指挥的第二野战军，歼敌数十万人，取得西南战场上的大捷。

　　在解放战争的硝烟中，往来于空中的是毛泽东和中央革命军事委员会指挥战斗的电报。从 1948 年 5 月至次年 3 月，毛泽东在西柏坡一间挂满作战地图的土坯房里，用无线电发报机指挥着全国各个战场，先后组织和指挥了 28 场战役，为及时回复前方来电，有时 1 小时就起草两三份电报。

　　在西柏坡 300 多个日日夜夜里，毛泽东亲拟电文，部署战局，不知疲倦、通宵达旦工作。如指挥辽沈战役，从准备战役到战役结束，52 天中毛泽东起草了 77 封命电。据统计，在西柏坡这间仅有 16.3 平方米的旧民房里，毛泽东为前线共起草 400 多封电报，指挥了决定中国命运的三大战役。

西柏坡（几内亚比绍，2020）

在西柏坡，党中央和毛泽东指挥的人民解放战争，取得了歼敌 200 多万人的辉煌战绩。其中，辽沈、淮海、平津三大战略决战，其规模之大、歼敌之多，堪称中国乃至世界战争史上的罕见之举。

解放战争三大战役纪念（首日封）（1998）

在三大战役取得决定性胜利的时刻，毛泽东向全党全军发出"将革命进行到底"的号召。解放军战士高呼着"打倒蒋介石，解放全中国"的口号，打过长江。

三、西柏坡曙光："进京赶考"前夜

2007-29（2-2）J
中共"七届二中全会"会址

周恩来曾经说道："西柏坡是党中央毛主席进入北平解放全中国的最后一个农村指挥所，指挥三大战役在此，开党的七届二中全会也在此。"

在这里，毛泽东推开了朝旭升起的晨窗，党和人民迎来了具有历史意义的 1949 年……

1948 年 12 月 30 日，毛泽东用两天时间为新华社写了一篇题为《将革命进行到底》的新年献词，毫不含糊地指出：

"那就是用革命的方法，坚决彻底干净全部地消灭一切反动势力。不动摇地坚持打倒帝国主义，打倒封建主义，打倒官僚资本主义，在全国范围内推翻国民党的反动统治，在全国范围内建立无产阶级领导的以工农联盟为主体的人民民主专政的共和国。这样，就可以使中华民族来一个大翻身，由半殖民地变为真正的独立国，使中国人民来一个大解放，将自己头上的封建的压迫和官僚资本（即中国的垄断资本）的压迫一起掀掉，并由此造成统一的民主的和平局面，造成由农业国变为工业国的先决条件，造成由人剥削人的社会向着社会主义社会发展的可能性。如果要使革命半途而废，那就是违背人民的意志，接受外国侵略者和中国反动派的意志，使国民党赢得养好创伤的机会，然后在一个早上猛扑过来，将革命扼死，使全国回到黑暗世界。"

因此，我们要"将革命进行到底"！

1949年3月，毛泽东在党的七届二中全会报告中指出："辽沈、淮海、平津三战役以后，国民党军队的主力已被消灭。国民党的作战部队仅仅剩下一百多万人，分布在新疆到台湾的广大的地区内和漫长的战线上。今后解决这一百多万国民党军队的方式，不外天津、北平、绥远三种。用战斗去解决敌人，例如解决天津的敌人那样，仍然是我们首先必须注意和必须准备的。人民解放军的全体指挥员、战斗员，绝对不可以稍微松懈自己的战斗意志，任何松懈战斗意志的思想和轻敌的思想，都是错误的。"

因此，我们要"将革命进行到底"！

1949年8月1日的华东邮政管理总局和1949年12月9日的重庆市军管会、交通接管委员会、邮政部等10余个邮政机构，在三大战役胜利之后，把人民解放军"将革命进行到底"的坚定决心，以铁流滚滚"大进军"的图案，通过40余枚邮票呈现，展示出了人民军队一往无前、气壮山河的革命气概。

在中国革命走向胜利的历史关头，人民解放战争"大进军"的宏大壮伟气势，出现在多套多枚邮票图案上。当时邮票上已经表现出中国人民解放军的步伐迈向了整个中国。

辽沈、淮海、平津三大战役结束后，国民党军主力基本被歼，人民解放军已挺进长江北岸。统治中国22年的蒋家王朝已陷绝境，新中国诞生的条件已经成熟。此刻，党中央和毛泽东从西柏坡瞩望未来，一个"建立新中国"的时刻即将到来。

1949年1月6日，中共中央召开政治局会议，会议通过了题为《目前形势和党在一九四九年的任务》的决议。决议指出，1949年和1950年将是中国革命在全国范围

30元面值的中国人民解放军进军图（西南区）（1949）

500元面值的中国人民解放军进军图（西南区）（1949）

100元面值的中国人民解放军进军图（东川）（1949）

200元面值的中国人民解放军进军图（西川）（1950）

2011-28（4-3）J
解放战鼓

2012-14（6-6）T
西柏坡

190

J21（6-3）（1977）
毛主席在七届二中全会上作
具有伟大历史意义的重要报告

内胜利的两年。"北平解放后，必须召集第七届第二次中央全体会议"，及"召集没有反动派代表参加的以完成中国人民革命任务为目标的各民主党派、各人民团体的政治协商会议，宣告中华人民共和国的成立，组成共和国的中央政府，并通过共同纲领。"

1949年3月5日，中国共产党第七届中央委员会第二次全体会议在西柏坡召开。虽是在战争年代，但这个在中国革命转折关头召开的重要会议的信息，仍由当时的新华社向全国、全世界发出。

2011年，中国邮政在为"新华通讯社建社八十周年"所发行的纪念邮票的图案上，就有当年设在西柏坡的新华社总编室旧址。

中国共产党第七届中央委员会第二次全体会议的会场设在西柏坡中央机关食堂，白灰砌顶，土坯垒就，面积不足85平方米。场内北墙上挂着紫幕布，上有党旗，党旗上方是毛泽东和朱德挂像。幕布两侧悬挂"我们永远做你的好学生"和"没有人民的军队，就没有人民的一切"两面锦旗。南墙挂着一张截至1949年3月4日晚12时的最新全国形势图。

3月5日这一天，西柏坡岭上松柏吐绿，在新民主主义革命时期召开的最后一次中央全会上，会议围绕"如何建设新中国，建设一个什么样的新中国"进行了探讨，并描绘了新中国的宏伟蓝图。

毛泽东主持会议并作了《在中国共产党第七届中央委员会第二次全体会议上的报告》，提出把党的工作重心从农村转移到城市，促进迅速取得全国胜利；提出在全国解放以后，政治、经济、外交等方面应当采取的基本政策，以及使中国由农业国转变为工业国，由新民主主义社会转变为社会主义社会的总任务和主要途径。全会确定，党必须用极大的努力去学会管理城市和建设城市。

在党的七届二中全会的报告中，毛泽东预见性地提出了要警惕资产阶级"糖衣炮弹"

的攻击，强调要加强党的思想建设，警惕居功自傲和资产阶级思想的腐蚀。他指出，夺取全国胜利，这只是万里长征走完了第一步。如果这一步也值得骄傲，那是比较渺小的，更值得骄傲的还在后头。在过了几十年之后来看中国人民民主革命的胜利，就会使人们感觉那好像只是一出长剧的一个短小的序幕。剧是必须从序幕开始的，但序幕还不是高潮。中国的革命是伟大的，但革命以后的路程更长，工作更伟大，更艰苦。这一点现在就必须向党内讲明白，务必使同志们继续地保持谦虚、谨慎、不骄、不躁的作风，使同志们继续地保持艰苦奋斗的作风。

1949 年 7 月 1 日，《人民日报》整版刊发了毛泽东的《论人民民主专政》，毛泽东在文章中回望了中国革命历史进程，总结了中国革命的历史经验，具体深入地阐述了人民共和国政权的性质及其对内对外的基本政策。

在全国解放的前夕，各解放区先后发行了多种以毛泽东肖像为主图的邮票。尽管战时物质条件很差，邮票印制也相对简陋，但这正是一个重要的历史转折时期的真实记录，也是留存下来的弥足珍贵的历史上的毛泽东形象。

1947 年，晋冀鲁豫边区邮政局为发行印有毛泽东肖像的邮票，在正式印刷之前，先打印试印样张。在邮票样张上面，除有正式的邮票图案之外，还将不同面值的式样也进行了印制的设计。这是一件弥足珍贵的藏品。

毛泽东
（晋冀鲁豫边区邮政局试印样张）
（1947）

此外，在由中国共产党领导的红色区域边区、解放区邮政发行的邮票上，可以见到毛泽东在各个时期的形象。

在人民解放战争时期，全国各个解放区的邮政邮电部门发行了为数甚多的毛泽东肖像邮票，以此寄托人民对于领袖的热爱和期待。毛泽东没有辜负人民的期望。在西柏坡，毛泽东领导人民军队取得了解放全中国的决定性胜利。

此时，毛泽东深知革命的胜利是由人民的支持和援助而得来的，正如人民军队指战员所说的，我们的胜利是人民群众用"支前"的小车推出来的。

在党的七届二中全会期间，毛泽东邀请王稼祥探讨新中国定都何处最为合适。王稼祥从国际格局和国家安全战略考虑，认为离社会主义苏联和蒙古国近些，国界长但无战争之忧；南京虽虎踞龙盘，地理险要，但太靠近沿海，这对于首都来说是不太安全的；西安又

毛泽东（冀鲁豫边区交通局）
（1945）

毛泽东（辽宁邮政管理局）
（1946）

毛泽东（晋绥邮政）
（1945）

毛泽东（山东邮政管理局）
（1947）

毛泽东（晋冀鲁豫边区邮政局）
（1947）

毛泽东（东北邮电管理局）
（1946）

毛泽东（中原邮政管理局）
（1948）

毛泽东（华东解放区江淮邮电管理局）
（1949）

毛泽东（华东邮政管理局邮资明信片）
（1949）

偏西了一点。所以，北平是最合适的地方。毛泽东听完，深以为然，当即表示同意定都北平，即后来的北京。

经过了 28 年的奋斗，从湘江到上海，从井冈山到瑞金，从遵义到延安，如今就要从西柏坡进京了。

毛泽东和党中央在离开西柏坡就要去北平的时刻，他说，我们是进京赶考啊！他语重心长地告诫——"我们就要进北平了。我们进北平，可不是李自成进北京。他们进北京腐化了，我们共产党人进北平是继续干革命，建设社会主义，直到共产主义。"

1949 年 3 月 23 日，毛泽东率领中共中央机关乘车离开西柏坡，向北平进发。毛泽东对周恩来说："今天是进京'赶考'嘛，'进京'赶考去！"

在北京西郊机场，毛泽东和他的战友

毛泽东（东北邮电管理总局）
（1947）

毛泽东（华北人民邮政）
（1949）

毛泽东（苏皖边区第一版"红便邮"）
（1946）

1998-24（5-5）J 支援前线

个5 天安门（2003）

194

毛泽东进京阅兵
（朝鲜，2011）

J101（3-3）
任弼时同志在中共中央及
人民解放军总部迁来
北平的检阅式上（1984）

们检阅了英勇的人民解放军受阅部队。

1948 年的冬日并不寒冷，1949 年的春日更是灿烂。因为，战争的硝烟正在散去，整个中国将洒满阳光。

"宜将剩勇追穷寇"，解放军的铁流正从东到西，从北到南，将红旗插遍中国。

在西柏坡，共和国的曙光已经初露。

从这里，毛泽东和党中央走到了北京香山；从这里，中国共产党开启了建立人民政权的新的征程。

1949 年 4 月 20 日，当南京国民党政府最后决定拒绝在《国内和平协定（最后修正案）》上签字后，人民解放军立即发起渡江战役。4 月 21 日，人民解放军全线突破国民党军长江防线。4 月 23 日，解放军占领南京，标志着统治中国 22 年的国民政府覆灭。

1949 年 4 月和 5 月，在这个春天，人民解放军解放了武汉，解放了上海，也解放了南京。在这个历史时刻，华中区邮政和华东区邮政相继发行了解放武汉的纪念邮票和解放南京、上海的纪念邮票。方寸邮花，记载了一个个重要的历史瞬间。

当时，南京总统府是国民党反动政府的象征。1949 年 4 月 23 日，人民解放军攻入南京，将蒋家王朝的旗帜抛进历史的垃圾堆，在南京总统府的楼顶升起了象征革命政权的红旗。

至此，一个腐朽没落的反动政府终于被人民推翻。在那一年的明媚的春光里，人民解放军占领南京、军民欢腾的场景，也出现在 1957 年中国人民邮政发行的一枚邮票上。

当毛泽东在北平香山听到解放南京的喜讯时，豪情满怀地写下了《七律·人民解放军占领南京》——

解放武汉（1949）

上海解放（1949）

纪41（4-4）
解放南京（1957）

钟山风雨起苍黄，

百万雄师过大江。

虎踞龙盘今胜昔，

天翻地覆慨而慷。

宜将剩勇追穷寇，

不可沽名学霸王。

天若有情天亦老，

人间正道是沧桑。

2021-16（20-4）J
伟大胜利

文7（14-10）
《七律·人民解放军占领南京》（1968）

毛泽东与新的长征（明信片）（2011）

中国共产党和中国人民经过了28度春秋的艰苦卓绝的奋战，在悲壮的苦难辉煌中取得了新民主主义革命的伟大胜利！在这个伟大的历史性的历程中，是伟大领袖毛泽东指明和指引了我们前进的方向。

正如毛泽东"风华正茂"的青春岁月看"万山红遍"的霜叶一样，"进京赶考"最初的落脚地也是"万山红遍"的香山。毛泽东深沉地说道："党的二十八年是一个长时期，我们仅仅做了一件事，这就是取得了革命战争的基本胜利。这是值得庆祝的，因为这是人民的胜利，因为这是在中国这样一个大国的胜利。但是我们的事情还很多，比如走路，过去的工作只不过是像万里长征走完了第一步。""我们熟习的东西有些快要闲起来了，我们不熟习的东西正在强迫我们去做。"

在 1949 年 8 月 14 日至 9 月 16 日，毛泽东连续写了《丢掉幻想，准备斗争》《别了，司徒雷登》《为什么要讨论白皮书？》《"友谊"，还是侵略？》和《唯心历史观的破产》5 篇评论。

评论指出，自从 1840 年英国侵略中国以来，一切侵略战争，加上政治上、经济上、文化上的侵略和压迫，造成了中国人对于帝国主义的仇恨，迫使中国人的革命精神发扬起来，从斗争中团结起来，斗争，失败，再斗争，再失败，再斗争，积一百零九年的经验，积几百次大小斗争的经验，流血的和不流血的经验，方才获得今天这样的基本上的成功。一九一七年的俄国革命唤醒了中国人，中国人学得了一样新的东西，这就是马克思列宁主义。

在革命斗争中，以毛泽东同志为主要代表的中国共产党人，把马克思列宁主义基本原理同中国具体实际相结合，对经过艰苦探索、付出巨大牺牲积累的一系列独创性经验作了理论概括，开辟了农村包围城市、武装夺取政权的正确革命道路，创立了毛泽东思想，为夺取新民主主义革命胜利指明了正确方向。（摘自《中共中央关于党的百年奋斗重大成就和历史经验的决议》）

毛泽东早在中国共产党处于"星星之火"的年代，就预言了"可以燎原"。他那时的一段富于诗意的话，正是 1949 年金秋十月即将来之际，人们在西柏坡看到的一幅景象——

"它是站在海岸遥望海中已经看得见桅杆尖头了的一只航船，它是立于高山之巅远看东方已见光芒四射喷薄欲出的一轮朝日，它是躁动于母腹中的快要成熟了的一个婴儿。"

纪 9（3-3）
毛泽东侧面像（1951）

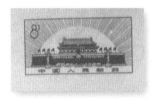
北京天安门（邮资封邮资图）
（1967）

纪 6（5-3） 中华人民共和国国旗（1950）

第八篇
开国盛举

在中华民族"长夜难明"的年代，红船的航向、瑞金的星火、延安的曙色、西柏坡的晨霞，已经昭示了五星红旗的飘扬。

28 年的苦难辉煌，就是为了迎接这个伟大时代的到来。

1949 年 10 月 1 日，是中国历史上的一个开国盛举，也是铭记在每一个中国人心中的神圣时刻。

在这个时刻，人们看到中华人民共和国的缔造者——毛泽东代表党和人民站在北京天安门的高大城楼上庄严宣告：

"中华人民共和国中央人民政府今天成立了！"

一、开元："中华人民共和国中央人民政府今天成立了"

在小学六年级的《语文》课本上有一篇文章，它是每一个孩子都能熟读的、铭记的内容，也是每一个孩子从家庭步向社会的启蒙时刻都要知道的、懂得的内容。

它就是《开国大典》。

这篇课文是这样写的——

1949年10月1日，中华人民共和国中央人民政府成立，在首都北京举行典礼。参加开国大典的，有中华人民共和国中央人民政府主席、副主席、各位委员，有中国人民政治协商会议全体代表，有工人、农民、学校师生、机关工作人员、城防部队，总数达三十万人。观礼台上还有外宾。

会场在天安门广场。广场呈丁字形。丁字形一横的北面是一道河，河上并排架着五座白石桥；再北面是城墙，城墙中央高高耸起天安门的城楼。丁字形的一竖向南直伸到中华门。在一横一竖的交点的南面，场中挺立着一根电动旗杆。

主席台设在天安门城楼上。城楼檐下，八盏大红宫灯分挂两边。靠着城楼左右两边的石栏，八面红旗迎风招展。

丁字形的广场汇集了从四面八方来的群众队伍。早上六点钟起，就有群众的队伍入场了。人们有的擎着红旗，有的提着红灯。进入会场后，按照预定的地点排列。工人队伍中，有从老远的长辛店、丰台、通县来的铁路工人，他们清早到了北京车站，一下火车就直奔会场。郊区的农民是五更天摸着黑起床，步行四五十里路赶来的。到了正午，天安门广场已经成了人的海洋，红旗翻动，像海上的波浪。

下午三点整，会场上爆发出一阵排山倒海的掌声，中华人民共和国中央人民政府主席毛泽东出现在主席台上，跟群众见面了。三十万人的目光一齐投向主席台。

纪88（5-5）
北京天安门（1961）

中央人民政府秘书长林伯渠宣布典礼开始。中央人民政府主席、副主席、各位委员就位。乐队奏起了中华人民共和国国歌——《义勇军进行曲》。正是这战斗的声音，曾经鼓舞中国人民为新中国的诞生而奋斗。接着，毛泽东主席宣布："中华人民共和国中央人民政府今天成立了！"

这庄严的宣告，这雄伟的声音，使全场三十万人一齐欢呼起来。这庄严的宣告，这雄伟的声音，经过无线电的广播，传到长城内外，传到大江南北，使全中国人民的心一齐欢跃起来。

接着，升国旗。毛主席亲自按动连通电动旗杆的电钮，新中国的国旗——五星红旗徐徐上升，三十万人一齐脱帽肃立，一齐抬起头，瞻仰这鲜红的国旗。五星红旗升起来了，表明中国人民从此站起来了。

……

阅兵式完毕，已经是傍晚的时候。天安门广场上的灯笼火把全都点起来，一万支礼花陆续射入天空。天上五颜六色的火花结成彩，地上千千万万的灯火一片红。群众游行就在这时候开始。游行队伍分东西两个方向出发，他们擎着灯，舞着火把，高呼"中国共产党万岁！""中华人民共和国万岁！""中央人民政府万岁！"他们一队一队按照次序走，走过正对天安门的白石桥前，就举起灯笼火把，高声欢呼"毛主席万岁！""毛主席万岁！"毛主席在城楼上主席台前边，向前探着身子，不断地向群众挥手，不断地高呼"人民万岁！""同志们万岁！"

晚上九点半，游行队伍才完全走出会场。两股"红流"分头向东城、西城的街道流去，光明充满了整个北京城。

人们永远铭记着 1949 年 10 月 1 日这一天，人们永远忘不了定格在北京天安门上的那个历史时刻。这个时刻，就是"开国大典"的庄严时刻。

1959 年，正是中华人民共和国成立 10 周年的大庆之年。这一年，工农兵都在自己的战线上以自己的业绩向祖国汇报；这一年，北京有了雄伟的十大建筑，它们矗立在共和国的首都；这一年，新中国艺术家们倾尽心力、热情洋溢地讴歌伟大祖国的生日，许多杰作出现在人们视线中……

J21（6-4）
毛泽东在雄伟的天安门上
向全世界庄严宣告中华
人民共和国成立（1977）

J94（2-2）
中华人民共和国国歌（1983）

J44（2-1）国旗（1979）

2009-25（4-1）J　开国大典

2009-25M　中华人民共和国成立六十周年（小型张）

　　就在这一年，一幅传世的油画作品以一种特殊的方式和人们见面了，那就是董希文的作品《开国大典》。早在 1951 年年初，中国革命博物馆（中国国家博物馆前身）筹备建党 30 周年绘画展览，一批描绘中国革命历史进程的精彩画作比比皆是，但独缺对于开国大典那个辉煌历史时刻的刻画。1952 年，中央美术学院把这项艰巨任务交给了 37 岁的青年画家董希文教授。很快，画家投入创作。两个月后，巨幅油画《开国大典》创作完成。

　　这幅大型油画问世后，引起极大反响，并掀起"油画中国风"的艺术思潮。《开国大典》再现了 1949 年天安门广场上那个铭刻在历史上的伟大时刻。当年，在这幅油画前，毛泽东不禁慨然而呼："是大国，是中国！"

　　1959 年，在中华人民共和国成立 10 周年之时，为了纪念这个令人欢欣鼓舞的"十年大庆"，中国人民邮政连续发行了 5 组纪念邮票。

　　其中，第 5 组仅为一套一枚邮票，选用的图案就是董希文的油画——《开国大典》。这枚邮票采用传统的单色雕刻版印制，深沉的紫色、细腻的线条，以及大型的邮票票幅，透出了泱泱大国的气度。这幅油画通过"国家名片"邮票这一载体，再一次与人们见面，并随着纷飞的信件传遍了海内外。

　　1959 年 10 月 1 日晚上，正如那篇课文所描绘的："天上五颜六色的火花结成彩，地上千千万万的灯火一片红。"

纪 71　中华人民共和国
成立十周年（第五组）（1959）

油画《开国大典》（极限明信片）（1995）

纪 70（3-1）
举国欢庆（1959）

毛泽东亲笔签名的
《开国大典》邮票
（1959 年 10 月 1 日）

　　天安门广场举行了盛大的焰火晚会。毛泽东主席及党和国家领导人与群众一起欢度节日。

　　在天安门城楼上，当时生活在中南海的孩子杨绍明，来到了毛主席身边。他请毛伯伯给他签名留念。喜欢集邮的杨绍明拿了整整半版《开国大典》邮票，请毛主席在上面签名。心情愉快的毛泽东欣悦地望着祖国的下一代，高兴地签下了潇洒遒劲的三个大字——毛泽东，并写下了当年的时间。

　　对于 1949 年 10 月 1 日这个历史时刻，在当年解放区邮政、中国人民邮政发行的邮票上，都有此时刻的记录。

　　如在 1949 年 11 月 1 日（即开国大典一个月之后），东北解放区旅大邮电管理局发行了题为《中华人民共和国成立纪念》邮票 1 枚。在这枚正方形邮票上，图案的背景是群众欢呼的情景，其上方是红旗、红星、北京城楼及挥手的毛泽东。这是最早出现在"国家名片"邮票上的开国大典。

　　北平和平解放后，华北解放区邮电总局带着宣示国家主权和联通国脉的重要职能，先期入城，以人民邮政的新身份迎接人民共和国的成立。1949 年 4 月 21 日，一份文件报送华北人民政府，正式提出筹备发行全国通用邮票方案。文件展示："划时代的新政治协商会议将要揭幕，新的中华人民民主共和国亦随之诞生。为此，职局拟登报广泛征求各种

中华人民共和国成立纪念
（旅大邮电管理局）（1949）

开国大典邮票图稿（1950）

纪 4（4-4）
庆祝开国典礼阅兵情景（1950）

纪念邮票图案，以示庆祝纪念……"

《中华人民共和国开国纪念》邮票图稿的设计，最初由画家钟灵、张仃二人担纲。图稿是用毛主席天安门阅兵、国旗及"开国纪念"字样等元素设计的，票幅为横幅。

后邮电部邮政总局送来印样，批示"拟将画像改为正面，并将图案由横形改为竖形"，并交由邮票设计家孙传哲继续完成设计。孙先生满怀激情地说道："作为新中国第一位专业邮票设计工作者，我将用手中的画笔去记录年轻的共和国所走过的每一个脚印。"

1950 年 7 月 1 日，中国人民邮政发行了《中华人民共和国开国纪念》纪念邮票 4 枚，并同时发行同图的"东北贴用"邮票 4 枚。

这套邮票有着大型票幅的开阔视野，以红色为基调，以毛泽东和五星红旗及天安门为主要图案。这是一套既充满庄重气氛又简洁质朴且洋溢着时代感的精美邮票，它铭记着这一"新纪元"的开启之刻。

而在 1950 年发行《中华人民共和国开国纪念》邮票的第一天寄送的首日封，留下了这个历史时刻的深厚情愫和珍贵的记忆。

"开国纪念"邮票天津寄上海首日实寄封（1950）

在这个历史转折的时刻，毛泽东将多年来在革命漫长历程中所思考和论证的关于人民政权国家体制的伟大构想付诸实施，开始了艰苦而曲折的求索、践行。

毛泽东在《新民主主义论》中关于人民共和国的马克思主义精辟论述，正在变成伟大的现实——新民主主义国家的国体，是几个革命阶级联合专政的共和国。诚如他在《论联合政府》中提出的，新中国是"几个民主阶级联盟的新民主主义国家"，要"建立民主的联合政府"。

毛泽东在《论人民民主专政》中指出，"人民民主专政的基础是工人阶级、农民阶级和城市小资产阶级的联盟，而主要是工人和农民的联盟，因为这两个阶级占了中国人口的百分之八十到九十"。

在北京香山的双清别墅，党中央和毛泽东开始筹备中国人民政治协商会议。

在中共中央的周密安排下，各民主党派和各界爱国人士从全国各地、从海外纷纷到达北京，准备参加中国人民政治协商会议。

1993-2（2-1）J
宋庆龄同志在海边

宋庆龄在毛泽东、周恩来的邀请下，从上海来到北京。毛泽东和中共中央领导人亲自到车站迎接这位爱国人士的到来。

革命先行者孙中山先生与宋庆龄是革命伉俪，中山先生去世后，在新民主主义革命中，宋庆龄是与中国共产党同盟的战友，也是信仰共产主义的同志。中华人民共和国开国之际，宋庆龄先生作为民主党派和爱国人士的重要代表出席了中国人民政治协商会议第一届全体会议。

毛泽东的卫士长李银桥回忆道："毛泽东对这些民主人士很尊敬，十分亲切有礼，一听说哪位老先生到了，马上出门到汽车跟前迎接，亲自搀扶下车、上台阶。"

1949年9月21日至9月30日，中国人民政治协商会议第一届全体会议在北平举行。

1949年9月21日下午，毛泽东等来到中南海怀仁堂，出席中国人民政治协商会议第一届全体会议。大会在欢快的《中国人民解放军进行曲》和场外鸣放的54响礼炮声中隆重开幕，全体代表起立，热烈鼓掌达5分钟之久。这是一个具有历史意义的庄严时刻！

中国共产党及各民主党派、人民团体和无党派爱国人士等代表（含候补代表）共662人参加了会议。中国人民政治协商会议第一届全体会议会场悬挂着庄严的中国人民政治协商会议的会徽。

1999-13（2-1）J
政协一届会议在中南海举行

中国人民政协筹备会主任、中国共产党中央委员会主席毛泽东向大会致开幕词。他深情地说："诸位代表先生们，我们有一个共同的感觉，这就是我们的工作将写在人类的历史上，它将表明：占人类总数四分之一的中国人从此站立起来了。"

毛泽东的讲话，说出了中国人民的共同心声。他所说的"中国人从此站立起来了"，使许多人热泪盈眶。代表们不时报以热烈的掌声。

在这次会议上，中国共产党代表刘少奇、特邀代表宋庆龄、中国国民党革命委员会代表何香凝、中国民主同盟代表张澜、中国人民解放区代表高岗、中国人民解放军代表陈毅、民主建国会代表黄炎培、中华全国总工会代表李立三、新疆代表赛福鼎·艾则孜、特邀代表张治中及程潜、华侨代表司徒美堂等12人发表了演讲。

特邀代表宋庆龄热情洋溢地说："这是一个历史的跃进，一个建设的巨力，一个新中国的诞生！我们达到今天的历史地位，是由于中国共产党的领导。这是唯一拥有人民大众力量的政党。孙中山的民族、民权、民生三大主义的胜利实现，因此得到了最可靠的保证。"她表示："让我们现在就着手工作，建立一个独立、民主、和平与富强的新中国。"

在毛泽东的主持下，会议听取了人民政治协商会议筹备工作的报告；通过了起临时宪法作用的《中国人民政治协商会议共同纲领》；决定了国名、首都、国旗等国家重要标志的方案。在一枚邮票上，毛泽东拿着国徽图样，向中国人民政治协商会议第一届全体代表征求意见。

1999-13（2-2）J
政协会议讨论通过国徽图案

特1（5-5）
国徽（1951）

这次会议代行了全国人民代表大会的职权。通过了具有临时宪法性质的《中国人民政治协商会议共同纲领》，制定了《中国人民政治协商会议组织法》《中华人民共和国中央人民政府组织法》。

会议决定，新中国的名称为"中华人民共和国"；定都北平，改名北京；中华人民共和国纪年采用公元纪年；田汉作

周恩来总理（极限明信片）（1998）

词、聂耳作曲的《义勇军进行曲》为代国歌。

会议选举毛泽东为中华人民共和国中央人民政府主席，朱德、刘少奇、宋庆龄、李济深、张澜、高岗为副主席，同时选举出了中央人民政府委员 56 人。10 月 1 日，由中央人民政府委员会任命周恩来为政务院总理，沈钧儒为最高法院院长。会议还选出了由 180 人组成的中国人民政治协商会议第一届全国委员会。

这次会议还决定，在北京天安门广场建立人民英雄纪念碑，并于 9 月 30 日下午会议闭幕后，举行奠基典礼。毛泽东奠下第一铲土，同时宣读了人民英雄纪念碑的碑文。

人民英雄纪念碑的碑铭由毛泽东书写——

人民英雄永垂不朽

其碑文由周恩来书写——

三年以来，在人民解放战争和人民革命中牺牲的人民英雄们永垂不朽！

三十年以来，在人民解放战争和人民革命中牺牲的人民英雄们永垂不朽！

由此上溯到一千八百四十年，从那时起，为了反对内外敌人，争取民族独立和人民自由幸福，在历次斗争中牺牲的人民英雄们永垂不朽！

以天安门广场中央的人民英雄纪念碑为图案，中国人民邮政发行了新中国第一枚小全张，即把全套邮票印刷在一枚有装饰边纸的大印张上的邮票。这枚小全张，印有以人民英雄纪念碑全景为图的红色邮票，邮票之外的印张装饰，则是由毛泽东题写的"人民英雄永

普无号（11-10）
人民英雄纪念碑（1970）

纪 1　庆祝中国人民政治协商
会议第一届全体会议（1949）

206

垂不朽"的碑铭，以及由周恩来书写的碑文全文。

人民英雄纪念碑是为纪念从 1840 年到 1949 年间为中国旧民主主义革命和新民主主义革命而牺牲的人民英雄而建立的。1949 年 9 月 30 日，纪念碑奠基之后，于 1952 年动工兴建，1958 年竣工。

人民英雄纪念碑由碑身、须弥座和月台三部分组成，共使用了 17000 块花岗石和汉白玉石，碑高近 38 米，碑基面积 3000 平方米，四周围绕着两层汉白玉栏杆。

纪 47M　人民英雄纪念碑
（小全张）（1958）

纪念碑的碑形庄严雄伟，具有民族风格。碑座四周镶嵌着 10 幅反映中国近百年历史的巨大浮雕。

1949 年 9 月，中国人民政治协商会议第一届全体会议代行全国人民代表大会的职权，反映和代表了全国人民的意志，向全国和全世界宣告了中华人民共和国的成立。这是一次开国的重要会议，在中国历史上具有里程碑意义。

在新中国成立初期，中国人民邮政为中国人民政治协商会议第一届全体会议发行了 2 套纪念邮票，共计 8 枚。

1949 年 10 月 8 日，中华人民共和国的第一套纪念邮票面世，主题就是《庆祝中国人民政治协商会议第一届全体会议》。这套邮票共 4 枚，邮票标注的面值不同，但图案相同；均以天安门上的宫灯为轮廓，宫灯上嵌以中国人民政治协商会议会徽，下方是天安门城楼。

1950 年 2 月 1 日，又发行《中国人民政治协商会议纪念》邮票，共 4 枚，有两个图案：一个图案是会议召开入场

纪 2　中国人民政治协商会议
纪念（1950）

普 14（11-11）
天安门（1972）

普 16（14-7）
天安门（1974）

普 4（10-4）
天安门（1950）

纪 109（3-2）
毛泽东像（1965）

天空光芒四射
（未发行）（1956）

特 15（6-3）
天安门（1957）

的北京新华门及中国人民政治协商会议的会徽，另一个图案是毛泽东讲演时的肖像及中国人民政治协商会议第一届全体会议会场。

从 1949 年 10 月 1 日开始，共和国的缔造者——毛泽东的肖像就悬挂在天安门上。最初是戴着军帽的军人形象的毛泽东肖像，而后则是新中国时期毛泽东的标准肖像。70 多年来，毛泽东在那里一直瞩目着中华人民共和国走向繁荣富强。

从 1949 年 10 月 1 日开始，中国的中心是首都北京，首都北京的中心就是天安门。在新中国 70 多年所发行的大量邮票中，天安门图案是邮票上出现得最多的图案。

以流通量最大的普通邮票为例，从 20 世纪 50 年代到如今，我们时时能够看到缤纷邮花中的雄伟的天安门。

在中华人民共和国成立的那一刻，古老的都城北京重新焕发了青春。天安门几乎在同一时刻就出现在邮票的方寸之间。到了 1956 年，中国人民邮政则特别发行了《首都名胜》邮票 5 枚。这套邮票中最引人瞩目的就是天安门。这枚邮票的图稿表现的是天安门的黎明，旭日东升，光芒万丈。

最初的图稿，设计者为了强化光芒万丈的艺术效果，天空中的祥云形成了散发的直射光（故被称为"放光芒"），视觉效果不好。印刷出来后，引起异议。当时，邮电部决定停止发行，收回此票。

因江西、江苏、浙江等省的个别邮局提前出售，应当回收的这枚"天空光芒四射"

邮票仍流出六七百枚,致使这枚邮票成为新中国邮票中的第一枚珍罕品。

次年,1957 年 2 月 20 日,中国人民邮政又重新补发了一枚修改过的"天安门"邮票。

中华人民共和国的诞生,开辟了中国历史的新纪元。毛泽东为缔造新中国和进行社会主义建设所建立的功勋将永不磨灭。他作为新中国的主要缔造者将永远载入中国和世界的史册。

回望邮票上的《开国大典》,这幅被誉为"共和国成立的艺术见证"的艺术名作,不仅见证了 1949 年 10 月 1 日开国盛举那个历史瞬间,而且让人们伫立其前,思绪连接千里,浮想联翩。透过天安门上的白云,我们又看到新中国出现在东方地平线上的那个时刻。28 个春秋的征战岁月,毛泽东和中国共产党为新中国的诞生,付出了革命的热情,作出了历史性贡献。

在战争与和平如此之快的转折中,中国革命取得胜利。没有给毛泽东和中国共产党人更充裕的时间来做从容的准备。在新中国诞生前夜,整个局势向前猛进,纷至沓来的无数难题需要立刻解决。解放全中国的最后战略决战,伴随着土地改革、接管城市等繁重的任务,一下子就摆在了党和毛泽东面前。如此纷繁紧迫的社会主义革命和建设的新课题,对于毛泽东、对于党、对于人民来说,是一个新的考验。

伴随着中华人民共和国的成立,毛泽东在宣布"中国人民从此站起来了"的同时,也向全党和全国人民宣布:一个建设新中国的新的长征开始了!

二、为了人民共和国的建立

埃德加·斯诺曾说:"关于毛泽东,我可以单独写一本书。把这个农民出身的知识分子转变为革命家的故事告诉你们。"毛泽东的生平是了解现代中国的一个重要指南。

实际上,毛泽东是 20 世纪中国共产党人的集中代表。他和那些与他一起在战争硝烟中以及即将开始的社会主义建国大业中共同奋斗的战友,为新中国的成立、发展、进步、崛起、繁盛、复兴作出了杰出的贡献。

这里既有毛泽东和老一辈革命家的奋斗,也有毛泽东思想的伟大遗产,为毛泽东时代之后的中国的继续"长征",奠定下了物质的和精神的基础。

J21（6-1）
毛泽东永远活在我们心中
（1977）

J96（4-1）
刘少奇同志像
（1983）

J13（4-1）
周恩来总理像
（1977）

J19（4-1）
朱德委员长像
（1977）

无论是在新民主主义革命中，还是在即将开始的社会主义革命和建设中，毛泽东和与他一起比肩而立的无产阶级革命家留下了历史的荣光。

在新中国成立以来的70余年中，纪念邮票多次铭记了这些无产阶级革命先驱者的伟大形象。

其中，我们瞻仰到了毛泽东、刘少奇、周恩来、朱德、任弼时、邓小平、陈云等党和国家领导人的形象。

一枚邮票的宽大画幅展现了毛泽东与党和国家领导人在开国大典上的场面。

1955年9月27日下午5时，在北京中南海怀仁堂隆重举行军衔及勋章授予仪式。朱德、彭德怀、林彪、刘伯承、贺龙、陈毅、罗荣桓、徐向前、聂荣臻、叶剑英被授予元帅军衔。新中国邮政为这些毛泽东的战友发行过纪念邮票。

1955年9月，国务院总理周恩来发布命令，授予粟裕、徐海东、黄克诚、陈赓、谭政、萧劲光、

1998-3（6-1）
邓小平同志像

J100
任弼时同志诞生八十周年
（第一组）（1984）

2000-12（4-3）J
建国初期的陈云

毛泽东和他的战友们（吉布提，2013）

2005—20J　中国人民解放军大将

张云逸、罗瑞卿、王树声、许光达 10 人中国人民解放军大将军衔，授予 55 人上将军衔，授予 175 人中将军衔，授予 798 人少将军衔。这些将军都是和毛泽东一起在新民主主义革命中出生入死、浴血鏖战的英勇战将。

在这次历史性的颁授军衔 50 周年之际，中国邮政于 2005 年发行了《中国人民解放军大将》纪念邮票，表明了我们对于为中国革命事业作出卓越贡献的军事将领的缅怀与忆念。10 枚邮票中的中国人民解放军 10 位大将的肖像，在方寸天地间以胶雕版的形式进行了真实、精美的刻画。

这些杰出的中国共产党领导人和军事将领，是“整整一代人”。毛泽东正是这“整整一代人的一个丰富的横断面”。在中国历史上，在党的百年历程中，毛泽东和他的战友们作出了不可磨灭的巨大贡献。

中国共产党在领导新民主主义革命走向胜利的伟大斗争中，确立了在中国革命力量中的核心领导地位。各民主党派、无党派民主人士在长期实践中经过比较，郑重地选择了中国共产党的领导。

1948 年 4 月，中国共产党发布纪念“五一”劳动节口号（简称“五一口号”），提出了“各民主党派、各人民团体、各社会贤达迅速召开政治协商会议，讨论并实现召集人民代表大会，成立民主联合政府”的政治主张。

在重庆谈判期间，毛泽东就拜访了民主人士张澜，聆听了这位爱国民主人士的建政主张，并赞誉道："老成谋国。"

1949 年 3 月，毛泽东在中国共产党第七届中央委员会第二次全体会议上提出和阐述了同各民主党派长期合作的思想。

1949 年 9 月，中国人民政治协商会议第一届全体会议通过的《中国人民政治协商会议共同纲领》，成为中国共产党和各民主党派合作的政治基础。《中国人民政治协商会议共同纲领》规定，中国人民政治协商会议是人民民主统一战线的组织形式。

孙中山与宋庆龄
（中国澳门）（2015）

1956 年 4 月，毛泽东在《论十大关系》中指出："究竟是一个党好，还是几个党好？现在看来，恐怕是几个党好。不但过去如此，而且将来也可以如此，就是长期共存、互相监督。"同年 9 月，中国共产党第八次全国代表大会正式确认了中国共产党与民主党派"长期共存、互相监督"的方针，这是对马克思主义统战理论的重大贡献。

在中国革命历程中，宋庆龄先生继承孙中山先生的遗志与中国共产党合作，为中国革命胜利作出了巨大贡献。

宋庆龄曾任中华人民共和国名誉主席等职，并在晚年加入中国共产党。

在即将召开中国人民政治协商会议第一届全体会议之际，1949 年 6 月 19 日毛泽东亲笔写信邀请宋庆龄赴京与会共商国是，还特派邓颖超亲自前往上海，把信交由宋庆龄并陪同宋庆龄从沪抵京。毛泽东、周恩来等中共中央领导人亲自到车站迎接。

2004-3J 邓颖超同志诞生一百周年

历年来，中国人民邮政发行了多套纪念宋庆龄的邮票。1982 年，在宋庆龄逝世一周年之际，中国人民邮政发行了纪念邮票。其中第 1 枚邮票的图案采用了宋庆龄在 1949 年 9 月中国人民政治协商会议第一届全体会议上讲话的照片。第 2 枚邮票的图案为"宋庆龄同志像"，邮票的主图是在盛开的黄花衬托下的

中华人民共和国名誉主席宋庆龄同志逝世一周年（首日封）（1982）

纪122（3-1）
毛主席对鲁迅的评价（1966）

纪122（3-2）
鲁迅像（1966）

J122
邹韬奋诞生九十周年（1985）

宋庆龄肖像。这套邮票题为《中华人民共和国名誉主席宋庆龄同志逝世一周年》，"同志"这个称谓第一次出现在纪念宋庆龄的"国家名片"上，表明从1949后毛泽东主席把对宋庆龄尊称的"先生"改为"同志"，这是她从民主人士走向中国共产党人的一个转变，也表明了爱国民主人士与党和人民有着爱国、兴国、强国的共同志向。

在新中国邮票上，为纪念被毛泽东称为"骨头是最硬的"鲁迅的诞辰和忌辰发行过多套邮票，并有以毛泽东的评价作为主图的邮票。在以鲁迅肖像作为图案的邮票上，可以看到他"永不休战"的战斗气质。鲁迅与中国共产党有着密切关系，他关注着中国工农红军的长征，他与共产党人瞿秋白成为战友知己，感叹"人生得一知己足矣"。

1985年11月5日，中国人民邮政为著名记者、出版家邹韬奋先生诞生90周年发行了两枚纪念邮票。其中一枚邮票的图案采用了周恩来为邹韬奋的亲笔题词："邹韬奋同志经历的道路是中国知识分子走向进步走向革命的道路。"

1944年7月24日，邹韬奋逝世。中共中央发来唁电，追认他为中共党员。邹韬奋一生追求真理，寻找光明。他与抗日救亡运动的救国会领导人沈钧儒、章乃器、李公朴、沙千里、史良、王造时七人被捕，酿成"七君子事件"，为中华民族的解放和民主政治奋斗、呐喊，从一个民主主义战士最终转变为一个坚定的共产主义者。2009年，邹韬奋被评为"100位为新中国成立做出突出贡献的英雄模范人物"之一。

中国农工民主党成立80周年（邮资纪念封）（2010）　　中国国民党革命委员会成立六十周年（邮资纪念封）（2008）

参加中国人民政治协商会议的许多民主党派人士，在中国人民邮政发行的纪念邮票中，也再现了他们为争取民主建国而斗争的崇高的爱国情怀。

2010年，正值中国农工民主党成立80周年，一枚邮资纪念封上印有邓演达肖像和他的手迹："我们的任务是：解放中国民族，建立平民政权，实现社会主义……"

J145
蔡元培诞生一百二十周年
（1988）

1948年，中国国民党革命委员会成立。在纪念这个反对国民党反动派集团的民主革命组织成立60周年之际，一枚邮资纪念封印上了孙中山先生题写的"奋斗"二字。

许多民主人士也成为中国共产党和毛泽东的战友，一同为中国的民主进程付出了毕生的心血。

革命家、教育家、政治家、民主进步人士蔡元培，在九一八事变后主张抗日，拥护国共合作。1932年，他与宋庆龄、鲁迅等发起成立中国民权保障同盟，积极开展抗日爱国运动。蔡元培曾电救杨开慧烈士，援救许德珩等爱国民主人士，营救丁玲、朱宜权等共产党员。1988年，中国人民邮政发行《蔡元培诞生一百二十周年》纪念邮票，以"学界泰斗""人世楷模"为题作了隆重纪念。

自1993年起，中国邮政发行了两组《爱国民主人士》纪念邮票。这些爱国民主人士与中国共产党长期合作共事，经历了争取民族解放、推翻国民党统治和建立新中国的历史过程。他们是与中国共产党患难与共的爱国民主人士，也是共和国的"开国元勋"。

出现在这两组邮票上的爱国民主人士有：

李济深，中国国民党革命委员会的创始人和主要领导人，曾任中华人民共和国中央人民政府副主席；

张澜，著名爱国民主人士，中国民主同盟的领导人，曾任中华人民共和国中央人民政府副主席；

沈钧儒，著名法学家，社会活动家，进步团体"中国民主同盟"领导人，历任中央人民政府委员、最高人民法院院长等职；

黄炎培，著名的民主革命家，教育家，曾是新中国第一任轻工业部部长；

陈其尤，中国致公党的领导人；

陈叔通，中华全国工商业联合会主要领导；

马叙伦，教育家，中国民主促进会、中国民主同盟主要领导人；

许德珩，九三学社主要领导人。

两组纪念邮票的图案，均采用人物半身肖像，特别注重面部形象的刻画，力求在形似的基础上达到神似的境界。

214

1993-8（4-1）J
爱国民主人士——李济深

1993-8（4-2）J
爱国民主人士——张澜

1993-8（4-3）J
爱国民主人士——沈钧儒

1993-8（4-4）J
爱国民主人士——黄炎培

1994-2（4-1）J
爱国民主人士——陈其尤

1994-2（4-2）J
爱国民主人士——陈叔通

1994-2（4-3）
爱国民主人士——马叙伦

1994-2（4-4）J
爱国民主人士——许德珩

在中国的历史进程中，从旧民主主义革命到新民主主义革命，直至社会主义革命和建设时期，毛泽东作为中国共产党的主要领导人，作为党的第一代中央领导集体的核心，他与推动中国社会进步的优秀分子一起，形成了中华民族解放和人民解放、新中国建设和发展的中坚力量。从老一辈无产阶级革命家到爱国民主人士，他们是中华民族和中国人民永远铭记在历史上的璀璨明星。

三、国威：共和国第一战

1840 年以来的风风雨雨，1921 年以来的烽烟战云，毛泽东形容的"暴风骤雨"般的岁月，在 1949 年 10 月 1 日已经结束。一个新兴的人民政权建立了，降临在中国大地上。

1950 年 8 月 1 日，正值中国人民解放军建军 23 周年之际，中国人民邮政发行了以《保卫世界和平》为题、以和平鸽为图案的邮票，并连续发行了 3 组，表达了中华人民共和国对于和平建设的迫切期待。

那时，没有了战争硝烟的新生国家，为亿万人民带来了清新纯净的春风。那是一个令人向往的美丽的和平年代。

但是，就在这个令人难以忘怀的"纯情岁月"到来之刻，还没有来得及休养生息，甚至还没有来得及歇一口气，刚刚结束战争的新中国又要接受新的战争的考验。这是从党中央、毛泽东到全国人民都不愿意看到的事情。

1950 年 6 月 25 日，朝鲜内战爆发。1950 年 6 月 27 日，美国总统杜鲁门派遣美国第七舰队在台湾海峡巡逻，阻止人民解放军渡海解放台湾。同时，美国驻联合

纪 5　保卫世界和平（第一组）（1950）

纪 10　保卫世界和平（第二组）（1951）

215

纪 24　保卫世界和平（第三组）（1953）

风云（纪念封）（2020）

国代表向安理会提交行动议案，授权组成"联合国军"进入朝鲜半岛。在刚刚取得和平的人民共和国东海岸，风云突变，传来了战争的喧嚣。

次日，即1950年6月28日，毛泽东发表讲话，号召"全国和全世界的人民团结起来，进行充分的准备，打败美帝国主义的任何挑衅。"

新中国诞生不到10个月，以美军为主的"联合国军"出兵朝鲜，直接威胁到中国东北部，把战火燃烧到了鸭绿江边。敌军飞机多次侵入中国领空，轰炸丹东地区。

当朝鲜战争爆发后，对事态的发展毛泽东进行过各种可能的设想。他估计到出现最坏的局面：美军在朝鲜人民军侧后的海岸登陆的可能性。1950年8月，朝鲜人民军在朝鲜半岛南端洛东江与美军和南朝鲜军的战局进入胶着状态。毛泽东预见到，战争转入持久和美国扩大战争规模的可能性日益增大。

毛泽东指出："战争开始后，我们调去五个军摆在鸭绿江边。后来当帝国主义过三八线后，我们才有可能出兵。"8月4日，中共中央召开政治局会议，毛泽东指出：如美帝得胜，就会威胁我。对朝鲜不能不帮，必须帮助，用志愿军方式。

抗美援朝决策会议（极限明信片）（2020）

时机当然还要适当选择，我们不能不有所准备。就在同一天，毛泽东审阅批准代总参谋长聂荣臻的一个报告。报告提出，准备派出部分高炮部队进入朝方一侧，以确保鸭绿江大桥安全。这是日后确保中国人民志愿军顺利出兵的一个重要决定。

在美军仁川登陆之后的战争危局之下，与朝鲜唇齿相依的新中国刚从战火中获得新生，当再次面临血与火的考验，同世界头号帝国主义强敌对决一战，下这个决心需要何等的气魄和胆略。

中美两国国力悬殊，美国拥有原子弹和世界上最先进的武器装备，连实力远比中国雄厚的苏联，也不愿因援助朝鲜而冒险与美国直接冲突。中国出兵需要十分慎重考虑。况且，还要有充分的理由和耐心说服中央决策层的其他成员。当时，在出兵问题上意见不一。这是毛泽东一生中最难做出决断的时刻之一。

10月2日下午，毛泽东主持召开中共中央书记处会议，讨论朝鲜半岛局势和中国出兵问题。毛泽东认为，出兵朝鲜已是万分火急。原拟派林彪率兵入朝，但林彪托病推辞。最终，毛泽东决定派彭德怀挂帅出战。10月4日，扩大的中央政治局会议讨论中国人民志愿军入朝作战问题。毛泽东要周恩来派飞机到西安，将彭德怀接到北京参加会议。

终于，毛泽东、中共中央做出了"抗美援朝、保家卫国"的重大决策。

1950年10月8日，毛泽东发布命令，组建以彭德怀为司令员兼政治委员的中国人民志愿军。

毛泽东命令志愿军"迅即向朝鲜境内出动，协同朝鲜同志向侵略者作战并争取光荣的胜利"。

1950年10月19日晚，中国人民志愿军第一批入朝参战部队在没有空军掩护的情况下，"雄赳赳，气昂昂，跨过鸭绿江"，与朝鲜人民军并肩抗击侵略者。

在抗美援朝战斗正酣的1952年，中国人民邮政发行了《中国人民志愿军出国作战二周年》纪念邮票一套4枚。邮票图案展现了抗美援朝中的前方作战、后方支援的战斗情景。

第1枚邮票是"志愿军出国作战"。中国人民志愿军入朝部队铁流逶迤直前，犹闻"雄赳赳，气昂昂"的《中国人民志愿军军歌》。这枚邮票的图案采用了画家邵宇的画作。

第2枚邮票是"支援前线"。在抗美援朝的日子里，刚刚获得解放的大后方的老百姓纷纷捐款捐物，支援军队作战。

这枚邮票的图案采用了画家王式廓的画作。方寸天地表现了全国支援前线热潮的动人场景。1950年11月4日，中国共产党与各民主党派发表联合宣言，号召全国人民行

J155（2-2）
彭大将军（1988）

纪19（4-1）
志愿军出国作战（1952）

纪19（4-2）
支援前线（1952）

纪19（4-3）
涉江追击敌人（1952）

纪19（4-4）
胜利会师（1952）

动起来，支援抗美援朝。自此，全国掀起大规模的抗美援朝的宣传教育运动，增强了民族自尊心和自信心，坚定了中朝人民必胜、美国侵略者必败的信念。那时，全国人民团结一致，同仇敌忾，掀起了参军参战、支援前线的热潮。

第3枚邮票是"涉江追击敌人"。邮票图案以遒劲的线条勾画出中国人民志愿军涉水渡江追击敌人的战斗场景。

这枚邮票的图案采用了摄影师张崇岫的摄影作品。图案表现的是，在两年的日日夜夜里，在朝鲜三千里江山的白山黑水之间，中国人民志愿军和朝鲜人民军一起并肩战斗。在血与火的惨烈激战中，有胜利也有挫折，中朝人民结成了鲜血凝成的战斗友谊。

第4枚邮票是"胜利会师"。邮票图案上是中朝两国军队在战斗告捷之刻的会师场面。中国人民志愿军和朝鲜人民军战士在胜利喜悦之中，有若铁流会合，盛况撼人。

这枚邮票采用了摄影师张崇岫的又一幅作品。胜利的气氛体现出了正义之师的战斗意志和必胜的信心。

在抗美援朝的战场上，在中国人民志愿军战士中，出现了如杨根思、黄继光、孙占元、邱少云、罗盛教等许多为了战斗胜利、为了拯救朝鲜平民而英勇献身的国际主义英雄战士。

在抗美援朝参军参战的热潮中，毛泽东和广大普通百姓一样，支持儿子毛岸英参军，并将他作为志愿军的一员派往朝鲜战场作战。在一次敌机轰炸中，毛岸英不幸光荣牺牲。

在新中国刚刚成立、百废待兴的时刻，中国毅然抗美援朝，进行了历时近3年的正义之战。在朝鲜，中国人民作出了极大的贡献，中国人民志愿军付出了极大的牺牲。

在抗美援朝的战斗中，中国人民志愿军和朝鲜人民军结下了深厚的战斗情谊，两国人民用鲜血凝成了牢不可破的友谊。那是一段中国人民、朝鲜人民及全世界有良知的人们所不能忘却的光荣历史。

1950年10月21日凌晨2时30分，毛泽东致电彭德怀等，正式下达第一次战役的部署。他断定，"此次是歼灭伪军三几个师争取出国第一个胜仗，开始转变朝鲜战局的极好机会"。对于出国作战的志愿军来说，初战必胜尤为重要。这将决定志愿军入朝后能不能站住脚。

在志愿军入朝作战的最初时日，毛泽东过着十分紧张的生活。据他的机要秘书回忆，这一段时间毛泽东吃饭、睡眠极少，每天批阅大量材料和来自前方的电报。各方面的材料和电报一个接一个，以最快的速度送到毛泽东手里。前方战场情况瞬息万变，毛泽东要根据各方面情况进行分析、决断。

10月25日上午，距离彭德怀指挥所大榆洞仅隔十几千米的南朝鲜军步兵向北镇进犯，被志愿军以拦头、截尾、斩腰战术，将其大部歼灭。自此，揭开抗美援朝战争序幕，打响震惊世界的中国人民志愿军抗美援朝战争的第一仗。中国人民把这一天作为中国人民志愿军赴朝作战"抗美援朝"的纪念日。

此后，在朝鲜战场上，中国人民志愿军与朝鲜人民军一起并肩战斗。

11月1日至3日，志愿军部队将号称"王牌军"的美军骑兵第一师一个团大部围歼于云山，并击毙该团团长。云山之战，志愿军首创以劣势装备歼灭现代化装备之敌的先例。在云山遭到重创之后，美军当夜在飞机、大炮和坦克掩护下全线撤退。

抗美援朝第一次战役，志愿军经过13个昼夜的艰苦作战，歼敌15000余人，把敌人从鸭绿江边赶到清川江以南，初步稳定了朝鲜战局。

在朝鲜战场上，中国人民志愿军和以美国为首的"联合国军"及其指挥的南朝鲜军队又进行了4次大战役的较量，成为永载史册的战绩，为人们所尊崇景仰。

如在扭转朝鲜战局的第二次战役中，"联合国军"兵败于西线的清川江两岸和东线的长津湖畔，被迫放弃平壤、元山，从陆路、海路退到"三八线"以南。

又如上甘岭战役，那是1952年10月14日至11月25日中国人民志愿军与"联合国军"在上甘岭及其附近地区展开的一场著名战役。此战，"联合国军"调集兵力6万余人，大炮300余门，坦克170多辆，出动飞机3000多架次，对志愿军两个连防守的约3.7平方千米的上甘岭阵地发起猛攻。志愿军防守部队进行了顽强抵抗，阵地多次失而复得。在持续43天的激战中，敌我争夺阵地达59次，志愿军共打退"联合国军"900多次冲锋。最终，中国人民志愿军守住阵地，取得了胜利。

经过5次大的战役，中国人民志愿军粉碎了以美军为首的"联合国军"在1950年当年获胜回去过圣诞节的美梦。

这场战争让美国政府认识到长期陷于朝鲜战场，对其全球战略极为不利，加上国内外反战情绪日益高涨，因此，他们决定转入战略防御，准备同中朝方面举行谈判，

纪 57（3-1）
并肩作战（1958）

纪 57（3-2）
依依惜别（1958）

纪 57（3-3）
胜利归来（1958）

2020-24J　中国人民志愿军
抗美援朝出国作战 70 周年

军邮信封

谋求停战。

1951 年 6 月初，美国政府通过外交途径向中朝方面做出了通过停战谈判结束敌对行动的表示。

1953 年 7 月 27 日，战争双方在板门店签订《朝鲜停战协定》，标志着抗美援朝战争取得了伟大的胜利。

回顾战斗的日子，中国人民志愿军战士和中国人民一起履行了国际主义义务，同时也用行动捍卫了刚刚建立起来的新生革命政权。

当年，中国人民赴朝慰问团赠送给战士们一枚军邮信封。信封以鲜艳的红色印上了"抗美援朝，保家卫国"的口号及庄严的天安门图案。

1958 年 2 月 20 日，中国人民志愿军总部发表声明，决定于 1958 年年底以前分批全部撤出朝鲜。当年 10 月，中国人民志愿军满载着胜利的成果，满载着朝鲜人民的情谊回到了祖国。

1958 年 11 月 20 日，中国人民邮政发行《中国人民志愿军凯旋归国纪念》邮票 3 枚，以"并肩作战""依依惜别""胜利归来"为题表现了这场扬国威的新中国第一战的凯旋盛举。

2020 年，在中国人民志愿军抗美援朝出国作战 70 周年的日子里，中国邮政发行了一枚纪念邮票，以铭记这段历史和弘扬抗美援朝精神。

中国人民志愿军雄赳赳、气昂昂跨过鸭绿江，同朝鲜人民和军队并肩战斗，战胜武装到牙齿的强敌，打出了国威军威，打出了中国人民的精气神，赢得抗美援朝战争伟大胜利，捍卫了新中国安全，彰显了新中国大国地位。新中国在错综复杂的国内国际环境中站稳了脚跟。（摘自《中共中央关于党的百年奋斗重大成就和历史经验的决议》）

四、新中国从废墟上崛起

在国内战争的硝烟刚刚散去、朝鲜战争的烽火正起之刻，国内大事纷纭而至。

毛泽东面对的是一个刚刚从农村转入城市、从军事斗争转为经济建设的百废待兴的负载繁重局面。1949 年 10 月 1 日宣告成立的中华人民共和国正是在旧世界的废墟上建立的一个新生政权。

2003-25（4-2）J
毛泽东在北戴河

当蒋介石政府逃到台湾岛的时候，他们留下的旧中国是怎样的一个废墟呢？

仅从邮票这小小一隅，人们就可以看到，毛泽东和共产党面临的是一个什么样的"烂摊子"。

这是讲给孩子们听，是第一人称的一个"邮票自述"的小故事：《民国末日》。

在民国三十八年的最后时刻，我的状况大变。

一般来说，我在寄信的信封上也就上去几个，也就是最多贴上个三五张邮票。这里有一个信件，小小信封上贴满了邮票，几乎是邮票把信封裹了起来。这是怎么回事呢？

那时，国共战事激烈，民国政府风雨飘摇。当时物价飞涨，寄信邮资也"水涨船高"。于是，需要贴上如此多的邮票才够邮资，才能寄信。一个信封上贴满了邮票，其中绿颜色邮票有 20 张，原面值 2 圆；红颜色邮票 3 张，原面值 20 圆。惊奇的是，绿邮票上加盖了"改作 5000 圆"印记；红邮票上加盖了"改作 10000 圆"印记。原来邮票总面值为100 圆，加盖新价码后，就是 13 万圆了。这见证了当时通货膨胀的严重。这个信封是民国三十七年（1948 年）3 月 24 号从汉口寄上海的快递挂号实寄封。只一个月时间，邮资就飙升了 5 倍。

这个时期，民国政府发行法币币值高达千万，购物要付出千万上亿的钞票，点数不及，论斤来称。1949 年，民国政府的最后一年，邮票面值竟高达 100 万元一枚。即使如此，巨大面值邮票仍赶不上物价的飞涨，只好发行无面值邮票，按邮政业务种类分出"平信""挂号""快信""航空"，然后按"时价"收费。这套邮票在 1949 年 5 月 16 日发行，不到4 个月，国民党的民国政府就走向了灭亡。（摘自《叩开集邮之门》）

这就是蒋介石反动政权崩溃前夕在经济上的通货膨胀及在中国留下的一个又一个废墟。

毛泽东和中国共产党正是在这样的废墟之上，迈开了社会主义革命和建设的步伐。

开国初始，百废待兴。那时，毛泽东虽日理万机，但他深深明白，中国人口的绝大多数是劳作的农民。

一个古老的农耕民族，经历了几千年的风雨，"耕者有其田"的梦想，在旧世界的废墟上，在新中国走上时代舞台的最初时日，终于实现了。

中国共产党领导的新民主主义革命的直接目标，是建立人民民主专政的共和国。因此，实行土地改革、废除封建制度的经济基础——地主阶级封建剥削的土地所有制是一条基本的方针。

为了迎接大地之春的到来，1952年元旦，中国人民邮政发行了一套《土地改革》邮票。图案相同的4枚邮票上，展示了农民分得土地、领到土地证后的生产情景。

邮票图案的左下角是3个穿着传统服装的中国农民的半身像，他们对新的生活充满了憧憬。一位老年农民手指右侧，那里开来了一台大拖拉机，驾驶者是新生一代的年轻农民。这幅画面表现了农业现代化、机械化的发展远景。农机宽大履带下面是一幅持续了几千年的传统的中国农耕图：农民、牛和犁在耕地。设计者有意将牛和犁置于拖拉机的履带之下，表现了要用现代的农业机械化来代替传统的农耕方式的愿景。

特2（4-3）
农民分得土地，领到土地证书，走向生产（1952）

在中国共产党的历史上，早在土地革命年代，毛泽东就写下了《湖南农民运动考察报告》和"收拾金瓯一片，分田分地真忙"的诗句，以寄托一个"农民的儿子"的理想。后来，解放战争时期还在解放区进行了土地改革。但是，大规模的、彻底的土地改革的实施，是在中国共产党取得政权之后的1950年冬到1952年年底。

从1950年开始，中国共产党和毛泽东领导的波澜壮阔的土地改革运动震撼了古老的中国。这是彻底铲除封建剥削制度的一场深刻的社会革命，也是中国新民主主义革命的一项基本任务。

新中国成立后，按照《中国人民政治协商会议共同纲领》的规定，国家要"有步骤地将封建半封建的土地所有制改变为农民的土地所有制"。旧中国占农村人口中不到 10% 的地主、富农，占有农村近 80% 的耕地；而占农村人口 90% 以上的贫农、雇农和中农则只占有 20% 左右的耕地。这是旧中国贫穷落后的主要根源之一。

到了 1952 年年底，除一部分少数民族地区外，全国大陆的土地改革基本完成，3 亿多农民无偿分得了约 7 亿亩土地和大批生产资料，免除了过去为耕种这些土地被迫向地主缴纳的每年约 3000 万吨粮食的地租。

从经济上，农民翻身做了主人，调动了他们革命和建设的积极性，确立了贫下中农在农村中的优势地位，巩固了无产阶级专政中的工农联盟。

在党中央和毛泽东的领导下，在中华人民共和国成立初期的几年时间里，全国顺利完成了土地制度的改革，以及在镇压反革命等稳定社会的运动中实行的民主改革。

1954 年，新中国确立了具有历史意义的国家政治体制，实行民主集中制的人民代表大会制度。

1954 年 9 月 15 日至 28 日，中华人民共和国第一届全国人民代表大会第一次会议在北京召开。

223

新中国成立以来，一直由中国政治协商会议代行人民代表大会职能。一届全国人大一次会议的召开，使得人民正式有了能表达自己意愿的国家机构。

这次会议的与会代表有 1226 人。人民代表中包括了民主人士和民主党派代表人物，包括了工农业劳动模范，军队英雄人物，著名的文艺、科技、教育工作者，工商界、宗教界代表人士，以及各民族、各阶层人民的代表。年龄跨度从 18 岁到 90 岁以上。代表中也有包括毛泽东在内的中国共产党的代表。这是中国历

史上空前的一次团结的、统一的大会，也是劳动人民当家做主、确立国家体制的民主会议。

在中国人民邮政发行的第一届全国人民代表大会纪念邮票中，第 1 枚就是"普选"。画面展示了公民基层选举的场景：一个穿着工装的女工正在往票箱中投选票，背景是中华人民共和国国旗。

纪 29（2-1）
普选（1954）

毛泽东在第一届全国人民代表
大会上投票（朝鲜，1993）

纪 29（2-2）
庆祝全国人民代表大会（1954）

纪 30（2-2）
宪法（1954）

第一届全国人民代表大会第一次会议选举毛泽东为中华人民共和国主席，朱德为副主席，刘少奇为第一届全国人民代表大会常务委员会委员长；根据毛泽东主席的提名，任命周恩来为国务院总理。

在第一届全国人民代表大会召开时，从人民大众到领导人，都以共和国公民身份向投票箱中投下了体现民主的庄严一票。一枚邮票的图案再现了毛泽东在第一届全国人民代表大会第一次会议上投票的场面。

在《中华人民共和国第一届全国人民代表大会》纪念邮票中，第 2 枚为"庆祝全国人民代表大会"。邮票的画面展示了各族人民庆祝第一届全国人民代表大会召开的情景。图案中央为中华人民共和国国徽，两侧是欢庆的人群。这枚邮票以红色为基调，衬托出热烈喜庆的气氛。

在第一届全国人民代表大会第一次会议上，中央人民政府主席毛泽东致开幕词。大会的一个重大贡献是一致通过了《中华人民共和国宪法》。这是一部社会主义类型的宪法，体现了人民民主原则和社会主义原则，以根本法的形式确认了近代 100 多年来中国人民为反对内外敌人、争取民族独立和人民自由幸福进行的英勇斗争，确认了中国共产党领导中国人民夺取新民主主义革命胜利、中国人民掌握国家权力的历史变革，确定了中国人民行使当家作主权利的政治制度，指明了为建立社会主义社会继续奋斗的正确道路。

中国人民邮政为这部宪法的颁布发行了纪念邮票。2 枚邮票采用相同图案，青年女农民手捧《中华人民共和国宪法》，青年工人手指国旗所示的方向，表现出中国各族人民和人民政府步调一致，同心同德建设社会主义祖国。这枚邮票的画面设计清新简洁、质朴大气，充满那个年代宣传画的时代气息，反映了当时邮票的设计风格。

这部诞生在新中国成立之初的宪法，体现了毛泽东的治国思想。开宗明义，宪法把实现国家在过渡时期总任务的具体步骤，用法律形式固定下来。序言指出："从中华人民共和国成立到社会主义社会建成，这是一个过渡时期。国家在过渡时期的总任务是逐步实现国家的社会主义工业化，逐步完成对农业、手工业和资本主义工商业的社会主义改造。"

除序言外，《中华人民共和国宪法》还有总纲，国家机构，公民的基本权利和义务，国旗、国徽、首都 4 章共 106 条。在组织上，根据《中华人民共和国宪法》，全国普遍建立人民代表大会，向人民代表大会制度过渡，为实行人民代表大会制度奠定了前提条件。

1955 年，中国人民邮政发行了《努力完成第一个五年建设计划》特种邮票。这套邮票共有 18 枚，一枚邮票图案就是一幅热气腾腾的画面。18 幅画面展现了社会主义建设在各个领域中的进展和成果。质朴生动的画面充满了浓厚的民族特色，洋溢着 20 世纪 50 年代难忘的清新纯真的时代气息。

这 18 枚邮票的主题分别为"冶金""电力""煤矿""石油""机器制造业""国防""纺织""讨论计划""农业""畜牧""水利""手工业""商业""交通运输""地质勘察""高等教育""和平生活""工人疗养"。

1955 年，第一个五年计划在一届全国人大二次会议上正式通过，其基本任务是建立我国工业化的基础。从 1953 年到 1957 年是第一个五年计划实施时间。到 1957 年，第一个五年计划胜利完成。

特 13　努力完成
第一个五年建设计划（1955）

在这一年，金融领域也有重要改革，那就是将旧币制改为至今沿用的新币制。这个改革也从邮票的面值变化反映出来。

1954 年 1 月 27 日，中国建成了第一条 22 万伏超高压送电线路。这条线路全长 370 千米，共有送电线铁塔 900 多座。这条线路可以把东北松花江上充足的电力输送到东北南部。为此，中国人民邮政发行 1 枚邮票。邮票图案是耸入天际的超高压送电线铁塔，鳞次栉比，一望无垠。这枚邮票发行的时间是 1955 年 2 月 25 日，是中国人民邮政以旧币面值发行的最后一套邮票，面值是旧币制的 800 元。

1955 年年初，实行人民币币值改革，原 100 元改为新币值 1 分，原 800 元改为新币值 8 分，原 1000 元改为新币值 1 角，原 10000 元改为新币值 1 元，依次类推。

实行新币制的邮票在 1955 年 6 月 25 日发行，800 元的国内邮资改为 8 分。第一套新币制邮票是《中国红十字会成立五十周年纪念》。

正如诗人郭小川在《在社会主义高潮中》一诗中所咏诵的：

> 仿佛是滚滚的沉雷
>
> 从万丈以上的云端
>
> 向世界宣告：
>
> 中国的国土上卷起了社会主义革命和建设的高潮，
>
> 中国人前所未有的黄金的日子
>
> 真是来到了

特 12 新建二十二万伏超高压
送电线路（一九五四）（1955）

这是中国人以"人民"身份当家作主的年代，这是新中国以经济建设使国家富强的年代，这也是新中国开始走向国际、跻身于世界之林的年代。共和国的"国家名片"记录下了伟大的社会主义建设时期的历史履迹。

纪 31 中国红十字会成立
五十周年纪念（1955）

文 7（14-11）
《浪淘沙·北戴河》（1968）

第九篇
立国大业

1949 年 10 月 1 日，社会主义革命和建设时期开始了。

这是摆在从战争中走来的中国共产党和毛泽东面前的新事物。

如果说，28 年的新民主主义革命是浴血奋战的苦难辉煌，那么，在毛泽东生涯中的后 27 年，他积极为中国求索、开拓出一条"走向繁荣富强"的大道。

诚如毛泽东在北戴河海边所书写的"换了人间"！

毛泽东生命中的这 27 年，不仅为中国的社会主义革命和社会主义建设奠基，也为之后的改革开放、社会主义现代化建设及建设中国特色社会主义新时代筑基。

一、共和国的"火红岁月"

1949 年 10 月 1 日之后的时期，是新中国充满春意的一段美好的"火红岁月"。

那时，毛泽东和我们的党、人民、军队一起历经了抗美援朝战争的风雨，并开始投入社会主义国家建设和经济建设的热潮之中。

那时，毛泽东走遍大江南北，深入各个领域，调查研究，制定政策。他在上海第一钢铁厂的熊熊炉火前，与炼钢工人一起畅谈中国工业化的前景。他在广东，忆起当年在广州农民运动讲习所的往事，又激起"战士指看南粤，更加郁郁葱葱"的豪迈情怀。在韶山，毛泽东还和农民一起"喜看稻菽千重浪"。

那时，全国人民高歌着"五星红旗迎风飘扬"的旋律，在党

纪 9　中国共产党三十周年纪念（1951）

中央和毛泽东的领导下，意气风发地进行着社会主义革命和建设，那真是一段让人难忘的岁月啊！

在那个时刻，毛泽东始终在思考着和求索着社会主义革命和建设的路途。但是，毛泽东的"求索"，就像他在青年时期和革命战争年代的艰苦曲折的"求索"一样，是在坚持为中国、为人民寻找出一条复兴、富强的正确道路。

1951 年 7 月 1 日，是中国共产党成立 30 周年纪念日。中国人民邮政为此发行了纪念邮票。这是 1949 年 10 月 1 日以来，新中国发行的庆祝党的诞生题材的第一套邮票。这套纪念邮票共有 3 枚，均以毛泽东浮雕式的侧面肖像为图案。图案以单色雕刻版印制，形象鲜明，端庄大气，沿袭了开国初期新中国邮票的朴实无华的风格。

中国共产党第一次全国代表大会是在 1921 年 7 月 23 日召开的。把"7 月 1 日"作为中国共产党诞生的纪念日，是 1938 年 5 月由毛泽东首先提出的。

当时，毛泽东在《论持久战》这部著作中提出："今年七月一日，是中国共产党建立的十七周年纪念日。"这是中共中央领导人第一次明确提出"七一"是党的诞生纪念日。

从 1951 年新中国第一次发行建党 30 周年纪念邮票开始，中华人民邮政、中国人民邮政、中国邮政就将这个重大主题作为一个重要选题，不辍沿袭到 2021 年党的世纪盛典之际。

2021 年 7 月 1 日，中国邮政发行邮票对中国共产党的百年历程作了回望。

从中华人民共和国成立初期开始，以邮票的方寸天地展现党的光辉历程和所创造的历史性业绩，彰显出了"国家名片"所承担的重要使命。

J105（5-3）
光辉的前程（1984）

在硝烟散去、相对和平的岁月中，在中华人民共和国成立之初，毛泽东系统地思考了社会主义革命和建设时期"物质与精神"两个领域诸多的新课题。1956 年 9 月，在生产资料私有制的社会主义改造基本完成后，中国共产党第八次全国代表大会召开。

这是中国共产党在新民主主义革命时期召开的中国共产党第七次全国代表大会的 11 年之后，在中国共产党全国执政后召开的第一次党的全国代表大会。

1956 年 9 月 15 日至 27 日，中国共产党第八次全国代表大会在北京隆重举行。除中国共产党的代表外，国内各民主党派、无党派民主人士的代表和 50 多个国家的共产党、工人党、劳动党和人民革命党的代表也应邀列席了大会。中国共产党第八次全国代表大会宣告了社会主义改造的基本完成和社会主义制度的基本确立。对中国建设社会主义道路的探索，站在比较高的历史起点上，取得了初步成果，对于党和国家事业发展具有长远的重要意义。

中国共产党第八次全国代表大会的召开具有深刻的现实意义和重要的历史意义。

为庆祝这次大会的召开，中国人民邮政发行了一套 3 枚纪念邮票，以庄严的天安门为主图，并以象征着工农的齿轮和农作物环绕簇拥，熠熠生辉，简洁明确地表明了这是在社会主义革命和建设时期举行的一次重要会议。

中国共产党第八次全国代表大会正确分析了在社会主义改造基本完成以后，国内的主要矛盾不再是无产阶

纪 37　中国共产党第八次全国代表大会（1956）

级和资产阶级之间的矛盾，而是人民对于建立先进的工业国的要求同落后的农业国的现实之间的矛盾，是人民对于经济文化迅速发展的需要同当前经济文化不能满足人民需要的状况之间的矛盾。解决这个矛盾的办法是发展社会生产力，实行大规模的经济建设。为此，大会做出了党和国家的工作重点必须转移到社会主义建设上来的重大战略决策。

在中国共产党第八次全国代表大会上，刘少奇同志代表中国共产党中央委员会作政治报告。

J96（4-2）
刘少奇同志在中国共产党
第八次全国代表大会上
作政治报告（1983）

中国共产党第八届中央委员会第一次全体会议选举毛泽东为中央委员会主席，组成了党的新的领导集体。中央政治局常务委员会委员有毛泽东、刘少奇、周恩来、朱德、陈云、邓小平。后来，中国共产党第八届中央委员会第五次全体会议增选了林彪为中央委员会副主席、中央政治局常务委员。

在中国共产党第八次全国代表大会之前，1956年4月，毛泽东在中央政治局扩大会议上作了《论十大关系》的讲话，初步提出了中国社会主义经济、政治建设的若干新方针，标志着党对于怎样建设社会主义有了新的重要认识。

这个时期，党还提出了关于社会主义建设的一系列重要思想，对国家的发展具有重要指导意义。毛泽东的这篇讲话的重要精神，也贯彻到了党的实际工作中。

被称为探索适合中国国情的建设社会主义道路的开篇之作——《论十大关系》，为中国共产党第八次全国代表大会的召开做了重要的准备，提出一些对社会主义建设具有长远指导意义的思想和方针。《论十大关系》这篇著作是毛泽东深入实际、调查研究的直接成果。

毛泽东后来回忆说："那个十大关系怎么出来的呢？我在北京经过一个半月，每天谈一个部，找了三十四个部（注：实际为三十五个部委）的同志谈话，逐渐形成了那个十条。如果没有那些人谈话，那个十大关系怎么会形成呢？不可能形成。"

从1956年2月14日开始，到4月24日结束，这期间毛泽东听取国务院各部门的工作汇报，以及国家计划委员会关于第二个五年计划的汇报，这次的调查研究实际用时43天。

在紧张疲劳的状态下，毛泽东度过了难得又十分重要的几十个日日夜夜。用他自己的话来说，几乎每天都是"床上地下，地下床上"。一起床，就开始听汇报。每次都是四五个小时，地点在中南海的颐年堂。各部事先把汇报写成书面材料送给毛泽东。听口头汇报时，毛泽东提出问题，发表意见，进行评论。从毛泽东发表的意见和评论中，可以看出《论十大关系》形成的思想轨迹，可以看出他对社会主义建设问题的一些思考和见解。为了听汇报，毛泽东不得不改变他长期养成的夜间工作的习惯。

新中国成立之后，面对着新民主主义革命阶段结束和社会主义革命和建设阶段的开始，毛泽东进一步提出并阐述了由新民主主义向社会主义过渡的理论、方针和政策，领导全党和全国人民创造性地开辟了一条适合中国特点的社会主义改造道路，基本确立了社会主义制度，为我国社会的进步和发展奠定了重要基础。

1956年4月28日，毛泽东在中共中央政治局扩大会议上的讲话中指出，在艺术上的"百花齐放"，在学术上的"百家争鸣"，应该成为我们的方针。5月2日，在最高国务会议上，毛泽东正式宣布了"双百方针"。这是促进艺术发展和科学进步的重要方针，是促进社会主义文化繁荣的方针。

他提出要正确区分和处理社会主义社会中敌我之间和人民内部两类不同性质矛盾的学说。他提出"我们的目标，是想造成一个又有集中又有民主，又有纪律又有自由，又有统一意志又有个人心情舒畅、生动活泼，那样一种政治局面"。

2013-30（4-4）J
心潮

社会主义基本制度确立以后，如何在中国建设社会主义是党面临的崭新课题。毛泽东对适合中国国情的社会主义建设道路进行了艰苦探索。

党的八大根据我国社会主义改造基本完成后的形势，提出国内主要矛盾已经不再是工人阶级和资产阶级的矛盾，而是人民对于经济文化迅速发展的需要同当前经济文化不能满足人民需要的状况之间的矛盾，全国人民的主要任务是集中力量发展社会生产力，实现国家工业化，逐步满足人民日益增长的物质和文化需要。党提出努力把我国逐步建设成为一个具有现代农业、现代工业、现代国防和现代科学技术的社会主义强国，领导人民开展全面的大规模的社会主义建设。经过实施几个五年计划，我国建立起独立的比较完整的工业体系和国民经济体系，农业生产条件显著改变，教育、科学、文化、卫生、体育事业有很大发展。"两弹一星"等国防尖端科技不断取得突破，国防工业从无到有逐步发展起来。人民解放军得到壮大和提高，由单一的陆军发展成为包括海军、空军和其他技术兵种在内的合成军队，为巩固新生人民政权、确立中国大国地位、维护中华民族尊严提供了坚强后盾。

……

在这个时期，毛泽东同志提出把马克思列宁主义基本原理同中国具体实际进行"第二次结合"，以毛泽东同志为主要代表的中国共产党人，结合新的实际丰富和发展毛泽东思想……(摘自《中共中央关于党的百年奋斗重大成就和历史经验的决议》)

朗朗月色中天，中南海湖波潋滟。这里，有共和国大家庭的和谐温馨。毛泽东与大家共度"良宵"。这正是新中国之初"火红岁月"的一张大写真。

232

人们热爱1949年10月1日诞生的中华人民共和国，人们怀念在20世纪中叶晴空万里的美好岁月。一幅题为《良宵》的油画，描绘了中国传统的节日——中秋节。在那个月圆之夜，毛泽东和党中央领导同志在中南海会见了工农兵代表和科学家、艺术家，和他们一起探讨社会主义经济建设、国防建设及科技发展的百年大计。

纪81（2-2）
百花齐放、百家争鸣（1960）

1955年1月，诗人艾青曾为北京的拓路高声叫"好"！他在诗句中写出了那个年代的豪言：

我们要前进，

要加快地前进，

我们要在一天走一年的路程。

J39（2-2）
百花齐放，百家争鸣（1979）

这正抒发出了一个处于社会主义建设高潮年代的新中国人的激动心情。

二、阳光普照社会主义江山

一唱雄鸡天下白，万方乐奏有于阗。

在中华人民共和国成立一周年之际，毛泽东挥毫写下改天换地的豪迈词句。

1949 年 10 月 1 日，中华人民共和国诞生了。接着，1950 年的抗美援朝战争，又让新中国经历了战争考验。自人民政权建立，社会主义革命和建设在旧中国的废墟上蓬勃展开。和平年代的经济建设面貌，被鲜明地刻画在 1954 年由中国人民邮政发行的邮票上，记录了新中国投入社会主义建设的豪迈步履。

这一年，有 3 套邮票以社会主义经济建设为主题。

1952 年下半年，在国民经济迅速恢复和发展的基础上，毛泽东提出了过渡时期总路线的初步设想。此时，毛泽东正指导编制发展国民经济的第一个五年计划，并从 1953 年开始实施。在这个社会主义建设的宏图大略的部署下，中国工业化建设开始起步，并逐渐取得成果。

1954 年 5 月 1 日，中国人民邮政发行了一套《经济建设》特种邮票，共有 8 枚，邮票名称分别为自动化炼铁炉、阜新露天煤矿、重型机器厂、东北自动化发电厂、天兰铁路、塘沽新港、哈尔滨亚麻纺织厂和勘察地下宝藏。

同一时期，鞍钢无缝钢管厂和大型轧钢厂，作为苏联援建的工业重点项目，于 1953 年 12 月建成并开工投产。这两个工厂的建成，标志着我国有了自己的大型钢铁冶金及机械制造工业。

1954 年，在新中国成立 5 周年之际，中国人民邮政为这两项重工业建设成就发行了特种邮票。这套邮票为同一设计师设计，票幅与《经济建设》8 枚邮票的票幅相同，两套邮票可以合为一组邮票，这 10 枚邮票成为第一个五年计划期间重工业 10 项重大成就榜。

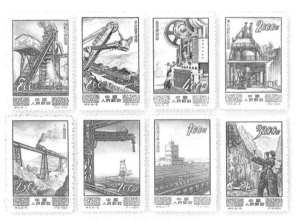

特 8　经济建设（1954）

特 10（2-1）
无缝钢管厂（1954）

特 10（2-2）
大型轧钢厂（1954）

特 11（2-1）
反围盘（1954）

特 11（2-2）
万能工具胎（1954）

在全国人民的生产建设热情空前高涨的 1954 年 4 月，鞍钢技术革新能手王崇伦等 7 名"全国工业劳动模范"向全国总工会发出了"开展技术革新运动"的建议书，促成了全国技术革新运动的蓬勃兴起。1954 年 12 月 15 日，中国人民邮政发行了《技术革新》邮票一套 2 枚。一枚是"反围盘"，这是鞍钢小型轧钢厂工人张明山的发明。"反围盘"安装在光轧钢机上，不仅可以提高劳动生产率，而且可以避免职业病和烫伤事故。另一枚是"万能工具胎"，是鞍钢机械总厂王崇伦创造的。它可以扩大牛头刨床的加工范围，大幅提高劳动生产率。两枚邮票反映了中国工人的智慧和创造力，从一个侧面体现了社会主义经济建设的火热局面。

第一个五年计划规定的基本任务是，集中主要力量进行以苏联援助建设的"156 项"重点工程，建立中国社会主义工业化的初步基础；发展部分集体所有制的农业生产合作社，并发展手工业生产合作社，以建立对农业和手工业进行社会主义改造的初步基础；基本上把资本主义工商业分别纳入国家资本主义轨道，以建立对私营工商业逐步进行社会主义改造的基础。第一个五年计划的制订和实施，使各个领域出现了蓬勃向上、欣欣向荣的气象，掀起了新中国社会主义建设的热潮。

在第一个五年计划初期，我国的工业化水平很低。毛泽东有过这样的形象描述："现在我们能造什么？能造桌子椅子，能造茶壶茶碗，能种粮食，还能磨成面粉，还能造纸，但是，一辆汽车、一架飞机、一辆坦克、一辆拖拉机都不能造。"因此，"一五"计划的重点是优先发展重工业。

到了 1957 年，第一个五年计划中所制定的对经济和文化部门基本建设投资总额为 427.4 亿元，已超额完成，达到 493 亿元。其中，工业总产值年均增长 18%，农业总产值年均增长 4.5%，粮食总产值年均增长 3.5%。至此，第一个五年计划超额完成。

1958 年 1 月 30 日，中国人民邮政发行《胜利超额完成第一个五年计划》纪念邮票，3 枚邮票从和平建设、工业和农业、交通运输 3 个角度反映了第一个五年计划取得的伟大成果。

纪 45（3-1）
和平建设（1958）

纪 45（3-2）
工业和农业（1958）

纪 45（3-3）
交通运输（1958）

这套邮票的画面同在一面象征着成绩和成果的锦旗框架中进行了设计构图。

第 1 枚是"和平建设"，绿色背景下的和平鸽及建筑工地的场面，形象地刻画了这个重要主题。

第 2 枚是"工业和农业"，麦穗、棉花和钢锭这些最能代表当时农业和工业的形象，成为邮票图案的主体。

第 3 枚是"交通运输"，在邮票方寸天地，空中飞翔的飞机、水中航行的轮船和奔跑在祖国大地上的火车，必然成为以"交通运输"为主题的构图元素。

在第一个五年计划期间，许多领域提前完成计划所规定的任务。1957 年是第一个五年计划完成的最后一年，从邮票上人们可以看到社会主义经济建设正在大步向前推进。

新中国成立之前，中国汽车完全依靠进口，品牌竟达 130 多种，因而有"万国汽车博览会"之称。新中国成立以后，制造国产汽车成为一项重点工程。

1956 年，长春第一汽车制造厂生产出了"解放"牌中国第一辆载重汽车。毛泽东曾为这个做出重大历史贡献的工厂题写了"第一汽车制造厂奠基纪念"。

1956 年 10 月 1 日，在国庆节游行队列中，第一次出现了由中国自行设计制造的"解放"牌汽车。为了纪念这一盛事，中国人民邮政于 1957 年 5 月 1 日发行了一套纪念邮票。这套邮票共 2 枚。

第 1 枚以长春第一汽车制造厂的热电站及两侧各个主要生产厂房为邮票图案。

第 2 枚是"一汽"的"总装配车间"。总装配线上运行着几辆正在完成装配的"解放"牌汽车，并展示了各车间通往总装配车间的空中运输桥和地面运输道。

从陆路交通到水上通道，在 1957 年发行的邮票上，人们还可以见到一个重大交通建设成就，那就是武汉的长江大桥。

自古以来，长江号称"天堑"。自武汉长江大桥横跨长江，"天堑"变成了"通途"。在武汉市的汉阳龟山和武昌蛇山之间，修建了我国第一座横跨长江的大桥。该桥于 1955 年 9 月动工，1957 年 10 月 15 日通车，全长 1670.4 米。武汉长江大

纪 40　我国自制汽车出厂纪念（1957）

桥的建成，把中国南北地区的铁路网和公路网联为一体，对中国的经济发展和建设起到了重要作用。

1957 年 10 月 1 日，中国人民邮政发行的纪念邮票，从侧景和鸟瞰两个视角，展现了武汉长江大桥的雄姿。特别是鸟瞰的大桥景观，以蓝色江水作为邮票图案的主色调，只见江中帆影点点，舟船竞渡，江上大桥横跨，宛若一条白练延伸远方，气势恢宏。

武汉长江大桥邮票图案的意境，恰好体现出毛泽东当年为大桥所作诗词的气象：

纪 43　武汉长江大桥（1957）

　　风樯动，

　　龟蛇静，

　　起宏图。

236

一桥飞架南北，

天堑变通途。

在祖国社会主义经济建设如火如荼的年代，毛泽东走遍大江南北，常常诗兴高昂，抒发情怀。在武汉，他写下了"一桥飞架南北"的词句；同时，他也为长江三峡的未来，写下了"高峡出平湖"的宏伟设想。

文 7（14-13）
《水调歌头·游泳》（1968）

自古以来，土地是中国农耕社会最重要的资源。

土地改革后，农民实现了"耕者有其田"的梦想。接着，党中央和毛泽东进行了土地所有制的又一改革。一场全国范围内的"农业合作化"运动基于当时农业、农村、农民的现实状况而开展。

从 1952 年组织农业生产合作社开始，到 1956 年年底，已有一亿多户农民参加，占全国农户总数的近 90%。"农业合作化"就是以合作社的组织形式，把个体的、分散的、私有制的农业经济转变成为集体的、大规模的农业经济。

1955 年 7 月 31 日，中共中央召开省、市、自治区党委书记会议。毛泽东在会上作了题为《关于农业合作化问题》的报告。

毛泽东的报告，一开头就说："在全国农村中，新的社会主义群众运动的高潮就要到来。""这是五亿多农村人口的大规模的社会主义的革命运动，带有极其伟大的世界意义。我们应当积极地热情地有计划地去领导这个运动，而不是用各种办法去拉它向后退。"

当然，要把大约一亿一千万农户由个体经营改变为集体经营，并且完成农业的技术改革，有很多困难。但是，毛泽东认为，这些困难是能够克服的。他说，中国的情况是，由于人多地少、时有灾荒和经营方法落后，以致占农村人口百分之六七十的"广大的贫农和非富裕的农民"仍然有困难，仍然不富裕。

农业合作化（首日封）（1957）

他们为了摆脱贫困、改善生活，为了抵御自然灾害，只有联合起来，走社会主义道路。除了社会主义，再无别的出路。因此，毛泽东断定，中国的大多数农民有走社会主义道路的积极性，中国共产党是能够领导农民走上社会主义道路的。

毛泽东《关于农业合作化问题》的报告对"农业合作化"的理论和政策作了系统阐述。

1956年，农业社会主义改造掀起高潮，农业合作化运动迅猛发展。仅3个月左右时间，到1956年年底，全国基本完成农业合作化，基本完成由农民个体所有制到社会主义集体所有制的转变。

特20（4-1）
入社（1957）

特20（4-2）
耕种（1957）

特20（4-3）
造林（1957）

1957年，中国人民邮政发行了《农业合作化》邮票一套4枚。这套邮票的设计，极富民族风格。邮票图案运用套色木刻技法，以简单的颜色、简洁的线条刻画了主题。简练、单纯、明快和质朴的艺术效果，使这套邮票充满了动人的魅力。

第1枚邮票是"入社"，以一位老年农民为主要形象。他饱经沧桑、须发皆白，却洋溢着欢乐的笑容。他紧攥着入社申请书，表现了农民充满希望、拥护和信任农业合作社的心情。在以绿色为基调的画面上，远处点缀的几面飘扬的红旗，又增添了红火活跃的气氛。

在第2枚邮票"耕种"上，一位年轻社员正用双轮双铧犁耕地。这枚邮票图案色调明朗，充满朝气，突出了农业合作化后社员的劳动热情。在构图上，设计者采用仰视角度，使人物突显在大地上。远处的农人、耕马及树木，使地平线起伏有致，强化了环境的真实氛围。

从中国传统艺术在结构上的"起承转合"规律来看，"造林"这一枚邮票正处于"转"之第3枚邮票位置。这枚邮票清新且富有活力，充盈着春的气息。植树造林本身又是农业生产之外的绿化生态活动，这正是一个轻松的、与"生产"形成对比的优美活动。邮票图案描绘了一个农村姑娘植树的情景。她的身姿和动作优美，洁白头巾上的柔和光线，使其脸庞更加活泼生动。她正在给一株小树添土。小树挺秀，洋溢着活力。远处，新绿的山岗使人似乎嗅到了春天的气息。画面由柠檬黄、嫩绿的色调和黑褐线条组成，使这枚邮票充满了诗的意境。

特 20（4-4）
丰收（1957）

第 4 枚邮票是"丰收"。邮票图案以多层次形象的叠置，构成一个喜庆丰收的场面。前景是女社员正在脱谷，中景是男社员们正在装粮，远处的背景则是堆积如山的丰收粮仓。饱和的金黄色调烘托出了丰收的喜人景象。

这套特种邮票生动地刻画了"农业合作化"的场景。土地和农民，耕耘和收获，构成了邮票主图。农民面带自豪喜悦的笑容，烘托出朝气蓬勃的氛围。

在祖国大地上，交通是经济发展的一条生命线。当年，在"世界屋脊"青藏高原的悬崖绝壁上，工程兵战士留下了豪壮的诗句：

特 14（3-1）
康藏、青藏公路（1956）

跨过昆仑唐古拉，

开劈石峡到拉萨。

1954 年 12 月 25 日，青藏公路和康藏公路（今川藏公路）同时通车。两条雪域高原上的交通线，犹如穿越雪线的通天之路，密切了祖国内地同边疆的联系。

抗日战争时期，陕甘宁边区毗邻着中华民族的"母亲河"——黄河。毛泽东曾在 1936 年写过冬日的黄河："大河上下，顿失滔滔。"在民族危亡的时刻，毛泽东指挥着八路军东渡黄河抗击敌寇；在人民解放战争时期，毛泽东在转战陕北途中也曾多次来到

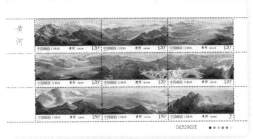

2015-19T 黄河

特 19　治理黄河（1957）

黄河边。对于黄河，他有着深深的情结。

2015 年，中国邮政发行了《黄河》特种邮票，从大河之源到东流入海，9 枚邮票展现了"母亲河"的宏伟全景。

1952 年，毛泽东视察黄河。他在黄河之畔，凝望着大河东去。

毛泽东有过一个未曾实现的梦想，那就是在和平建设的年代，他骑着马和一些专家从黄河的源头巴颜喀拉山到入海口，全程考察黄河流域。

黄河是中华民族的母亲河。自古以来，也是一大水患。新中国成立后，治理黄河，变害为利，造福于民，成为新中国人民政权的一个历史性任务。

治理黄河之始，中国人民邮政就发行了《治理黄河》特种邮票一套 4 枚，展示了这一宏大工程的实施与前景。

第 1 枚为"示意图"，图案采用了黄河综合利用一期工程及远景规划示意图。

第 2 枚为"电力"，图案是黄河干流上第一座大型水电工程。

第 3 枚为"航运"，图案展示了黄河通航的未来图景。

第 4 枚为"灌溉"，描绘了引黄河水灌溉万顷田的美好景象。

黄河是我国的第二大河，流经青海、四川、甘肃、宁夏、内蒙古、山西、陕西、河南、山东 9 个省（自治区）。半个多世纪以来，黄河的治理与开发取得了突飞猛进的进展，实现了毛泽东"治理黄河"的伟大夙愿。

在 1957 年中国人民邮政发行的《治理黄河》特种邮票中，"电力"这一枚邮票的图案还只是展示发展的蓝图；而在 2002 年中国邮政发行的《黄河水利水电工程》特种邮票，则是第一套以黄河水利水电建设成就为主题的新中国邮票。

这套邮票由 4 枚邮票和 1 枚小型张组成。4 枚邮票分别展现了李家峡、刘家峡、青铜峡、

2002-12M　黄河水利水电工程（小型张）

三门峡水利水电工程，小型张则展现了小浪底水利枢纽工程的大气磅礴的景象。

这套邮票所选择的五大水电站，分别位于黄河的上、中、下游，涵盖了黄河的整个流域，完整地表现了黄河在中华文明发展和现代化建设中的作用。

在中国革命战争时期，毛泽东不仅制定了战争的战略和战术，指挥革命军队取得伟大胜利，而且留下了关于军事、政治、哲学、文化等方面的伟大著作。而当新中国从战争转入经济建设时，毛泽东和党中央在深入实际、调查研究的基础上，提出了社会主义建设的方针政策，部署了社会主义建设的阶段和进程，取得了社会主义建设的伟大成就。

重要的是，毛泽东不仅在领导中国革命和建设的践行中取得了物质成果，而且他还经过 43 天探索，留下了《论十大关系》等宝贵理论财富。这笔财富是对毛泽东思想的发展。

1952 年毛泽东视察黄河
（个性化邮票）（2021）

毛泽东（极限明信片）（2003）

三、在求索、探索中前进

当新中国在 1949 年诞生以后，在社会主义革命和建设的年代，为了保卫和平，毛泽东曾坚决而正确地做出"抗美援朝、保家卫国"的重大决策；为了巩固新生革命政权，进行了严厉的镇压反革命的运动。1951 年 12 月至 1952 年 10 月进行的反对贪污、反对浪费、反对官僚主义的"三反"运动和反对行贿、反对偷税漏税、反对盗骗国家财产、反对偷工减料、反对盗窃国家经济情报的"五反"运动，是维护国家和人民利益势在必行的斗争。

1958 年到来了。

这在新中国历史上是特殊的一年。名为"大跃进"的火热的经济建设运动，成为这一年尽人皆知的一个标志。在这一年中国人民邮政发行的邮票上，留下了"大跃进"初年的痕迹。

翻开 1958 年到 1959 年的邮票册，就会发现在这一年里，邮票发行也是一个"大跃进"。1958 年中国人民邮政发行了 24 套邮票，这是自 1949 年中华人民共和国成立以来发行邮票最多的一年。1959 年也发行了 23 套邮票。

1958 年发行的《全国工业交通展览会》邮票，第 1 枚就以"社会主义建设总路线"为主题。邮票上印有"总路线"的内容——"鼓足干劲，力争上游，多快好省地建设社会主义"。

其余 2 枚为"力争上游""生产大跃进"。这套邮票正是在 1958 年至 1959 年开始的工农业生产"大跃进"和农村人民公社化运动的一个历史见证。

纪 55（3-1）　　　　　　纪 55（3-2）　　　　　　纪 55（3-3）
社会主义建设总路线（1958）　　力争上游（1958）　　　生产大跃进（1958）

1958 年 5 月，中国共产党第八届全国代表大会第二次会议通过的"社会主义建设总路线"，尽管体现了需要尽快改变我国经济落后状况的良好愿望，但工农业生产追求高速度、高指标的"大跃进"，则违背了客观经济规律。

1958 年开始了"全民大炼钢铁"运动。当时，全国上下大炼钢铁，一派火红。这个"大跃进"场面被记录在 1959 年发行的邮票上。

当年，钢产量锁定的"大跃进"指标比 1957 年翻一番，为 1070 万吨。在 1959 年 2 月 15 日发行邮票时，第 3 枚邮票还没有设计和印制。到了 5 月 27 日，题为"庆祝完成"的邮票正式发行。

纪 58（3-1）　　　　　　纪 58（3-2）　　　　　　纪 58（3-3）
全民炼钢（1959）　　　　土洋结合（1959）　　　　庆祝完成（1959）

1958 年，农业生产"大放卫星"。粮食亩产有的被浮夸到万斤乃至更多，年总产量的指标预期也比 1957 年增加 80%，达到 7000 亿斤左右。

1958 年及 1959 年"大跃进"期间发行的邮票，在图案设计上和色调运用上有一个共同的特点，那就是宣传式的夸张构图和夺目的大红色彩。如 1959 年相继发行的《一九五八年钢铁生产大跃进》《一九五八年农业大丰收》，两套共 7 枚邮票皆以红色为基调。

与此同时，在农村进行的人民公社化运动，将生产资料公有化、社员生活集体化、工农商学兵"五位一体"，标榜中国农村已经开始步入共产主义阶段。

当时，中国人民邮政发行了题为《人民公社》的 12 枚邮票，试图"全面展示"人民公社的优越性，其中有反映工农商学兵"五位一体"的人民公社体制、反映大办集体食堂的集体生活方式等。

同样在这个年代，大兴水利工程中也有一些水利项目，至今仍在造福于民。如毛泽东亲自参加劳动并题词的北京十三陵水库。

1958 年 11 月至 1959 年 7 月，毛泽东和党中央已经觉察到错误，采取压低 1959 年工农业生产指标等措施加以纠正。

党中央和毛泽东在刘少奇、周恩来、陈云等领导人配合下，对国民经济实行了"调整、巩固、充实、提高"方针，使国民经济得到了恢复和发展。

1962 年，中共中央在北京人民大会堂召开扩大的中央工作会议。在有中央、省、地、县委 4 级主要负责人及部分大厂矿和军队的负责人共 7118 人参加的史称"七千人大会"上，刘少奇代表中共中央作报

纪 58 一九五八年钢铁生产大跃进（1959）

纪 60 一九五八年农业大丰收（1959）

特 35（12-1）人民公社好（1959）

特 26 十三陵水库（1958）

特 41（2-2）大礼堂（1960）

告，初步总结了 1958 年"大跃进"以来经济建设工作中的经验和教训，分析了工作中的主要缺点和错误，指出全党当前的主要任务是做好调整工作。毛泽东在会上作了重要讲话，对前几年工作中的缺点和错误，毛泽东主动承担了责任，作了自我批评。

1981 年 6 月，党的十一届六中全会通过的《关于建国以来党的若干历史问题的决议》中指出："一九五八年，党的八大二次会议通过的社会主义建设总路线及其基本点，其正确的一面是反映了广大人民群众迫切要求改变我国经济文化落后状况的普遍愿望，其缺点是忽视了客观的经济规律。""但是，由于对社会主义建设经验不足，对经济发展规律和中国经济基本情况认识不足，更由于毛泽东同志、中央和地方不少领导同志在胜利面前滋长了骄傲自满情绪，急于求成，夸大了主观意志和主观努力的作用，没有经过认真的调查研究和试点，就在总路线提出后轻率地发动了'大跃进'运动和农村人民公社化运动，使得以高指标、瞎指挥、浮夸风和'共产风'为主要标志的左倾错误严重地泛滥开来。"

毛泽东告诫全党"夺取全国胜利，这只是万里长征走完了第一步"，必须防止敌人糖衣炮弹的进攻。现实和历史证明，毛泽东的关于党的建设和共产党人坚定革命信仰的思想是正确的。

1963 年，为弘扬"为人民服务"的高尚品德，对于雷锋这位"全心全意为人民服务"的光辉楷模，毛泽东曾题词，号召全国人民"向雷锋同志学习"，匡正了社会风气，弘扬了道德正气。

半个多世纪以来，毛泽东给雷锋同志的题词多次出现在"国家名片"上。

毛泽东（极限明信片）（2013）

从中华人民共和国成立之始到 20 世纪 60 年代中叶，毛泽东在社会主义革命和建设的实践中求索和探索着。

J26 向雷锋同志学习（1978）

特 74（8-2）五好战士（1965）

2013-3（4-1）J　向雷锋同志学习

2023-3（2-1）J　毛泽东同志题词

他的求索、探索有胜利有失败，有坦途有曲折，但都是坚定地朝着一个目标，那就是为了人民、为了民族、为了国家……

四、共和国向世界敞开大门

当新中国崛起在东方地平线上时，一个新的纪元到来了。中国人民以更加伟岸的身姿屹立在世界民族之林。

把目光投向世界，毛泽东曾抒发"环球同此凉热"的情怀。他在一首词中写道："四海翻腾云水怒，五洲震荡风雷激。"这显示出关注中国国内革命和建设的毛泽东，同样是一个胸怀世界的伟人。

1949 年 10 月 2 日，苏联决定与中国正式建立外交关系。新中国成立仅两个多月，1949 年 12 月，国事繁忙、日理万机的毛泽东抵达苏联首都莫斯科进行正式访问。

1950 年 2 月 14 日，中国、苏联两国外交部长周恩来和维辛斯基分别代表两国政府，在莫斯科签订了有效期为 30 年的《中苏友好同盟互助条约》，并于同年 4 月 11 日起生效。条约的主要内容是：防止帝国主义侵略以巩固远东和世界和平，发展和巩固两国间的经济、文化与合作关系。双方在换文中声明，1945 年 8 月 14 日国民党政府与苏联政府所缔结的条约与协定均告失效。

1950 年 12 月 1 日，中国人民邮政发行了《中苏友好同盟互助条约签订纪念》邮票。这套邮票共有 3 枚，画面同为毛泽东 1949 年 12 月 16 日至 1950 年 2 月 17 日率领中国代表团访问苏联时和斯大林握手的情景。在毛泽东和斯大林身后，是两国的地图和代表两国首都的北京天安门与莫斯科斯巴斯基钟塔。他们身前是两国的国旗。

在论述为建立新中国而进行艰苦卓绝斗争的历史时，毛泽东追根溯源，他说："十月革命一声炮响，给我们送来了马克思列宁主义。"而发出第一声炮击的"阿芙乐尔"号巡洋舰，其意为"曙光"。十月革命正是中国革命的第一缕"曙光"。

纪 8（3-3）
中苏友谊（1950）

1953 年，中国人民邮政计划发行一套 4 枚纪念十月革命的邮票。第 1 枚就是"中苏友好"，图案采用了苏联画家阿·吉利洛夫创作的油画《我们的伟大旗帜——斯大林和毛泽东》。这幅油画再现了当年两位伟人漫步在克里姆林宫亲切交谈的情景。

原计划在 1953 年 2 月 14 日发行的《伟大的十月革命三十五周年纪念》邮票，错误地将名称印成《伟大的苏联十月革命三十五周年纪念》，多了"苏联"二字。1917 年十月革命时，苏联还没有建立。邮电部发现这一错误后，立即急电各地邮局停止发售，立刻收回。当时，只有湖南省德阳等邮局因故未能及时收到通知，结果出售了约半个月，致使这套错版邮票流入社会，后来成为新中国邮票中的珍品。

纪 20（4-1）
中苏友好（1953）

伟大的苏联十月革命
三十五周年纪念错版邮票（1953）

这套邮票经修改后重新印刷，发行日期推迟到 10 月 5 日。错版邮票和正版邮票的图案完全相同，只是文字不同且颜色略有差异。

在新中国成立前夕，毛泽东就明确提出了向苏联"一边倒"的外交方针。

1955 年，中国人民邮政为纪念《中苏友好同盟互助条约》签订五周年发行了一套 2 枚纪念邮票。第 1 枚邮票以苏联画家德米特里·阿布拉莫维奇·纳尔班迪安所创作的油画《伟大的友谊》作为图案。画面上是当年毛泽东和斯大林在莫斯科会面的场景。庄重的褐色单色雕刻版邮票，细腻传神，堪称精湛。

第 2 枚邮票的图案展示了苏联专家指导中国工作人员的情景。用当时的话说，中国就是要"向苏联老大哥学习"。这枚邮票的题目很长，表现出了当时新生政权百废待兴，紧迫需要经济上的援助与学习。

1960 年，时值《中苏友好同盟互助条约》签订 10 周年，中国人民邮政发行了一套 3 枚纪念邮票。其中 1 枚邮票的图案展现了中苏友好的情景。那时，中国仍在"学习苏联先进经验，为我们祖国的工业化而奋斗"。

1954 年 10 月，为了展示苏联经济和文化建设的成果，"苏联经济及文化建设成就展览会"在北京举办。展出期间，毛泽东等党和国家领导人参观。为纪念这次盛大展览所发行的邮票，画面上是在北京新建的俄式建筑风格的苏联展览馆（今北京展览馆）外景，以及毛泽东在全国政协一届四次会议讲话中的一句话（略有改动）："我们要在全国范围内掀起学习苏联的高潮，来建设我们的国家。"

1954 年 9 月，赫鲁晓夫率苏联政府代表团访华，其间双方签署了 7 个重要文件，主要内容包括将以往苏联在双边关系中非正常占有的一些权利归还给中国，将 4 个中苏股份公司中的苏联股份移交给中国，为中国提供 5.2 亿卢布长期贷款，帮助中国新建 15 家工业企业和扩大原有 141 个企业设备的供应范围等。此外，双方还签订了苏联在和平利用原子能方面给予中国帮助的协定，促成中国建立起第一个原子反应堆和回旋加速器，为中国原子能工业的奠基提供了条件。这次苏联官方的友好访华，使毛泽东感受到了在与苏联交往

纪 32（2-1）
伟大的友谊（1955）

纪 32（2-2）
学习苏联先进生产经验，
为我们祖国的工业化而奋斗
（1955）

纪 28
苏联展览馆（1954）

纪 75（3-1）
互助合作（1960）

中前所未有的平等气氛。

1959 年，正值新中国成立 10 周年的大庆之年，苏联党和国家领导人赫鲁晓夫再次率领代表团访问中国。

尽管两国在一些问题上开始有了分歧，但毛泽东、刘少奇、周恩来、朱德等中共中央领导人亲自到机场迎接苏联代表团，并留下了历史性的照片。国庆节当天，毛泽东和苏联领导人一起登上天安门，并安排他站在自己身边，给其以极高的外交礼遇。

世界人民友谊（朝鲜，2003）

在新中国刚刚诞生时，曾经流行一首歌曲——《莫斯科—北京》，咏唱了中国人民和苏联人民的深厚友谊。早在中国及苏联的革命岁月，中苏两国人民和共产党人就结下了战斗情谊。

新中国成立后，苏联首先与这个新生的政权建交。在新中国百废待兴的日子里，苏联人民曾经给予中国援助。1991 年以后，苏联已不复存在，再观赏这些邮票，总会触动当年那一代人的难忘的记忆，《莫斯科—北京》的歌声仿佛又在耳边响起。

从 1956 年苏联共产党第二十次代表大会的召开，到 1957 年 11 月 12 个社会主义国家共产党和工人党代表会议在莫斯科召开，毛泽东和赫鲁晓夫各自在社会主义道路和国际共产主义运动等方面的探索，出现了分歧。

针对 1963 年 7 月 14 日苏共中央发表的《给苏联各级党组织和全体共产党员的公开信》，毛泽东亲自组织、亲自修改、亲自审定了 9 篇评论文章，即当年著名的"九评"。

当时，正在访问苏联的邓小平及中共代表团抗议苏共中央在国际共产主义政党会议上的反华言论，从而退出会议提前回国。毛泽东和周恩来、朱德等党中央领导人亲临机场迎接，表达了毛泽东反对苏联修正主义的坚定决心。这个镜头，也成为"国家名片"的一个庄重图案。

J21（6-5）
毛泽东和他的亲密战友
周恩来、朱德同志在一起
（1977）

进入 20 世纪 80 年代，历史掀开新的一页。1989 年 5 月，邓小平在会见苏共中央总书记戈尔巴乔夫时，指出历史上的中苏关系的实质。他说："从（20 世纪）60 年代中期起，我们的关系恶化了，基本上隔断了。这不是指意识形态争论的那些问题，这方面现在我们也不认为自己当时说的都是对的。真正的实质问题是不平等，中国人感到受屈辱。"自此，中苏面向未来，结束过去对立状态。苏联解体之后，中国与俄罗斯两国更是在世界新的格局下，形成了具有连续性的全面战略协作伙伴关系。

在那一时期的邮票上，社会主义国家大团结的气象充溢于方寸天地之间。

新中国成立以来，毛泽东就决策和当时如朝鲜、越南、阿尔巴尼亚、罗马尼亚等社会主义国家建立友好的外交关系。

"全世界无产者联合起来！"是无产阶级解放运动的一个战略口号。1847 年 6 月，在共产主义者同盟第一次代表大会上，由恩格斯和威廉·沃尔弗参加拟定的《共产主义者同盟章程》首次写上了这一口号，用以代替正义者同盟的"四海之内，人人皆兄弟"的旧口号。这一口号表明了无产阶级要获得自身的彻底解放，需要全世界无产阶级联合起来。

1959 年的 5 月 1 日，在欢庆国际劳动节 70 周年的日子里，中国人民邮政发行了以"全世界无产者联合起来"为主题的纪念邮票。邮票图案以这一无产阶级口号为主题，将革命的红旗插在地球上，红色基调充满了当年的时代气息。

1964 年，适逢共产国际（第一国际）成立一百周年，中国人民邮政又发行一枚邮票加入纪念国际共产主义运动的行列中。

自新中国成立以来，毛泽东始终不渝地对于世界上受到帝国主义列强和资本主义压迫的弱小国家给予坚决的支持。

1953 年，周恩来总理接见印度政府代表团时首次提出和平共处五项原则，最后确定为：互相尊重主权和领土完整、互不侵犯、互不干涉内政、平等互利、和平共处。在 1955 年 4 月的万隆会议上，新中国外交发出自己的强音，和平共处五项原则在《亚非会议最后公报》中得以体现和引申。

1957 年，毛泽东主席在莫斯科向全世界庄严宣告，中国坚决主张一切国家实行和平共处五项原则。

纪 61（3-2）
全世界无产者联合起来(1959)

纪 107
第一国际成立一百周年
（1964）

纪 110（2-1）
万隆会议会场外景(1965)

1998-5（4-3）J 外交家

和平共处五项原则创立50周年（邮资明信片）（2004）

纪100 第一届新兴力量运动会（1963）

1956年7月，埃及宣布将苏伊士运河公司收归国有；1958年7月，伊拉克人民推翻帝国主义支持的费萨尔王朝。帝国主义国家对埃及和伊拉克采用经济制裁、施加政治压力和军事威胁进行阻挠和干涉。毛泽东郑重宣布，中国坚决支持埃及政府和伊拉克人民政府的完全合法行动，坚决反对任何侵犯埃及和伊拉克主权并进行武装干涉的企图。

1963年11月，第一届新兴力量运动会在印度尼西亚首都雅加达举行。

1962年夏，印度尼西亚总统苏加诺发起举办新兴力量运动会。这一倡议得到亚洲、非洲、拉丁美洲和欧洲一些国家的广泛支持，有48个国家和地区的2404名运动员参加了1963年11月在雅加达举行的这一国际盛会。

中国积极支持这一倡议，并派贺龙副总理率领中国体育代表团参加。中国代表队在这次运动会上共获66枚金牌，奖牌数位列榜首；在举重、射箭项目上创造了新的世界纪录，许多国家的运动员也打破了其本国纪录。这次运动会促进了新兴国家之间的相互了解。

为祝贺第一届新兴力量运动会顺利举行，中国人民邮政发行一套5枚纪念邮票。其中，第3枚为"新兴力量大团结"，邮票图案是不同肤色的各国运动员并肩前进，背景为椰树掩映中的仪仗队，以示新兴力量运动会在印度尼西亚召开。其他4枚分别为"足球""铁饼""游泳""体操"。整套邮票线条简洁明快，色调素淡雅致，给人清新质朴、蓬勃向上之感。

1966 年 11 月，第一届亚洲新兴力量运动会在柬埔寨首都金边举行。中国体育代表团共 331 人参加了这届运动会，有两名中国运动员打破了两项举重世界纪录。中国人民邮政为这次体育盛会发行了一套 4 枚纪念邮票。

第 1 枚为"中国运动员热爱毛主席"，邮票图案为身着红装的中国运动员高举《毛主席语录》、簇拥着毛泽东画像欢呼的场面。第 2 枚为"团结反帝"，图案是亚洲人民并肩挽手在一段毛主席语录之下，这段语录出自毛泽东《支持巴拿马人民反美爱国斗争的谈话》："全世界人民反对美帝国主义及其走狗的斗争一定会取得更加伟大的胜利。"后 2 枚邮票分别为"增进友好""互相促进"，图案是中国运动员与各个国家（地区）的运动员切磋技艺、互相交流的情景。

1963 年元旦，中国人民邮政发行了支持古巴革命主题的邮票一套 6 枚。

1964 年的 1 月 1 日，中国人民邮政发行了《庆祝古巴解放五周年》纪念邮票一套 2 枚。两年以来，在新年伊始，中国人民邮政都会发行支持国际斗争的邮票，这鲜明表达了毛泽东所倡导的国际主义精神。

1958 年 4 月，在加纳总理恩克鲁玛倡议下，非洲独立国家会议在加纳首都阿克拉举行。会议决定，把每年的 4 月 15 日定为"非洲自由日"。

中国重视同非洲国家的友好关系，支持非洲的民族解放运动。1964 年发行的《庆祝非洲

纪 121　第一届亚洲新兴力量运动会（1966）

纪 97　革命的社会主义的古巴万岁（1963）

纪 102　庆祝古巴解放五周年（1964）

自由日》纪念邮票一套2枚，采用木刻作品进行设计。第1枚为"中非友好"，第2枚采用了当时广为流传的江牧的木刻作品《战鼓》，刻画了一位黑人拍击战鼓的富于战斗气息的形象。

纪103（2-2）
战鼓（1964）

在1964年的邮册中，还有中国人民邮政发行的《英勇的越南南方人民必胜》和《庆祝阿尔巴尼亚解放二十周年》纪念邮票，展现了毛泽东的外交方针、政策。

20世纪50年代至70年代，毛泽东多次发表讲话和声明，支持各国人民为争取独立和反对殖民侵略而进行的斗争。

毛泽东以马克思主义的"全世界无产者联合起来"的思想构建他的外交宏图。我们在邮票上可以看到，中国得到了世界爱好和平人民的支持。这是毛泽东外交路线的践行及其在国际上享有崇高威信的体现。

纪108（2-1）
中阿友谊（1964）

在新中国外交风云中，毛泽东作为中国的最高领导人，在北京及全国各地，多次接见了不同体制国家的多位领导人。除朝鲜民主主义人民共和国主席金日成、越南社会主义共和国主席胡志明等社会主义国家领袖外，毛泽东还友好地会见了印度尼西亚总统苏加诺、柬埔寨西哈努克亲王、菲律宾总统费迪南德·马科斯和夫人、泰国总理克立·巴莫等多国外宾，纵论天下大事，显示出大国的外交风范和强烈的个性色彩。

纪110（2-2）
亚非人民欢庆团结（1965）

20世纪70年代，国际形势发生了巨大变化。中苏关系的恶化及珍宝岛事件（1969年）的爆发，两国几乎走到了爆发战争冲突的边缘。毛泽东以高度的外交智慧，从全局角度思考了中美两国关系。

毛泽东引起世界瞩目的外交上的惊人之举，是率先打破中国和美国关系的"坚冰"。这个起始点，就是毛泽东对中美"乒乓外交"的果断决策。

1971年4月，在第31届世界乒乓球锦标赛期间，中国乒乓球运动员庄则栋和美

庄则栋签名（纪念封）（1995）

国乒乓球队员有了友好接触。当年两国运动员的一次友好交往，实际上是一个突破性的举动。

多年后，在一枚贴有世界乒乓球锦标赛的纪念邮票的纪念封上，留下了中国运动员庄则栋的签名。

在比赛即将结束之际，美国乒乓球队向中国体育代表团表示，希望到中国访问。消息传回北京，外交部和体育运动委员会联合起草了《关于不邀请美国乒乓球队访华的报告》，表明美国运动员访华时机尚不成熟。4月4日，周总理在报告上批注"拟同意"。

4月6日，比赛接近尾声。毛泽东深夜果断决定，嘱告外交部电话通知中国体育代表团负责人，正式邀请美国乒乓球队访问中国。

1971年4月10日，美国乒乓球协会主席、代表团团长斯廷霍文和运动员科恩、雷塞克等人抵达北京访问。周恩来总理指出，这次访问是打开中美关系局面的一个非常好的时机，并亲自接见了美国运动员。这就是后来在世界上广为赞誉的毛泽东"小球转动大球"的外交决策。

接着，在1972年的那个寒冷的冬日，毛泽东在北京化解了20多年所凝固的中美关系的"坚冰"。在菊香书屋的书房里，毛泽东与美国总统尼克松握手交谈，为中美关系正常化和后来的中美两国建交铺平了道路。

1972年2月，美国总统尼克松访华，2月28日，中美双方在上海发表《中美联合公报》（《上海公报》），标志着两国关系开始走向正常化。1979年1月1日，中美两国正式建交。此后，两国关系在各个方面取得了较大发展。

1980年9月至12月，中美建交后，"中华人民共和国展览会"先后在美国的旧金山、芝加哥、纽约隆重展出。展览会介绍了中国的经济、文化和历史，进行了有历史意义的中美交流。

当时，中国邮票总公司派员参加展览会，并在展览会内设置了中国邮票馆。

中国展览会所到之处均受到美国各界的广泛欢迎。为了纪念这一中国对外交流史上的重大事件，中国人民邮政于展览会开幕之日的1980年9月13日，发行了《中华人民共和国展览会》纪念邮票。这套邮票以具有浓厚中华民族特色的艺术手法进行设计。

第1枚邮票为"庆祝开幕"。邮票图案是雕梁画栋的展览会大门，门檐悬挂3只红

J59（2-1）
庆祝开幕（1980）

J59（2-2）
友好往来（1980）

色宫灯；并饰以散花之飞天神女，这一形象借鉴了中国古代艺术宝库敦煌壁画的"飞天"造型；线条飘逸，色彩绚丽，极富装饰之美。邮票正中是主题文字"中华人民共和国展览会"。整个画面设计对称和谐，结构精巧，尽显中国气派，具有很强的艺术感染力。

第2枚邮票为"友好往来"。邮票图案正中是中国古代建筑——长城，四周饰以红色门框，外缘长方，内缘拱形，宛如雄伟的城门，从门中可望到万里长城。门框上端有金黄色英文"CHINA"（中国）。图案背景是美国旧金山的金门大桥、芝加哥的大理石大厦、纽约的世界贸易中心双子大厦。这些建筑作为美国3个城市的象征，又用中国喜庆的祥云贯穿起来。宛转流逸、韵律优美的祥云，犹如一条美丽的彩带，寓意中美两国以友谊的纽带相连接。祥云四围，还点缀了鲜花，以衬托出喜庆气氛。

这套邮票还印制了2枚小版张，只在美国的展览会上发售。因其印量较少，且又在国外发售，故在中国集邮界已成为较名贵的邮品。

1942年1月1日，中国、美国、苏联、英国等26个国家为建立统一战线，共同打败法西斯侵略者，在美国首都华盛顿签署了一个共同宣言。根据当时美国总统富兰克林·罗斯福的提议，该宣言的名称为《联合国家共同宣言》。自此，从1945年国际反法西斯战争胜利开始，联合国作为一个国际组织正式组建，这个名称沿用至今。

联合国的宗旨为：维护世界和平与安全，发展各国间的友好关系，促进国际合作，协调各国行动。

当年，联合国成立之时，中国是常任理事国。那时，中国代表是中华民国政府。1945年，中国共产党的代表董必武赴旧金山参加联合国制宪会议。在中国人民邮政发行的《董必武同志诞生一百周年》纪念邮票上，就采用了当年他参加联合国会议的照片。

1971年10月25日，第二十六届联合国大会的2758号决议，以76票赞成、35票反对、17票弃权的

J123（2-2）
董必武同志1945年在旧金山
参加联合国制宪会议（1986）

压倒多数的票数通过了阿尔巴尼亚、阿尔及利亚等 23 国的提案，恢复中华人民共和国在联合国的合法席位，并立即结束了台湾国民党当局非法窃据联合国席位的历史。五星红旗在联合国高高飘扬。这是毛泽东外交路线的一次突破性胜利，也是中国为维护世界和平与发展再登国际舞台的一个划时代的"亮相"。

2021-26J 中华人民共和国恢复联合国合法席位 50 周年

早在 20 世纪 50 年代后期，人们就认识到世界需要有一个区别和划分国家的新概念。毛泽东根据第二次世界大战以后的国际关系新格局，适时地提出了"三个世界"划分的战略理论。他的这一论断萌芽于 20 世纪 40 年代的"中间地带"论的思想，雏形形成于 20 世纪 50 年代到 20 世纪 60 年代的"中间地带"论的外交战略。最终，在 20 世纪 70 年代形成了"三个世界"划分的外交思想。

1974 年 2 月 22 日下午，毛泽东会见了赞比亚共和国总统卡翁达。会见中，毛泽东提出了"三个世界"划分的战略理论。

文 6（2-2）
世界革命人民无限热爱毛主席
（1967）

他说："我看美国、苏联是第一世界。美国、苏联原子弹多，也比较富。第二世界，欧洲、日本、澳大利亚、加拿大，原子弹没有那么多，也没有那么富，但是比第三世界要富。咱们是第三世界，第三世界人口很多。亚洲除了日本，都是第三世界。整个非洲都是第三世界，拉丁美洲也是第三世界。"

在毛泽东首次公开提出"三个世界"论断之后，1974 年又和周恩来交谈，确定了在对外政策方面的"三个世界"划分的战略及中国永远"不称霸"的重要思想。这加强了中国同第三世界国家的团结，奠定了中国在世界政治格局中的国际地位，对于争取第二世界国家共同反霸，开创独立、自主的和平外交新局面，具有重要的指导意义，也为中国进行现代化建设创造了有利的国际和平条件。

1971 年 11 月 15 日，以外交部副部长乔冠华为团长的中国代表团首次出现在联合国大会上，受到大多数国家代表极其热烈的欢迎。乔冠华在大会上讲话，代表中国政府对为恢复中国在联合国的合法权利进行不懈努力的众多友好国家表示衷心的感谢，并全面阐述了中国政府在一系列重大问题上的原则立场。

1974 年 4 月 10 日，邓小平在联合国大会第六届特别会议上发言，全面阐述了毛泽东关于"三个世界"划分的理论，并说明了中国的对外政策。

他指出，中国是一个社会主义国家，也是一个发展中国家，中国属于第三世界。中国同大多数第三世界国家具有相似的苦难经历，面临共同的问题和任务。中国把坚决同第三世界的其他国家一起为反对帝国主义、霸权主义、殖民主义而斗争看作自己神圣的国际义务。

1995-22（2-1）J
联合国旗帜和联合国大厦

256

2014-17（4-2）J
出席联合国第六届特别会议

邓小平的发言将毛泽东的关于"三个世界"划分的战略思想向全世界宣示，引起各国广泛关注。"三个世界"划分的理论，指明了全世界被压迫民族应联合起来，结成最广泛的国际统一战线，反对超级大国的霸权主义和战争政策。

在毛泽东晚年，他所提出的关于"三个世界"划分的论断，在国际上产生了巨大反响。世界各国，特别是一些第三世界国家，以崇敬的心情将毛泽东的形象印制在他们的"国家名片"上。在以毛泽东为主题的邮票中，海外发行的邮票是珍贵的集藏。

以毛泽东为领导核心的中国共产党"坚持独立自主的和平外交政策，倡导和坚持和平共处五项原则，坚定维护国家独立、主权、尊严，支持和援助世界被压迫民族解放事业、新独立国家建设事业和各国人民正义斗争，反对帝国主义、霸权主义、殖民主义、种族主义，彻底结束了旧中国的屈辱外交。党审时度势调整外交战略，推动恢复我国在联合国的一切合法权利，打开对外工作新局面，推动形成国际社会坚持一个中国原则的格局。党提出划分三个世界的战略，作出中国永远不称霸的庄严承诺，赢得国际社会特别是广大发展中国家尊重和赞誉"。（摘自《中共中央关于党的百年奋斗重大成就和历史经验的决议》）

五、"踏遍青山人未老"

20 世纪 60 年代中后期，中国步入一个曲折求索、步履维艰的年代。

一个共产党人的信仰是永续革命的动力。毛泽东曾豪迈地写过"踏遍青山人未老"的词句，表达他在人生的任何阶段都会以革命的斗志和深刻的思考，为中国和世界付出自己生命的光和热。

尽管会有脚步的踉跄乃至失误，但前行所背负的是崇高的理想和伟大的事业。阴影永远不会掩盖住太阳的万丈光芒。就像青山不老一样，一代伟人的生命在奋斗中永葆春色……

1966 年的最后一天，中国人民邮政发行了《纪念我们的文化革命先驱鲁迅》纪念邮票。邮票的题目上已经有了"文化革命"字样。同时，在这套纪念鲁迅的邮票上，第一次以"毛主席语录"作为邮票的主体图案，显示出一个年代的最初风貌。

纪 122　纪念我们的文化革命先驱鲁迅

正当国民经济的调整基本完成，国家开始实施第三个五年计划的时刻，意识形态领域的批判运动逐渐发展成为一场政治运动。一场长达 10 年、在新中国历史上留下惨痛教训的"文化大革命"发生了。

在这场运动期间，中国人民邮政取消"纪念邮票""特种邮票"志号，发行了没有任何志号的邮票。在后来的邮票目录上，这批邮票被编为"文"字邮票。这批邮票的特点就是以红色为主基调。在编为"文 10"的邮票上，5 连张上所置放的就是当时毛泽东关于"文化大革命"的 5 段最新指示。

毛泽东曾告诉年轻人："长江水深流急，可以锻炼身体，可以锻炼意志。""你们应该到大江大海去锻炼。"

文 10　毛泽东最新指示（1968）

文 2（8-3）
毛主席是世界人民心中的
红太阳（1967）

J10（3-2）
万里长江横渡（1976）

1966 年 7 月 16 日，毛泽东视察南方，在武汉畅游了长江。时年 73 岁高龄的毛泽东，以惊人的体力和毅力，赴蹈大江风浪中。

为了纪念毛泽东畅游长江 10 周年，中国人民邮政发行了邮票。其中第 2 枚邮票"万里长江横渡"表现的是，在红太阳和长江大桥的背景中，横渡长江的青年劈波向前。

1969 年 4 月，中国共产党第九次全国代表大会在北京举行。在这次代表大会上，林彪被定为党的"接班人"。

1970 年 8 月，在庐山举行的党的九届二中全会上，林彪集团进行阴谋分裂活动，引起毛泽东的高度警惕，并采取制约林彪集团阴谋的措施。在此形势下，林彪集团的骨干成员企图铤而走险，毛泽东、周恩来及时粉碎了他们的阴谋。1971 年 9 月 13 日，林彪等人仓皇出逃，在蒙古温都尔汗机毁人亡。这一事件促使毛泽东对这场运动进行了严肃的思考，并着手纠正错误，调整政策。

1974 年 10 月到 12 月，在筹备召开第四届全国人民代表大会期间，"四人帮"企图篡权。毛泽东多次批评"四人帮"，重申"总理还是总理"，并先后提议邓小平出任国务院第一副总理、中央军委副主席兼解放军总参谋长。

同时，毛泽东多次指示："要把国民经济搞上去。"1975 年 1 月，四届全国人大召开。周恩来在政府工作报告中，重申在 20 世纪内中国全面实现农业、工业、国防和科学技术"四个现代化"的宏伟目标，表达了中国人民最强烈的愿望。

1976 年是大事云集、震撼天地的特殊一年，是大悲大喜、悲喜交加的一年。

1976 年 1 月 8 日，周恩来总理逝世，人民群众极其悲痛。"四人帮"发出禁令压制悼念活动，人们长期郁积的愤懑，终于像火山一样猛烈爆发了。1976 年清明节前后，首都人民汇集到天安门广场深切悼念周恩来总理，爆发了天安门事件。

1976 年 7 月 6 日，朱德委员长在北京溘然长逝。

1976 年 7 月 28 日，河北唐山一带发生强烈地震，人民生命财产受到巨大损失。

1976 年 9 月 9 日，毛泽东主席逝世。全国人民沉浸在巨大的悲痛之中。

1977 年 9 月 9 日是毛泽东主席逝世一周年的纪念日。这一天，中国人民邮政发行了《伟大的领袖和导师毛泽东主席逝世一周年》纪念邮票，以 6 枚邮票的图案概括了毛主席伟大的一生。同一天，中国人民邮政还发行了《伟大的领袖和导师毛泽东主席纪念堂》邮票一套 2 枚，表达了中国人民对毛泽东主席的永久怀念。

1976 年，党和国家的 3 位重要领导人相继逝世后，人们对于党和国家的前途忧虑重重。身为党中央第一副主席、主持中央工作的华国锋，觉察到"四人帮"篡党夺权的严重危险。他认为，必须刻不容缓急谋对策，除掉党和国家肌体上的这个痛疽。华国锋和叶剑英、李先念等老一辈革命家认为，同"四人帮"的斗争是一场势不两立、你死我活的斗争，应当立即采取果断措施加以解决。

1976 年 10 月 6 日晚，华国锋、叶剑英代表中央政治局，执行党和人民的意志，对江青、张春桥、王洪文、姚文元实行隔离审查，粉碎了"四人帮"，结束了 10 年内乱，为党和国家进入新的历史时期打开了通途。

J21 伟大的领袖和导师
毛泽东主席逝世一周年（1977）

J22 伟大的领袖和导师
毛泽东主席纪念堂（1977）

J13（4-2）　　　　J19（4-2）
光辉的榜样（1977）　毕生精力献革命（1977）

1977 年，赵朴初在呈给叶帅的词中写道：

一举妖氛荡，

再造山河壮。

迎新旭，

金星亮。

百花争烂漫，

四海齐欢畅。

"文化大革命"不是推动社会进步的革命，而是由领导者错误发动，被反革命集团利用，给党、国家和各族人民带来严重灾难的一场内乱。

2011-16M 中国共产党成立
九十周年（小型张）

《中共中央关于党的百年奋斗重大成就和历史经验的决议》指出："遗憾的是，党的八大形成的正确路线未能完全坚持下去，先后出现'大跃进'运动、人民公社化运动等错误，反右派斗争也被严重扩大化。面对当时严峻复杂的外部环境，党极为关注社会主义政权巩固，为此进行了多方面努力。然而，毛泽东同志在关于社会主义社会阶级斗争的理论和实践上的错误发展得越来越严重，党中央未能及时纠正这些错误。毛泽东同志对当时我国阶级形势以及党和国家政治状况作出完全错误的估计，发动和领导了'文化大革命'，林彪、江青两个反革命集团利用毛泽东同志的错误，进行了大量祸国殃民的罪恶活动，酿成十年内乱，使党、国家、人民遭到新中国成立以来最严重的挫折和损失，教训极其惨痛。一九七六年十月，中央政治局执行党和人民的意志，毅然粉碎了'四人帮'，结束了'文化大革命'这场灾难。"

江山和人民仍在继续前进，新的历史使命正在召唤着前进的中国人民……

1993-17M
毛泽东同志诞生一百周年（小型张）

第十篇

丰碑万代

回顾 1921 年至 1949 年中国共产党和中国人民浴血战斗 28 年的苦难历程，以及社会主义革命、建设、改革开放的 70 余年征程，回望一代伟人毛泽东的 83 年波澜壮阔的人生岁月，作为老一辈无产阶级革命家的代表，他留下的毛泽东思想，是马克思列宁主义在中国的创造性运用和发展，是被实践证明了的关于革命和建设的正确的理论原则和经验总结，是马克思主义中国化的第一次历史性飞跃。

毛泽东思想集中了中国共产党人革命实践的智慧，造就了中国化的马克思主义，成为"指导我们思想的理论基础"。

今天，我们在毛泽东所说的"物质"与"精神"构筑的世界上，继承了毛泽东和毛泽东思想"物质"的和"精神"的遗产，走在中国特色社会主义的大路上，走在新时代的征程上……

一、毛泽东的"物质"遗产：为中华民族腾飞奠基

2021年，《中共中央关于党的百年奋斗重大成就和历史经验的决议》指出："党在社会主义革命和建设中取得的独创性理论成果和巨大成就，为在新的历史时期开创中国特色社会主义提供了宝贵经验、理论准备、物质基础。"

在"物质基础"上，毛泽东和党中央从旧中国的废墟上开始了波澜壮阔的社会主义革命和建设，集中力量发展社会生产力，努力实现国家工业化，逐步满足人民日益增长的物质和文化需要。

毛泽东和党中央提出，努力把我国逐步建设成为一个具有现代农业、现代工业、现代国防和现代科学技术的"四个现代化"社会主义强国。经过实施几个五年计划，我国建立起独立的、比较完整的工业体系和国民经济体系，农业生产条件显著改变，教育、科学、文化、卫生、体育事业有很大发展。"两弹一星"等国防尖端科技不断取得突破，国防工业从无到有逐步发展起来。人民解放军由单一的陆军发展成为包括海军、空军和其他技术兵种在内的合成军队，为巩固新生的人民政权、确立中国的大国地位、维护中华民族尊严，提供了坚强的后盾。

为了实现社会主义现代化，毛泽东规划立国之后国家的发展远景，思考如何发挥高科技人才的智慧与创造力。那时，他频频与一些科技领域的泰斗交谈，共同探讨国家繁荣富强的社会主义大业。

1964年2月6日，毛泽东亲切会见了后来的"两弹一星"元勋、著名科学家钱学森和著名地质学家李四光等人，与他们一起探讨了社会主义经济建设和国防建设及科技发展的百年大计。

20世纪50年代初，刚刚成立的新中国面临西方的重重经济封锁和核武器的威胁。1955年1月15日，毛泽东主持召开中共中央书记处扩大会议，做出大力发展中国原子能事业的战略决策。

1958年6月，由苏联协助我国建成的第一座实验性原子反应堆开始运行，同时建成了中国第一座回旋加速器，不久开始进行生产。同年10月，生产出了33种放射性同位素，这对中国的科研发展和经济建设都有重要的意义。

中国第一座实验性原子反应堆和回旋加速器开始运转，标志着我国已进入原子能科学

研究和应用阶段。1958 年 12 月 30 日，中国人民邮政发行《我国第一个原子反应堆和回旋加速器》特种邮票。

20 世纪 50 年代中期，世界范围内的科学技术迅猛发展。毛泽东和党中央认识到发展科学技术和发挥知识分子作用的紧迫性、重要性，果断提出了"革技术的命，叫技术革命，叫文化革命，要搞科学，要革愚蠢同无知的命"，号召全党努力学习科学知识。

当时，国务院组织数百位科学技术工作者投入战略性的规划编制。追赶世界先进科技水平的《一九五六——一九六七年科学技术发展远景规划纲要（修正草案）》，从 13 个方面提出了 57 项重要的科学技术任务和 616 个中心问题。这为新中国走向高科技建设的现代化进程，做好了重要的顶层设计规划。

在火红的社会主义建设年代，新中国为知识分子提供了施展才华的广阔天地。以钱学森、李四光、华罗庚、赵忠尧等为代表的一批在海外卓有成就的科学家，放弃了优裕的工作环境和生活条件，回到祖国，投身社会主义建设，并在科学技术各个领域发挥了重要作用，做出了重大贡献。

新中国的"国家名片"留下了许多杰出的科技工作者的形象。

从 20 世纪初叶到 20 世纪 60 年代初期，新中国在社会主义建设中进行了有成就、有曲折的探索，为中国后来的改革开放与崛起腾飞奠定了坚实的物质基础。

1956 年 4 月，毛泽东在《论十大关系》中指出："我们现在还没有原子弹。但是，过去我们也没有飞机和大炮，我们是用小米加步枪打败了日本帝国主义和蒋介石的。我们现在已经

特 28　我国第一个原子反应堆和回旋加速器（1958）

J149（4-1）
地质学家李四光（1988）

J149（4-2）
气象、地理学家竺可桢（1988）

J149（4-3）
物理学家吴有训（1988）

J149（4-4）
数学家华罗庚（1988）

2006-11（4-3）J　严济慈　　2006-11（4-4）J　周培源

263

比过去强，以后还要比现在强，不但要有更多的飞机和大炮，而且还要有原子弹。在今天的世界上，我们要不受人家欺负，就不能没有这个东西。"

中共中央和毛泽东不失时机地把发展国防尖端技术提到国防现代化的议事日程上来，做出发展原子能事业、研制原子弹的决定。这是一项很有远见、很有胆识的战略决策。

周恩来、聂荣臻主持制定的中国两次科学技术长远发展规划，都把发展核科技、核工业列为重点任务之一，推动了中国核工业的发展。新中国的原子弹研制工作是在落后的经济技术基础上和强敌环伺的环境中进行的。从20世纪50年代后期到20世纪60年代初期，在党中央的统一领导下，依靠全国支援，各部门协同，执行了毛泽东提出的"自力更生，过技术关，质量第一，安全第一"方针，共同努力，艰苦奋斗，攻克难关，终于成功地爆炸了我国自行制造的第一颗原子弹，在国际上引起了巨大反响。

264

"两弹一星"（个性化邮票）（2009）

纪53（3-3）
和平利用原子能（1958）

1964年10月，我国自行研制的原子弹试验成功。从一枚个性化邮票的副票上，我们可以感受到中国人民为第一颗原子弹爆炸成功及"两弹一星"的伟大成就而迸发出来的喜悦与激动。

在中国新疆的罗布泊上空，原子核裂变的巨大火球和蘑菇云在茫茫戈壁荒漠第一次升起。中国第一颗原子弹试爆成功的消息震惊了世界。这宣示了中国成为继美国、苏联、英国、法国之后，世界上第5个拥有核武器的国家。

1958年7月，在瑞典的斯德哥尔摩举行了裁军和国际合作大会。来自五大洲几十个国家和地区的代表有一个共同愿望——和平。代表就制止军备竞赛、裁减军备、禁止使用和试验核武器及加强国际合作等问题进行了探讨，通过了一系列相关的决议和公告。

为纪念这次会议的召开，中国人民邮政发行了一套3枚邮票。其中第3枚邮票题为"和平利用原子能"。这枚邮票昭示了中国政府的庄严声明：中国一贯主张全面禁止和彻底销毁核武器；中国进行核试验、发展核武器，是被迫的，是为了防御，为了保卫中国人民免受核威胁。中国政府郑重宣布，在任何时候、任何情况下，中国都不会首先使用核武器。

继我国第一颗原子弹试验成功之后，1966 年 10 月，我国首次发射导弹核武器试验成功；1967 年 6 月，我国第一颗氢弹爆炸成功；1969 年 9 月，我国首次地下核试验成功；1971 年 9 月，我国第一艘核潜艇建成并试航成功。

早在 1958 年，中国人民邮政便发行了《苏联人造地球卫星》特种邮票一套 3 枚。那时，毛泽东和党中央就十分关注苏联在太空的重大成果。

特 25
苏联人造地球卫星（1958）

随着苏联第一颗人造地球卫星发射成功，人类活动领域从陆地、海洋、天空扩展到地球外层空间。航天技术的发展为人类带来了全新的前景。

中国是火箭的故乡。古代中国就有很多遨游太空的梦想。中国古代的科学技术是现代航天事业的基础。

在毛泽东和党中央发展现代科技、实现科技现代化的战略部署下，在"两弹一星"科学家忘我投入科研的努力下，新中国现代航天技术达到了一个新的高度。

曾几何时，我们还只是遥看天宇和在邮票方寸中俯览别国的科技成就；但今天，我们也成为进入太空的一员。

1970 年 4 月，我国成功发射了第一颗人造地球卫星"东方红一号"，这标志着中国在航天技术方面取得历史性的突破。那一天，《东方红》乐曲响彻寰宇。

1971 年 9 月，我国洲际火箭首次飞行试验基本成功。我国第一颗返回式遥感人造地球卫星也于 1975 年 11 月发射成功。

到了 1986 年，整整过了 30 个年头。30 年中，中国有了发射人造地球卫星、大型运载火箭、同步通信卫星等一系列成果，充分展现了中国人民的聪明才智和无穷的发展潜力。

2020-6J　中国第一颗人造地球卫星发射成功五十周年

为纪念中国航天事业发展 30 年，1986 年 2 月 1 日，中国人民邮政发行了《航天》邮票一套 6 枚。6 枚邮票展

中国航天成就（首日封）（1986）

示了中国航天事业发展的 6 个历史性镜头，记录了中国航天事业发展的足迹。

第 1 枚邮票为"乐声环宇"：东方红一号卫星，邮票图案是 1970 年中国发射的第一颗人造地球卫星——东方红一号。

第 2 枚邮票为"天外归来"：回收卫星，邮票图案是中国第一次控制卫星返回地面的情景。

第 3 枚邮票为"雷震海天"：潜射火箭，邮票图案是 1982 年 10 月，我国首次以潜艇自水下向预定海域发射运载火箭的壮观景象。

第 4 枚邮票为"腾飞万里"：飞向静止轨道，邮票图案是 1984 年 4 月，我国发射的第一颗地球同步通信卫星离地飞升的景象。

第 5 枚邮票为"天地同音"：地面接收站，邮票图案是卫星的地面接收站。

第 6 枚邮票为"玉宇明灯"：同步通信卫星，邮票图案是 1984 年 4 月发射的同步通信卫星的运行状况。

这套邮票除着重于对航天器的刻画，还有对环境的渲染，如浩渺的宇宙、灿烂的朝霞、蔚蓝的天空等，在对比、映衬中营造出一种气势磅礴、空旷渺远的艺术效果。

在毛泽东的决策下，我国奠定了高科技国防工业基础。1982 年，中国新研制的固体潜地战略导弹水下发射成功。目前，我国已建立了能研制各类人造卫星、运载火箭、战略导弹的科研生产体系，在低温燃料运载火箭、同步卫星发射和卫星回收、测控技术等方面的水平跨入了世界先进行列。

1989 年，中国人民邮政以《国防建设——火箭腾飞》为题发行了邮票。这套邮票共 4 枚，表现了火箭发射的

T143 国防建设——火箭腾飞
（1989）

2011-14（4-2）J 钱学森

2011-14（4-4）J 钱三强

2014-25（6-1）J 王淦昌

2014-25（6-2）J 赵九章

基本程序：开进、检测、发射、飞行。

"两弹一星"是中华人民共和国前30年科技实力发展的标志性事件，是当代中国在科技等领域独立自主、团结协作、创新发展的重大成果。这不仅增强了我国的国防战略防御能力，而且具有重大的政治意义。邓小平说过，如果（20世纪）60年代以来中国没有原子弹、氢弹，没有发射卫星，中国就不能叫有重要影响的大国，就没有现在这样的国际地位。

在中国邮政发行的《中国现代科学家》纪念邮票上，钱学森、钱三强和为"两弹一星"做出卓越贡献的多位科学家，如王淦昌、赵九章、郭永怀、邓稼先、朱光亚、于敏、王大珩等，他们的肖像都留在了新中国历史的丰碑上。

从那时开始形成的"两弹一星"精神，至今仍是人们敬业报国、勇攀高峰的强大动力。

像宇宙中的航天器轨迹一样，中国国防工业和航天的高科技成就，也是从毛泽东时代的宏伟战略蓝图中走来的。

那是在1999年11月20日，我国载人航天工程第一艘试验飞船"神舟"号发射成功，并在完成各项科学考察任务后，顺利返回，准确着陆。此次发射的试验飞船和新

2020-20（4-1）J 王大珩

2020-20（4-3）J 于敏

2014-25（6-3）J
郭永怀

2014-25（6-4）J
邓稼先

2014-25（6-5）J
朱光亚

2000-22J 中国"神舟"
飞船首飞成功纪念

特5-2003 中国首次载人
航天飞行成功

2015-22J 人工全合成
结晶牛胰岛素五十周年

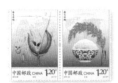

2013-29T 杂交水稻

型运载火箭均由我国自行研制，这一成果标志着我国和平利用空间的领域进一步拓展，是我国航天史上的又一个里程碑。

在"神舟"飞船首飞成功一周年之际，中国邮政特别发行《中国"神舟"飞船首飞成功纪念》邮票一套2枚。这是2枚三角形的异形邮票，构思新颖，富于创意。

自古以来，人类就梦想着巡游太空。直到近代，各种飞行器的发明，才使梦想变为现实。从飞机到火箭，从卫星发射到宇宙飞船，再到2022年中国空间站建立，中国人的脚印一步步向太空延伸。

那时，对于中国人来说，"飞天"还是一个梦。但在社会主义建设初期打下的国防和空间探索高科技的基础上，2003年，一件震惊世界的大事就是"中国首次载人航天飞行成功"。杨利伟成为中国第一位走向太空的航天员，表明了我国航天技术发展的巨大成就，显示出中华民族自立于世界民族之林的实力。

在这个历史时刻，中国邮政、中国香港邮政、中国澳门邮政同时发行了风格相近的纪念邮票各2枚。

20世纪60年代，中国科学家不断地在科技领域，作出杰出的贡献。

1965年，我国科学家成功合成结晶牛胰岛素。在为这一成就发行的纪念邮票上，主图为显微镜下的人工全合成牛胰岛素晶体，记录下中国高科技研究的创举。这枚邮票首次采用无色变金珠光油墨印刷，票面可在光照下闪闪发亮，与邮票主题相契合。

1964年，袁隆平率先在国内开展水稻杂交优势的利用研究。

一粒种子改变了世界。杂交水稻的育成与应用，是水稻科技生产上的一次重大突破，是我国水稻生产的一次飞跃，为解决中国和世界粮食问题作出了贡献。在为"杂交水稻"成就发行的邮票上，"制种""丰收"两个主题，将这一农业高科技成就简洁、准确地刻画在邮票图案中。

当国民经济调整工作取得巨大成就的时候，毛泽东和党中央适时提出了新的奋斗目标。

1965 年 1 月，三届全国人大一次会议在北京闭幕。周恩来总理在大会上宣告：调整国民经济的任务已经基本完成，工农业生产已经全面高涨，整个国民经济已经全部好转。1966 年将开始执行第三个五年计划。

纪念周恩来同志诞辰 95 周年（邮资明信片）（1992）

这次大会郑重地提出实现"四个现代化"的历史任务。周恩来总理在政府工作报告中宣布："在不太长的历史时期内，把我国建设成为一个具有现代农业、现代工业、现代国防和现代科学技术的社会主义强国。"

1966 年，党中央制定的经济建设的第三个五年计划（1966—1970 年）开始实施。在中国人民邮政发行的纪念邮票上，这个经济建设计划以带有鲜明时代色彩的标题《高举毛泽东思想伟大红旗为实现第三个五年计划而奋斗》得以表现。

纪 118（2-1）　工业建设（1967）

纪 118（2-2）　农业建设（1967）

第 1 枚邮票为"工业建设"，第 2 枚邮票为"农业建设"。2 枚邮票以大庆工人、大寨农民、解放军战士、科技工作者、纺织女工、女民兵等工农兵形象为主要图案，表现了毛泽东思想的指引是实现"第三个五年计划"的保证。

1964 年，中国人民邮政发行了《石油工业》邮票，表现了从"钻井"到"炼油"的中国石油工业起步的初期成就。

特67（5-2）　钻井（1964）

T4（5-2）
"两论"起家（1974）

T4（5-5）　新型矿区（1974）

T4（5-1）　铁人王进喜（1974）

编44　中国工人阶级的先锋
战士——铁人王进喜（1972）

在 1974 年发行的《大庆红旗》邮票上，图案以具有时代特征的"'两论'起家"为主，表现了大庆人在毛泽东的《矛盾论》《实践论》指导下创业奋斗的场面。邮票图案上还展示了"科学管理"下的"新型矿区"，体现了大庆作为工业战线的一面旗帜的"爱国、创业、求实、奉献"精神。

以王进喜为代表的大庆石油工人，喊出了"宁肯少活 20 年，拼命也要拿下大油田"的豪迈口号，体现了社会主义建设时期中国工人阶级的崇高的精神风貌。

1960 年春天，为了改变中国石油工业的落后面貌，王进喜率领 1205 钻井队到大庆参加石油会战。他和他的队友们以顽强的意志和冲天的干劲，苦干五天五夜，打出了大庆第一口喷油井，在荒原上建起了一座新的石油城。由于他"一不怕苦、二不怕死"，被群众誉为"铁人"，称赞他具有钢铁般顽强的意志和毅力。他是毛泽东时代工人阶级的英雄人物。

1972 年，中国人民邮政发行了《中国工人阶级的先锋战士——铁人王进喜》邮票，一位普通工人辞世后一年多就发行邮票隆重纪念，这是新中国邮票历史上的第一例。这枚邮票是通过一名工人反映我国大庆乃至整个石油工业领域的奋斗精神。

"工业学大庆，农业学大寨"虽是在 20 世纪 60 年代提出的，但大庆人和大寨人为祖国经济建设而艰苦奋斗的精神至今仍是可贵可敬的。

在大寨精神的鼓舞下，河南省林县（今林州市）为解决缺水困难，经过近 10 年的艰苦奋斗，修筑成引水工程——红旗渠。它穿行在太行山东麓河南林县境内，总长 1500 千米，使林县形成了引、灌、提结合的水利网，灌溉面积达 60 万亩，一举改变了这一地区千百年来严重缺水的状况。

1972年,中国人民邮政发行了《红旗渠》邮票,4枚邮票分别为"愚公移山""青年洞""桃源桥""人间天河",反映了红旗渠工程的宏大。

《红旗渠》这套邮票比较朴实地对红旗渠工程进行了艺术化的纪实。此外,邮票又采用雕刻与影印结合的工艺印制;以雕刻版的线和点刻画出山石草木自然形态的轮廓和主要层次,辅以影写版的色彩和细部变化,产生了精美雅致而又瑰丽多彩的艺术效果。

关于农业生产,毛泽东曾经有过"农业的根本出路在于机械化"等指示。20世纪60年代中期,在工业建设领域,我国研发、创造了很多重要成果。

1974年12月,中国人民邮政发行了题为《工业产品》的4枚邮票。其中有根据"农业机械化"方针开发的"机动水稻插秧机",也有着眼于发展国家工业必须搞好基础工业的指导思想而研发的工业产品。

另一套发行于1966年的《工业新产品》特种邮票就有"移动式变压器""电子显微镜""仿形车床""立式车床""齿轮磨床""自由锻造水压机""双柱铣床""静电加速器"8个产品的图案。邮票设计采用了写实手法,图案以鲜明的底色衬出清晰细致的主体实物,体现了工业领域的新成就。

1966年5月10日,中国人民邮政发行"老纪特"邮票中最后一套志号为"特75"的特种邮票。这套邮票题为《服务行业中的妇女》,表现了中国妇女在服务行业中起到了重要作用。这套邮票的第一枚以"一切工作都是为了革命"为题,表明了社会服务工作应体现毛泽东思想的"为人民服务"的根本宗旨。其余9枚邮票分别展现了"列车员""农村卫生员""保育员""清洁员""理发员""汽车服务员""背篓商店售货员""食堂服务员""乡村邮递员"。

编 49-52 红旗渠(1972)

编 79
机动水稻插秧机(1974)

特 62(8-2)
电子显微镜(1966)

特 62(8-4)
立式车床(1966)

特 75（10-1）
一切工作都是为了革命（1966）

编 83　出诊（1974）

272

编 84　采药（1974）

T12
医疗卫生科学新成就（1976）

1965 年 6 月 26 日，毛泽东发出"把医疗卫生工作的重点放到农村去"的指示。随后，全国各地农村涌现出了大批的不脱产的基层卫生人员，即"赤脚医生"，并普遍建立了农村医疗卫生防治网。他们对改变中国农村缺医少药的状况和农村落后的卫生面貌起到了积极的作用。

1974 年，中国人民邮政发行了《赤脚医生》邮票。这套邮票共有 4 枚，第 1 枚是"预防"，第 2 枚是"出诊"，第 3 枚是"采药"，第 4 枚是"治疗"。

1976 年，中国人民邮政又发行了《医疗卫生科学新成就》特种邮票。这套邮票反映了当年医疗卫生领域，特别是中医及中西医结合领域取得的新的科学成就。这套邮票在设计上是一个"突破"。名称没有任何标语口号，而是选取了医学上的 4 个典型项目："针刺麻醉""断肢再植""中西医结合小夹板治疗骨折""中西医结合针拨术治疗白内障"。在当年，这些医疗方法就是在治病救人方面取得的实用成就。

毛泽东曾患有白内障眼疾，就是请著名中医唐由之以"针拨术"治疗痊愈。在治疗中，毛泽东还因唐由之的名字而高兴地吟起了诗句："花开花落两由之"。

毛泽东曾指出："我们中国如果说有东西贡献全世界，我看中医是一项。"他还说："中药应当很好地保护与发展，我国中药有几千年历史，是祖国极宝贵的财产……"

1978 年，中国人民邮政发行了《药用植物》邮票，从中草药一个侧面反映了我国民族医药事业的成就与发展。这套邮票上的 5 种植物分别是人参、曼陀罗、射干、桔梗、满山红。这套邮票以黑色为底色，映衬出药用植物秀丽多姿的外形和神奇的内蕴。

毛泽东在回顾我国民族工业的发展时曾说过，我国实业界"搞交通运输的卢作孚"是

T30（5-2）
曼陀罗（1978）

不能忘记的。而在洋溢着革命浪漫主义激情的诗词中，他也畅想着交通领域的"天堑变通途"愿景。

在实行第三个五年计划时期，经济建设中关于交通运输题材的邮票，当推《轮船》醒目撼人。这套邮票的第 1 枚，图案是上海造船厂 1970 年建造的"风雷"号，这艘 12600 吨的远洋货轮正迎着旭日出航。第 2 枚邮票的图案是大连红旗造船厂 1971 年建造的 15000 吨的"大庆 30"号油轮，它正破浪前进在蔚蓝的海洋上。第 3 枚邮票的图案是上海沪东造船厂建造的我国第一艘 7500 吨大型远洋客货轮"长征"号，它正行驶在海天云水之间。第 4 枚邮票的图案为上海江南造船厂 1971 年建造的 10400 吨的大型自航耙吸式挖泥船"险峰"号，它正承载重任乘风向前。

南京长江大桥是第一座由中国自行设计和建造的双层式铁路、公路两用桥，是中国经济建设的重要成就，也是中国桥梁建设的重要里程碑。因被普遍看作"自力更生"的典范，该桥素有"争气桥"之称。南京长江大桥更承载了中国几代人的特殊情感与记忆。

1969 年 1 月 1 日，南京长江大桥建成完工，交付使用。9 月 21 日，毛泽东视察了南京长江大桥。

编 29 "风雷"号远洋货轮（1972）

1969 年，中国人民邮政发行了《南京长江大桥》纪念邮票，这是在编为"文"字志号的 19 套邮票中唯一一套反映经济建设成就的邮票。这套邮票图名分别为"铁路桥""公路桥""全景""欢呼大桥胜利建成"。

编 31 "长征"号远洋客货轮（1972）

文 14 南京长江大桥（1969）

毛泽东提出"要把国民经济搞上去"。1973 年，中国迎来了恢复对外贸易的一年。这一年的 10 月 15 日，第 34 届中国出口商品交易会在广州举办。中国人民邮政发行了《中国出口商品交易会》邮票一套 1 枚。邮票图案以交易会大楼为主体，树木、人群、红旗作衬托，图案错落有致、层次分明。

20 世纪 70 年代初，毛泽东和党中央制定了《第四个五年计划纲要》，提出第四个五年计划要初步建成我国独立的、比较完善的工业体系和国民经济体系，促进国民经济新飞跃。到了 1975 年，已经基本完成第四个五年建设计划。

1976 年，中国人民邮政发行了《胜利完成第四个五年计划》邮票。这是一个大套邮票，共有 16 枚，分别为"农田""灌渠""小化肥""纺织""钢铁""煤炭""水电""造船""石油""油港""铁路""科研""牧区小学""公社卫生院""职工宿舍""商业"。

1981 年 6 月，党的十一届六中全会做出的《关于建国以来党的若干历史问题的决议》指出，我们现在赖以进行现代化建设的物质技术基础，很大一部分是这个时期建设起来的；全国经济文化建设等方面的骨干力量和他们的工作经验，大部分也是在这个期间培养和积累起来的。这是这个时期党的工作的主导方面。

从 1949 年到 1976 年，在"一穷二白"

编 95　中国出口商品交易会（1973）

J8　胜利完成第四个五年计划（1976）

的落后局面下，新中国建立了独立的、比较完整的工业体系和国民经济体系，使我国大大缩短了同发达资本主义国家在经济发展方面的差距。这初步取得的历史性的巨大进展，是在中国共产党和毛泽东的领导下取得的，是社会主义制度具有巨大优越性的初步而有力的显示。

中华人民共和国最初 30 年在经济建设上所取得的伟大成就，为改革开放新时期的到来、改革开放深入全面的发展，以及中华民族腾飞新时代蓝图的进程，奠定了坚实的基础。

在由毛泽东时代奠定的国家实力基础上，1978 年，迎来了新中国历史上的里程碑式的一年。这一年召开的党的十一届三中全会，重新确立了党的实事求是的思想路线。全会停止使用"以阶级斗争为纲"的口号，决定将全党的工作重点和全国人民的注意力转移到社会主义现代化建设上，提出了改革开放的任务。这是唱起"春天的故事"的一年。在这一年，人们看到春风又绿九州天。

1978 年 3 月，全国科学大会在北京召开。

会上，以"科学技术是生产力"为纲，提出了"科学技术的现代化"是实现"四个现代化"的关键，包括科技人员在内的广大知识分子是工人阶级的一部分。这次会议使科学、教育、文艺等各个领域的知识分子受到极大鼓舞。时任中国科学院院长的郭沫若为此次大会写下了振奋人心的名篇《科学的春天》。

中国人民邮政为庆祝"全国科学大会"胜利召开而发行了一套 3 枚邮票，第 1 枚以"科学的春天"为题，邮票图案是全国科学大会会徽，象征这次会议将为中国科技的发展带来巨大的推动力。第 2 枚是"向四个现代化进军"，画面上为黄、蓝、绿、紫 4 色旗帜，分别象征着农业、工业、国防和科学技术的现代化。第 3 枚是"努力攀登科学高峰"，图案体现了原子模型、地球、外层空间和红旗等元素，表达了中国人攀登世界科技高峰的信心。

这套邮票构图简洁、线条清晰、美观大方，又以三连票的方式发行了至今已属珍贵的小全张，边纸上印有"全国科学大会 1978·北京"字样，鲜明大方，点明了

J25M 全国科学大会（小全张）（1978）

邮票的题旨。

在 1978 年召开的全国科学大会上，邓小平同志指出，以科技为生产力，实现社会主义"四个现代化"建设，"为了完成这个事业，我们必须极大地提高整个中华民族的科学文化水平。"

为了教育青少年从小养成热爱科学的良好风气，1979 年 11 月，北京举办了"全国青少年科技作品展览"。展品涉及领域广阔，构思巧妙新颖，显示了中国青少年的聪明才智和创造潜力。中国人民邮政发行了一枚邮票，图案为全国青少年科技作品展览的会徽，画面正中为两个绿色芽瓣和根芽，象征着青少年正如茁壮成长的幼芽，孕育着无限的生命力。

同一天，中国人民邮政还发行了一套特种邮票，由 6 枚邮票和一枚小型张组成，题

J40 全国青少年科技作品展览（1979）

为《从小爱科学》。这套邮票的 6 个邮票图案涉及青少年科技活动的 6 个领域：航模、学医、天文、生物、气象、船模，而小型张则是一位女生在展开的书本前，思绪万千，遥想苍穹。

在社会主义建设时期，毛泽东十分重视钢铁工业的建设。他说："过去人家看我们不起是有理由的。因为你没有什么贡献。钢一年只有几十万吨，还拿在日本人手里。国民党蒋介石专政 22 年，一年只搞到几万吨。我们现在也还不多，但是搞起一点来了，今年是四百多万吨，明年突破五百万吨，第二个五年计划要超过一千万吨，第三个五年计划就可能超过两千万吨。我们要努力实现这个目标。"

T41 从小爱科学（1979）

早在 1958 年，毛泽东就认识到，钢铁产量与质量是衡量一个国家综合国力的重要标准之一。我国的冶金技术有着悠久的历史和辉煌的成就。到了近现代，我国钢铁产量在世界上处于落后地位。

T41M 从小爱科学（小型张）（1979）

1996 年，我国钢产量突破一亿吨，这是改革开放的巨大成果，同时也圆了毛泽东的夙愿。1997 年，中国人民邮政发行《1996 年中国钢产量突破一亿吨》邮票一套 2 枚。其中一枚为"中国古代冶金"，另一枚以"钢水奔流"的现代冶炼场景作为图案。

1997-22J　1996 年中国钢产量突破一亿吨

二、毛泽东思想：马克思主义中国化的第一次历史性飞跃

1938 年 9 月 29 日至 11 月 6 日，毛泽东在党的扩大的六届六中全会上就提出了"马克思主义中国化"的指导原则。这是毛泽东在革命实践中，特别是在导致中国革命失败的教条主义的血的经验教训中逐步认识到的。在残酷的革命战争年代，在毛泽东领导和指导中国革命的探索和践行中，逐步形成了将中国实际与马克思主义理论相结合的观念、理论和思想体系。

1941 年 3 月，党的理论工作者张如心在《论布尔什维克的教育家》一文中，使用了"毛泽东同志的思想"这一提法。

1941 年 6 月，中共中央北方局、八路军野战政治部指示：要宣传"我党领袖毛泽东同志发展了马列主义的关于中国革命的各项学说和主张"。

1941 年 9 月，中央政治局召开的扩大会议进一步肯定了毛泽东关于中国革命的理论。

1942 年 7 月 1 日，朱德发表在《解放日报》上的《纪念党的二十一周年》一文中指出："我们党已经积累下了丰富的斗争经验，正确的掌握了马列主义的理论，并且在中国革命的实践中创造了指导中国革命的中国化的马列主义的理论。"

陈毅的文章比较全面地论述了党运用马克思主义解决中国革命问题的新创造，指出毛泽东在革命实践中创立了"正确的思想体系"。

毛泽东（极限明信片）（2013）

1943 年 7 月 6 日，刘少奇发表文章，也使用了"毛泽东同志的思想""毛泽东同志的思想体系"这两个概念。

1943 年 7 月 5 日，王稼祥在《中国共产党与中国民族解放的道路》一文中，首先使用了"毛泽东思想"这个概念，明确提出："毛泽东思想就是中国的马克思列宁主义。"

"毛泽东思想"这一科学概念提出后，很快被全党同志所接受。

1945 年 4 月，党的扩大的六届七中全会通过了《关于若干历史问题的决议》，决议指出："中国共产党自一九二一年产生以来，就以马克思列宁主义的普遍真理和中国革命的具体实践相结合为自己一切工作的指针，毛泽东同志关于中国革命的理论和实践便是此种结合的代表。"

刘少奇在《关于修改党章的报告》中指出："毛泽东思想，就是马克思列宁主义的理论与中国革命的实践之统一的思想，就是中国的共产主义、中国的马克思主义。"毛泽东思想阐明了中国人民完整的革命建国的理论，也建立了中国社会历史的理论，是一个科学的思想体系，是我们党的正确的指导思想。

1945 年 12 月，由中共中央书记处印行的《中国共产党章程》被称为党章"母本"，标有"注意保存，不得遗失"字样，已成为珍贵的见证那段历史的革命文物。

党章规定："中国共产党，以马克思列宁主义的理论与中国革命的实践统一的思想——毛泽东思想，作为自己一切工作的指针，反对任何教条主义的或经验主义的偏向。"

中国新民主主义革命的胜利和社会主义革命和建设的实践证明，毛泽东思想是马克思列宁主义的普遍真理与中国革命实践相结合的思想和理论。毛泽东思想凝聚着中国共产党人的聪明才智，是党和人民群众进行伟大革命实践的经验总结。

毛泽东曾经回顾了中国共产党人寻找真理的求索过程。他写道：

在这个反抗运动中，在一个很长的时期内，即从一八四〇年的鸦片战争到一九一九年的五四运动的前夜，共计七十多年中，中国人没有什么思想武器可以抗御帝国主义。旧的顽固的封建主义的思想打了败仗了，抵不住，宣告破产了。不得已，中国人被迫从帝国主义的老家即西方资产阶级革命时代的武器库中学来了进化论、天赋人权论和资产阶级共和国等项思想武器和政治方案，组织过政党，举行过革命，以为可以外御列强，内建民国。但是这些东西也和封建主义的思想武器一样，软弱得很，又是抵不住，败下阵来，宣告破产了。

一九一七年的俄国革命唤醒了中国人，中国人学得了一样新的东西，这就是马克思列宁主义。中国产生了共产党，这是开天辟地的大事变。孙中山也提倡"以俄为师"，主张"联俄联共"。总之是从此以后，中国改换了方向。

接着，毛泽东指出，马克思列宁主义来到中国之所以发生这样大的作用，是因为中国的社会条件有了这种需要，是因为同中国人民革命的实践发生了联系，是因为被中国人民所掌握了。

自从中国人学会了马克思列宁主义以后，中国人在精神上就由被动转入主动。从这时起，近代世界历史上那种看不起中国人，看不起中国文化的时代应当完结了。伟大的胜利的中国人民解放战争和人民大革命，已经复兴了并正在复兴着伟大的中国人民的文化。（摘自《毛泽东选集》第四卷）

毛泽东从中国的历史状况和社会状况出发，深刻研究中国革命的特点和中国革命的规律，发展了马克思列宁主义关于无产阶级在民主革命中的领导权的思想，创立了无产阶级领导的，以工农联盟为基础的，人民大众的，反对帝国主义、封建主义和官僚资本主义的新民主主义革命的理论，为我们党成为全民族的领导核心，并且创造出中国革命的新道路提供了基本依据。

纪 104（2-1）
全世界无产者联合起来（1964）

毛泽东思想
（极限明信片）（2017）

这就是"马克思主义中国化的第一次历史性飞跃"——毛泽东思想。

在中华人民共和国成立以后，社会主义制度建立，毛泽东创造性地提出了社会主义社会是一个很长的历史阶段，严格区分和正确处理敌我矛盾和人民内部矛盾，正确处理我国社会主义建设的十大关系，走出一条适合我国国情的工业化道路，尊重价值规律，在党与民主党派的关系上实行"长期共存、互相监督"的方针，在科学文化工作中实行"百花齐放、百家争鸣"的方针等。这些重要思想理论成果，有力推动了社会主义建设的开展。

这个时期，毛泽东提出的社会主义革命和建设的理论，丰富和发展了马克思主义。

1960 年，在遵义会议召开 25 周年之时，中国人民邮政发行了纪念邮票，在当年以单色雕刻版为主的邮票设计、印制环境中，其中一枚邮票以彩色的影写版设计、印制，题为"在毛泽东旗帜下，永远胜利地前进"。

1978 年的 12 月，中国共产党第十一届中央委员会第三次全体会议召开。这是我党历史中具有深远意义的一次会议，对新中国成立以后的一些历史问题重新结论，对毛泽东一生的功绩和过错做出了实事求是的评价。

党的十一届三中全会之后，经长时间讨论和修改，集中全党智慧形成了《关于建国以来党的若干历史问题的决议》。1981 年 6 月，中国共产党第十一届六中全会通过了该决议。这个历史决议科学地表述了毛泽东和毛泽东思想的历史地位。

2021 年 11 月 11 日，中国共产党第十九届中央委员会第六次全体会议通过了《中共中央关于党的百年奋斗重大成就和历史经验的决议》（以下简称《决议》）。

《决议》指出："坚持和发展马克思主义，从理论到实践都需要全世界的马克思主义者进行极为艰巨、极具挑战性的努力。"毛泽东同志是马克思主义中国化的伟大开拓者，毛泽东思想以独创性的理论成果为马克思列宁主义的理论宝库增添了新的内容。

《决议》指出："毛泽东思想是马克思列宁主义在中国的创造性运用和发展，是被实践证明了的关于中国革命和建设的正确的理论原则和经验总结，是马克思主义中国化的第一次历史性飞跃。"这是对毛泽东思想的科学概括和总结。

在新民主主义革命时期和社会主义革命和建设岁月中形成、发展和成熟的毛泽东思想，是中国共产党集体智慧的结晶，是马克思主义中国化的一个科学体系。

2003-25J　毛泽东同志诞生一百一十周年

纪 74（3-2）
在毛泽东旗帜下，
永远胜利地前进（1960）

毛泽东（1993年度最佳邮票评选获奖纪念）（1994）

毛泽东（极限明信片）（1993）

（1）关于新民主主义革命

毛泽东正确认识到，中国革命只能以长期的武装斗争为主要形式。通过无产阶级领导的以农民为主体的革命战争，以农村包围城市，最后夺取全国胜利。

毛泽东指出："统一战线和武装斗争，是战胜敌人的两个基本武器。"新民主主义革命理论是毛泽东思想达到成熟的主要标志。

这一历史时期，"以毛泽东同志为主要代表的中国共产党人，把马克思列宁主义基本原理同中国具体实际相结合，对经过艰苦探索、付出巨大牺牲积累的一系列独创性经验作了理论概括，开辟了农村包围城市、武装夺取政权的正确革命道路，创立了毛泽东思想，为夺取新民主主义革命胜利指明了正确方向。"（摘自《中共中央关于党的百年奋斗重大成就和历史经验的决议》）

（2）关于社会主义革命和社会主义建设

毛泽东和中国共产党依据新民主主义革命胜利所创造的向社会主义过渡的经济政治条件，采取社会主义改造和社会主义工业化同时并举方针，从理论和实践上完成了在中国这样一个经济、文化落后的大国建立社会主义制度的艰难任务。

毛泽东提出的对人民内部的民主和对反动派的专政相结合的人民民主专政理论，丰富了马克思列宁主义关于无产阶级专政的学说。

在社会主义制度建立以后，毛泽东又提出了关于社会主义社会仍然存在矛盾，存在生产关系和生产力之间的矛盾、上层建筑和经济基础之间的矛盾和人民内部矛盾的思想；提出了关于人民内部矛盾要实行"团结—批评—团结"、中国共产党与民主党派要实行"长期共存、互相监督"、科学文化工作实行"百花齐放、百家争鸣"、经济工作实行"统筹兼顾、适当安排"等一系列正确方针；关于从中国农业国实际情况出发，以农业为基础，正确处理重工业同农业、轻工业的关系，充分重视农业和轻工业，走出一条适合我国国情的中国工业化道路的思想；关于调动一切积极因素，团结全国各族人民建设社会主义强大国家的一系列战略思想等。这就是毛泽东思想中所表述的社会主义革命和建设的"中国特色"，对之后的中国改革开放和社会主义现代化建设具有重要的指导意义。

此外，在新民主主义革命与社会主义革命和建设两个历史时期，毛泽东在战略和战术、方针和政策方面，体现出了将中国实际与马克思主义的高度结合的思想。在《中国革命战争的战略问题》《抗日游击战争的战略问题》《论持久战》《战争和战略问题》等军事著作中，毛泽东总结中国长期革命战争的经验，系统提出人民军队建设的思想、人民战争的思想，以及中华人民共和国成立以后加强国防，建设现代化革命武装力量和发展现代化国防技术，包括研制用于自卫的核武器等重要指导思想。

毛泽东还在《目前抗日统一战线中的策略问题》《论政策》《关于目前党的政策中的几个重要问题》《关于帝国主义和一切反动派是不是真老虎的问题》等著作中论证了中国共产党的政策和策略，精辟指出政策和策略是党的生命，是革命政党一切实际行动的出发点和归宿，必须根据政治形势将原则性和灵活性相结合。

毛泽东关于思想政治文化的许多著作，如《在延安文艺座谈会上的讲话》《纪念白求恩》

2013-30J　毛泽东同志诞生一百二十周年

J23（3-3）
伟大的、光荣的、正确的
中国共产党万岁（1977）

J39　中国文学艺术工作者第四次代表大会
（1979）

《为人民服务》《愚公移山》等，根据"一定的文化（当作观念形态的文化）是一定社会的政治和经济的反映，又给予伟大影响和作用于一定社会的政治和经济；而经济是基础，政治则是经济的集中表现"的基本观点，提出思想政治工作是经济工作和其他一切工作的生命线，提出发展民族的、科学的、大众的文化，实行"百花齐放、百家争鸣""推陈出新、古为今用、洋为中用"的方针，提出知识分子在革命和建设中具有重要作用，以及知识分子要同工农相结合，学习马克思主义、学习社会，在实践中树立无产阶级世界观的思想等。

　　毛泽东明确指出，我们的文学艺术都是为人民大众的，首先是为工农兵的，为工农兵而创作，为工农兵所利用的，是整个革命机器中的"齿轮和螺丝钉"。从延安文艺座谈会到新中国历届文学艺术工作者全国代表大会，都推动了中国文艺的繁荣。

　　1979年10月30日，中国文学艺术工作者第四次全国代表大会在北京召开。为这次大会发行的纪念邮票共2枚。一枚为"文艺的春天"，邮票图案是舞台，由调色板、竖琴、孔雀舞和彩带组成的花篮，象征了文艺春天的到来；另一枚为"百花齐放，百家争鸣"，图案是篆刻的毛泽东提出的"百花齐放　百家争鸣"8个字，体现了中国篆刻艺术的精美。

　　中国特色社会主义进入新时代后，我们实现了第一个百年奋斗目标，在中华大地上全面建成了小康社会，历史性地解决了绝对贫困问题，正意气风发地向着全面建成社会主义现代化强国的第二个百年奋斗目标迈进。党和人民正朝着实现中华民族伟大复兴的宏伟目标继续前进。我们的事业是在毛泽东奠定的坚实基础上，是继续沿着毛泽东开创的社会主义革命和建设的轨迹在前进。

　　走进新时代，坚持和发展什么样的中国特色社会主义，怎样坚持和发展中国特色社会主义；建设什么样的社会主义现代化强国，怎样建设社会主义现代化强国；建设什么样的长期执政的马克思主义政党，怎样建设长期执政的马克思主义政党？习近平新时代中国特色社会主义思想回答了这些重大时代课题。

毛泽东把辩证唯物主义和历史唯物主义运用于中国革命和建设的实践，毛泽东思想的活的灵魂，是贯穿于其科学体系中的立场、观点和方法，即实事求是、群众路线、独立自主。毛泽东思想以独创性的理论，丰富和发展了马克思主义。毛泽东思想的深远历史意义和现实意义至今仍有重要价值。

毛泽东思想是在中国革命的浴血奋战中和同党内"左"倾、右倾错误路线的复杂斗争中形成的，也是在学习和实践马克思主义、列宁主义的基本思想和理论中形成的。

十月革命"阿芙乐尔"号巡洋舰的一声炮响，为中国共产党送来马克思列宁主义。毛泽东说，这是"用无产阶级的宇宙观作为观察国家命运的工具，重新考虑自己的问

马克思、恩格斯
（极限明信片）（2018）

题。"他指出："主义譬如一面旗子，旗子立起了，大家才有所指望，才知所趋赴。"

百年以来，中国共产党从无到有、从小到大、从弱到强，不断发展壮大的根本原因，就是选择了马克思主义，并把马克思主义基本原理与中国具体实际相结合，走出一条具有中国特色的革命、建设和改革的道路。

在 2018 年中国邮政发行的邮票中，《马克思诞辰 200 周年》纪念邮票是对于科学社会主义思想理论的创始人之一卡尔·马克思的隆重纪念。在新的历史时刻，回望这位以思想的光芒照亮人类发展进程的伟人，表明了中国共产党人坚持"中国马克思主义"毛泽东思想，坚持走中国特色社会主义道路的决心。

中国新民主主义革命胜利，是马克思列宁主义与中国实际的"第一次结合"，"实现了中国从几千年封建专制政治向人民民主的伟大飞跃。"

在中华人民共和国成立、社会主义革命和建设进行的新的历史时期，毛泽东以"进京赶考"的生动比喻，预见了执政党面临的新挑战，着重提出新的历史条件下党的战略方针，在中国社会主义革命和建设的具体实践中，积累了执政党执政的初步经验。

2022 年 10 月，中国共产党第二十次全国代表大会上的报告《高举中国特色社会主义伟大旗帜，为全面建设社会主义现代化国家而团结奋斗》指出："全面从严治党是党永葆生机活力、走好新的赶考之路的必由之路。这是我们在长期实践中得出的至关紧要的规律性认

识，必须倍加珍惜、始终坚持，咬定青山不放松，引领和保障中国特色社会主义巍巍巨轮乘风破浪、行稳致远。"

在完成社会主义革命和推进社会主义建设时期，"毛泽东同志提出把马克思列宁主义基本原理同中国具体实际进行'第二次结合'，以毛泽东同志为主要代表的中国共产党人，结合新的实际丰富和发展毛泽东思想，提出关于社会主义建设的一系列重要思想。""这些独创性理论成果至今仍有重要指导意义。"实现了中国完成社会主义革命和推进社会主义建设时期的伟大飞跃。

《中共中央关于党的百年奋斗重大成就和历史经验的决议》指出："马克思主义揭示了人类社会发展规律，是认识世界、改造世界的科学真理。同时，坚持和发展马克思主义，从理论到实践都需要全世界的马克思主义者进行极为艰巨、极具挑战性的努力。一百年来，党坚持把马克思主义写在自己的旗帜上……"

马克思主义理论"必须中国化才能落地生根、本土化才能深入人心"。毛泽东思想"完全是马克思主义的，又完全是中国的"，具有"新鲜活泼的、为中国老百姓所喜闻乐见的中国作风和中国气派"。

作为马克思列宁主义在中国的创造性运用和发展，实践证明了毛泽东思想是中国革命和建设的正确理论原则和经验总结，是"马克思主义中国化"的第一次历史性飞跃。

三、我们走在大路上

由中国共产党和毛泽东开创的人民共和国的社会主义道路，尽管有曲折的探索，但是，建设社会主义现代化始终是一个神圣的历史任务。从开国初期的火红岁月，到改革开放的春风骀荡，党和人民步伐一致地走在大路上……

在党和国家面临何去何从的重大历史关头，党深刻认识到，只有实行改革开放才是唯一出路，否则我们的现代化事业和社会主义事业就会被葬送。一九七八年十二月，党召开十一届三中全会，果断结束"以阶级斗争为纲"，实现党和国家工作中心战略转移，开启了改革开放和社会主义现代化建设新时期，实现了新中国成立以来党的历史上具有深远意义的伟大转折。（摘自《中共中央关于党的百年奋斗重大成就和历史经验的决议》）

改革开放的春风吹来。毛泽东身后的一个新的历史时期开始了。

在党的十一届三中全会之前召开的中央工作会议上，邓小平同志作了《解放思想，实事求是，团结一致向前看》的重要讲话，成为随后召开的十一届三中全会的主题报告。党的十一届三中全会确立了以经济工作为重心、实行改革开放的重要的战略决策。此后，以邓小平同志为主要代表的中国共产党人，团结带领全党全国各族人民，深刻总结新中国成立以来正反两方面经验，围绕什么是社会主义、怎样建设社会主义这一根本问题，借鉴世界社会主义历史经验，解放思想，实事求是，做出把党和国家工作重心转移到经济建设上来、实行改革开放的历史性决策。

在农村，安徽小岗村的农民率先实行了"联产承包"的大胆的改革体制，得到了党中央的肯定，并成为全国农村改革的模式。中国邮政发行纪念邮资明信片，表现了当年安徽小岗村的"联产承包"创举。这是农村改革开放的第一声号角。党中央又以"经济特区"的形式进行了卓有成效的对外开放的探索。

1980年，党中央、国务院决定在深圳、珠海、厦门、汕头试办经济特区；其后又在海南、上海浦东及环渤海

1998-30（2-2）J
历史的伟大转折

1998-30（2-1）J
邓小平同志在十一届三中全会上

1998-3（6-6）J 一九九二年视察南方发表重要谈话

2008-28J 改革开放三十周年

农村改革发源地——小岗村
（纪念邮资明信片）（2008）

1992-13J 中国共产党第十四届
全国代表大会

2001-1（5-5）J
中华复兴

1997-10J 香港回归祖国

1999-18J 澳门回归祖国

地域实施，推动了中国改革开放和现代化的进程。

改革开放的实质是在解放和发展社会生产力中，进一步解放思想，建设有中国特色的社会主义。为纪念具有历史意义的十一届三中全会的召开和中国改革开放的深入开展，许多的邮票图案运用欣欣向荣、壮举会聚的热烈色彩和宏大构图，对这个改变中华民族面貌的伟大时代进行了展示。

邓小平理论是中国化的马克思主义，是在新的历史条件下对马列主义、毛泽东思想的继承和发展，深刻揭示了社会主义本质，确立了社会主义初级阶段基本路线，明确提出走自己的路、建设中国特色社会主义，制定了到21世纪中叶分三步走、基本实现社会主义现代化的发展战略。

党的十三届四中全会以后，以江泽民同志为主要代表的中国共产党人，团结带领全党全国各族人民，坚持党的基本理论、基本路线，加深了对什么是社会主义、怎样建设社会主义和建设什么样的党、怎样建设党的认识，形成了"三个代表"重要思想。

在中国进入21世纪的历史时刻，党和人民在改革开放和进行现代化社会主义建设中，正创造历史性业绩。

在20世纪即将结束的历史时刻，中华民族迎来了香港和澳门的回归。以江泽民同志为核心的党中央完成了历史性的百年夙愿。

"港澳回归"画面出现在国庆60周年的纪念邮票上。

2002年，中国共产党第十六次全国代表大会召开。中国邮政发行了《黄河壶口瀑布》金箔小型张邮票，反映了中国共产党和全国人民的奋进精神。

党的十六大以后，以胡锦涛同志为主要代表的中国共产党人，团结带领全党全国各族人民，在全面建设小康社会进程中推进实践创新、理论创新、制度创新，深刻认识和回答了新形势下实现什么样的发展、怎样发展等重大问题，形成了新阶段的科学发展观。

2002年12月5日到6日，胡锦涛带领中央书记处成员到西柏坡学习考察，重温毛泽东关于"两个务必"的重要论述。新一届党的领导集体，抓住重要战略机遇期，聚精会神搞建设，一心一意谋发展，坚持以人为本，全面、协调、可持续发展。着力保障和改善民生，促进社会公平正义，强调人民利益是一切工作的出发点和落脚点。

2002-21GM 黄河壶口瀑布（金箔小型张）

胡锦涛总书记说，最根本的是，改革开放符合党心民心、顺应时代潮流，方向和道路是完全正确的，成效和功绩不容否定，停顿和倒退没有出路。

2008年，在北京举办了举世瞩目的第29届夏季奥林匹克运动会。奥运会的成功举办，向世界展示了中国改革开放和社会主义现代化建设的巨大成就，彰显了中国的强大实力。"北京奥运"的画面出现在国庆60周年的纪念邮票上。

科学发展观推动整个社会走上生产发展、生活富裕、生态良好的文明发展道路，推进党的执政能力建设和先进性建设，成功地在新形势下坚持和发展了中国特色社会主义。党的十七大把科学发

2008-18J 第29届奥林匹克运动会开幕纪念

展观写入党章。

从邓小平理论到"三个代表"重要思想和科学发展观，以及为实现"中国梦"的"中华复兴"和完成"两个一百年"宏伟目标，在中国大地上，党和人民在实践中探索出一条中国特色的社会主义道路。

《中共中央关于党的百年奋斗重大成就和历史经验的决议》指出：

党的十二大、十三大、十四大、十五大、十六大、十七大，根据国际国内形势发展变化，从我国发展新要求出发，一以贯之对推进改革开放和社会主义现代化建设作出全面部署，并召开多次中央全会专题研究部署改革发展稳定重大工作。我国改革从农村实行家庭联产承包责任制率先突破，逐步转向城市经济体制改革并全面铺开，确立社会主义市场经济的改革方向，更大程度更广范围发挥市场在资源配置中的基础性作用，坚持和完善基本经济制度和分配制度。党坚决推进经济体制改革，同时进行政治、文化、社会等各领域体制改革，推进党的建设制度改革，不断形成和发展符合当代中国国情、充满生机活力的体制机制。党把对外开放确立为基本国策，从兴办深圳等经济特区、开发开放浦东、推动沿海沿边沿江沿线和内陆中心城市对外开放到加入世界贸易组织，从"引进来"到"走出去"，充分利用国际国内两个市场、两种资源。经过持续推进改革开放，我国实现了从高度集中的计划经济体制到充满活力的社会主义市场经济体制、从封闭半封闭到全方位开放的历史性转变。

"我们走在大路上。"这正是扎根在毛泽东伟大理想沃土上的一个共同的光明走向。

2009-25（4-3）J
港澳回归

个 17（2008）　和谐

2009-25（4-4）J
奥运盛典

J24（3-1）
高举毛主席的伟大旗帜，
把无产阶级革命事业进行到底
（1978）

J23（3-2）
永远高举毛主席的伟大旗帜
（1977）

四、新时代，新征程

中国共产党第十八次全国代表大会以来，习近平总书记多次作了"不忘初心，牢记使命"的重要论述。这深刻地表明走进新时代的党和人民不能忘记毛泽东时代留下的革命的和建设的遗产，体现了党和人民要践行"为中国人民谋幸福，为中华民族谋复兴"的"初心"和"使命"。

中国邮政以《不忘初心，牢记使命》为主题，发行了一套个性化邮票，在以党的一大会址和南湖红船、延安宝塔山和新华门为主图的邮资图上，以一条红色长河象征着党"为中国人民谋幸福"的"不忘初心"历程。

个 49（2018）

不忘初心 牢记使命

在党的百年历史上，从新民主主义革命时期、社会主义革命和建设时期，到改革开放和社会主义现代化建设的新时期，再到中国特色社会主义新时代，几代共产党人深深铭记着：

"我们要恢复毛泽东思想，以至还要发展毛泽东思想，在这些方面，他都提供了一个基础。"

毛泽东思想教育了几代中国共产党人，它培养的大批骨干，不仅在新民主主义革命、社会主义革命、社会主义建设时期发挥了重要作用，也为新的历史时期开创和建设中国特色社会主义发挥了重要作用。毛泽东的重要著作，有许多是在新民主主义革命时期、社会主义革命和建设时期撰写的，但仍须我们经常学习。因为，历史不能割断，如果不了解过去，就会妨碍我们对当前问题的了解；因为，这些著作包

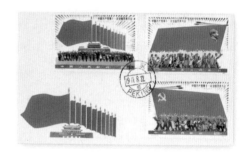

旗帜高扬（首日封）（1977）

含许多基本原理、原则和科学方法，有普遍意义，对于现在和今后仍具有重要的指导作用。

我们必须继续坚持毛泽东思想，认真学习和运用它的立场、观点、方法来研究实践中出现的新情况，解决新问题。毛泽东思想为我们党的理论创造提供了重要思想基础。

2012 年 11 月 8 日，中国共产党第十八次全国代表大会在北京召开。

中国邮政为庆祝党的十八大的胜利召开发行了纪念邮票。在鲜花簇拥下，长城作为中华民族的象征，逶迤直上云天；振奋人心的火箭和航天器，昭示了中国新的腾飞。而小型张以壮伟的人民大会堂为主要图案，在光芒万丈的天宇与鲜花盛开的大地烘衬之下，"中国共产党第十八次全国代表大会"的庄严题名愈加深入人心。

2012-26J　中国共产党
第十八次全国代表大会

1993-17（2-2）J
毛泽东在中南海

党的十八大以来，以习近平同志为主要代表的中国共产党人坚持把马克思主义基本原理同中国具体实际相结合、同中华优秀传统文化相结合，坚持毛泽东思想、邓小平理论、"三个代表"重要思想、科学发展观，深刻总结并充分运用党成立以来的历史经验，从新的实际出发，创立了习近平新时代中国特色社会主义思想。

习近平新时代中国特色社会主义思想是当代中国马克思主义、21 世纪马克思主义，是中华文化和中国精神的时代精华，实现了马克思主义中国化新的飞跃。

党的十八大以来，党中央秉承党的一贯方针，高瞻远瞩，又对于"小康社会"的愿景和实质作了表述，那就是中华民族伟大复兴的"中国梦"。

在党中央的领导下，全党坚决反腐倡廉，深得民心，卓有成效。此举体现了在新的历史条件下践行毛泽东关于端正党风的观点，也彰显了毛泽东思想在新时代仍有重要的指导意义。

自 2013 年开始，中国邮政发行了《中国梦》系列邮票。"国家富强""民族振兴""人民幸福" 3 组邮票，其小全张均以 4 枚邮票图案相连方式，在整幅画卷中再现了以"神舟"飞船与"天宫一号"交会对接、北斗导航卫星系统、"辽宁号"航空母舰、"蛟龙号"载

2017-10J "一带一路"国际
合作高峰论坛

2014-22M 中国梦——民族振兴（小全张）

人潜水器构成的"国家富强"；以政治文明、经济发展、文化发展、民族团结构成的"民族振兴"；以安居乐业、社会保障、社会和谐、美好生活构成的"人民幸福"。

2013年9月和10月中国提出建设"丝绸之路经济带"和"21世纪海上丝绸之路"的合作倡议。此后，中国政府发布了《推动共建丝绸之路经济带和21世纪海上丝绸之路的愿景与行动》。"一带一路"合作倡议是党中央关于构建"人类命运共同体"国际关系准则的一个重要的战略性倡议。

中国邮政发行《"一带一路"国际合作高峰论坛》纪念邮票，以论坛标识为主体，水纹象征着海上丝路，祥云寓意陆上丝路。

中国邮政发行的《京津冀协同发展》特种邮票，以3枚大票幅邮票表现了"功能互补、区域联动、轴向集聚、节点支撑"的布局思路。

2017年，正值中国人民解放军建军90周年，邮票重现了历经90年风雨的"钢铁长城"的光辉历程。海陆空三军加火箭军、战略支援部队、武装警察部队的新布局，显示了中国现代国防的强大实力。

2017-5T 京津冀协同发展

2017年10月，中国共产党第十九次全国代表大会在北京召开。大会通过题为《决胜全面建成小康社会 夺取新时代中国特色社会主义伟大胜利》的政治报告。

站在中国特色社会主义这个历史和全局的战略高度，党中央从经济建设、政治建设、文化建设、社会建设、生态文明建设五个方面，作出推进中国发展的"五位一体"总体布局和全面部署。

在《中华人民共和国成立七十周年》纪念邮票中，5 枚邮票采用了壁画式的构图和连票形式，对党中央提出的"五位一体"总体布局作了形象化的诠释。

2017-18J　中国人民解放军建军九十周年

2010-29T　中国高速铁路

2017-26M　中国共产党第十九次全国代表大会
（小型张）

2019-23J　中华人民共和国成立七十周年

2021 年 7 月 1 日，在中国共产党成立 100 周年之际，习近平总书记在天安门城楼上庄严宣告："经过全党全国各族人民持续奋斗，我们实现了第一个百年奋斗目标，在中华大地上全面建成了小康社会。"中国邮政发行了《精准扶贫》邮票，远瞻性的设计视角、具象的细节、宏观和微观的构图，以及用大套票的规模体现了"全面建成小康社会"成果，将中国全面深入改革开放所取得的重大成就，铭记在"国家名片"上。

2022 年 10 月 16 日，中国共产党第二十次全国代表大会在北京召开。中国邮政为这次党的重要会议发行了纪念邮票，以热烈欢庆的色调，展现了党的二十大召开的重大意义。

党的二十大通过了题为《高举中国特色社会主义伟大旗帜 为全面建设社会主义现代化国家而团结奋斗》的政治报告。

2019-29 (6-1) J
精准扶贫·大步迈向小康社会

2022 年 10 月 25 日，在第二十届中共中央政治局为学习贯彻党的二十大精神进行的第一次集体学习中，中共中央总书记习近平指出，党的二十大在政治上、理论上、实践上取得了一系列重大成果，就新时代、新征程、党和国家事业发展制定了大政方针和战略部署，是我们党团结带领人民全面建设社会主义现代化国家、全面推进中华民族伟大复兴的政治宣言和行动纲领。全党要在全面学习、全面把握、全面落实上下功夫，坚定不移把党的二十大提出的目标任务落到实处，奋力夺取全面建设社会主义现代化国家新胜利。

在中国改革开放伟大实践再一次与马克思主义、毛泽东思想相结合的历史时刻，在党中央提出实现"两个一百年"奋斗目标的奋进新征程的历史时刻，正如第二十届中共中央政治局常委在党的二十大闭幕后就去拜谒革命圣地延安一样，我们也从"国家名片"上，回顾了第一个百年的伟大征程。

2021 年 7 月 1 日，中国邮政发行《中国共产党成立 100 周年》纪念邮票。通过 20 枚邮票，我们回顾了中国共产党的世纪历程。

邮票表现了"夺取新民主主义革命伟大胜利"中的"开天辟地""峥嵘岁月""中流砥柱""伟大胜利"；"完成社会主义革命和推进社会主义建设"中的"开国大典""抗美援朝""制度奠基""自力更生"；"进行改革开放和社会主义现代化建设"中的"改革春潮""对外开放""世纪腾飞""科学发展"；"开创中国特色社会主义新时代"中的"摆脱贫困""全面小康""强军兴军""扬帆远航"；以及"信仰""伟业""攻坚""追梦"。

2021-16J 中国共产党成立100周年

20个主题采用连票的设计形式，将红色、金色作为画面的主基调，运用油画写实手法，用连绵不断的飘带贯穿20个主题内容，将毛泽东的伟大理想和伟大践行及受毛泽东思想影响所造就的伟大业绩，全方位地展现在了"国家名片"之上。

2012年，党的十八大报告指出："以毛泽东同志为核心的党的第一代中央领导集体带领全党全国各族人民完成了新民主主义革命，进行了社会主义改造，确立了社会主义基本制度，成功实现了中国历史上最深刻最伟大的社会变革，为当代中国一切发展进步奠定了根本政治前提和制度基础。在探索过程中，虽然经历了严重曲折，但党在社会主义建设中取得的独创性理论成果和巨大成就，为新的历史时期开创中国特色社会主义提供了宝贵经验、理论准备、物质基础。"

党的二十大报告明确提出了"新时代新征程中国共产党的使命任务"，指出："从现在起，中国共产党的中心任务就是团结带领全国各族人民全面建成社会主义现代化强国、实现第二个百年奋斗目标，以中国式现代化全面推进中华民族伟大复兴。"

尾声

毛泽东（明信片）（2023）

"数风流人物，还看今朝"

在本书的序辞中，我们引用了习近平总书记《在纪念毛泽东同志诞辰 130 周年座谈会上的讲话》对于毛泽东和毛泽东思想的重要评价。在我们基本阅毕本书之际，再次重温这段重要论述："毛泽东同志是伟大的马克思主义者，伟大的无产阶级革命家、战略家、理论家，是马克思主义中国化的伟大开拓者、中国社会主义现代化建设事业的伟大奠基者，是近代以来中国伟大的爱国者和民族英雄，是党的第一代中央领导集体的核心，是领导中国人民彻底改变自己命运和国家面貌的一代伟人，是为世界被压迫民族的解放和人类进步事业作出重大贡献的伟大国际主义者。"

在硝烟弥漫的战争年代，毛泽东曾挥毫写就"残阳如血"！在娄山关的隘口险道上，他在回望一瞥中，看到为中华抛洒热血志士的搏战，直到遥见桅杆挑起了也是如血的曙光。

1949 年，蒋家王朝覆灭，毛泽东登上了天安门，宣布新中国的诞生。毛泽东以缔造中华人民共和国宏图伟业，为社会主义革命和建设百年大计奠基。

在人民走向胜利的日子里，人们用从解放区唱遍全国的一首歌曲来赞颂毛泽东，那就

毛主席纪念堂（纪念封）（1977）

是："东方红，太阳升，中国出了个毛泽东……"

一个孩子的心声道出了人们对于毛泽东和他的思想的深情怀念：

"几十年过去了，祖国什么都变了；我们什么都有了；什么也都还在，却不见了毛主席那亲切的笑容。他不在了，20世纪他完成了建国大业，如今他在白菊花中长眠。

"都说您的信念不会变，都说您的旗帜不褪色。在您的奋斗下，才有了我们的祖国；在您的瞩目下，祖国才有了今天！"（广西南宁市西大附中初一12班月白）

在中国，毛泽东是屹立在历史巨大背景之下的一代伟人。他的历史性功绩永远铭刻在史册上。望着缤纷的邮花，我们以"方寸天地，一代伟人"，为毛泽东130周年诞辰奉上我们的尊崇和缅怀。

这是对于毛泽东时代及毛泽东时代之后中华民族崛起腾飞的世纪回望，也是对毛泽东思想旗飘万代的一个时代记录。此刻，中华大地亿万人民深切缅怀一代伟人毛泽东。

站在天安门广场，我们看到"中国共产党已走过百年奋斗历程。我们党立志于中华民族千秋伟业，致力于人类和平与发展崇高事业，责任无比重大，使命无上光荣。全党同志务必不忘初心、牢记使命，务必谦虚谨慎、艰苦奋斗，务必敢于斗争、善于斗争，坚定历史自信，增强历史主动，谱写新时代中国特色社会主义更加绚丽的华章。"（摘自《高举中国特色社会主义伟大旗帜，为全面建设社会主义现代化国家而团结奋斗》）

在新时代的晴空下，我们吟咏着毛泽东"江山如此多娇"的壮丽诗词。在这个方寸天地中，让我们再去回顾毛泽东那句写出党和人民几代人荣光的词句——

"数风流人物，还看今朝！"

参考文献

[1] 斯诺 . 毛泽东自传 [M]. 汪衡，译 . 北京：解放军文艺出版社，2001.

[2] 逄先知，金冲及 . 毛泽东传（1949—1976）[M]. 北京：中央文献出版社，2003.

[3] 金冲及 . 毛泽东传（1893—1949）[M]. 北京：中央文献出版社，1996.

[4] 斯诺 . 红星照耀中国 [M]. 董乐山，译 . 北京：人民文学出版社，2016.

[5] 毛泽东 . 毛泽东选集（全四卷）[M]. 北京：人民出版社，1996.

[6] 中共中央党史研究室 . 《中国共产党历史第一卷（1921-1949）》[M]. 北京：中共党史出版社，2011.

[7] 中共中央党史研究室 . 《中国共产党历史第二卷（1949-1978）》[M]. 北京：中共党史出版社，2011.